诉讼程序若干前沿问题研究

王明明　著

哈爾濱工業大學出版社

内容提要

本书是作者对破产重整程序、量刑程序、遏制刑讯逼供与非法证据排除程序、刑事和解程序、未成年人犯罪刑事程序等若干诉讼程序前沿问题的研究成果。作者在对上述诉讼程序问题的研究中，本着“中国的问题，世界的眼光”之研究理念，尝试运用经济分析、实证分析、比较分析等研究方法，在深入分析、论证的基础上提出自己的一家之言。

本书适合所有法学理论与实务界对诉讼程序感兴趣的朋友们阅读，相信作者的研究方法、研究思路和所提观点一定会对读者有所启发。

图书在版编目(CIP)数据

诉讼程序若干前沿问题研究/王明明著. —哈尔滨：哈尔滨工业大学出版社，2015.3

ISBN 978-7-5603-5258-9

Ⅰ.①诉… Ⅱ.①王… Ⅲ.①诉讼程序－研究－中国 Ⅳ.①D925.04

中国版本图书馆 CIP 数据核字(2015)第049282号

责任编辑　杨秀华
封面设计　刘长友
出版发行　哈尔滨工业大学出版社
社　　址　哈尔滨市南岗区复华四道街10号　邮编150006
传　　真　0451－86414749
网　　址　http://hitpress.hit.edu.cn
印　　刷　哈尔滨市工大节能印刷厂
开　　本　787mm×960mm　1/16　印张17.25　字数328千字
版　　次　2015年3月第1版　2015年3月第1次印刷
书　　号　ISBN 978-7-5603-5258-9
定　　价　42.00元

前　　言

本书的内容,包括上、中、下三篇。其中,上篇是关于破产重整程序问题的研究,该篇旨在透过法律经济学的视角,运用法律的经济分析方法,揭示我国破产法中重整制度的主要价值目标及其实现机制,并分析其于立法上的成功与缺漏之处,进而对其予以完善,以期使我国破产重整制度既能发挥拯救困境企业、增进社会整体福利的功能,又能体现其自身的独特价值,达到其创设的根本价值目标。中篇是关于量刑程序中证据调查的保障机制问题的研究,该篇以"小处入手,大处着眼"的方式得出最终的研究结论,即量刑程序中的证据调查需要两方面的保障机制,即量刑证据充分性的保障机制和量刑证据调查活动规范化的保障机制。为了在量刑证据的法庭调查中保障量刑证据的充分性,就需要建立拓宽量刑证据来源渠道的保障机制,具体包括确立检察机关量刑建议制度、提高辩护方量刑辩护效果、确保被害方充分表达量刑意见、合理发挥量刑前调查报告的作用等机制。而为了在量刑证据的法庭调查中保障量刑证据调查活动的规范化,就需要构建专门适用于量刑程序的量刑证据运用规则,具体包括量刑证据的证据能力规则和量刑程序中的司法证明规则,其中司法证明规则主要包括证明对象、证明责任和证明标准方面的规则。下篇主要针对刑事诉讼法中的若干问题进行研究,主要涉及非法证据排除规则、公安机关遏制刑讯逼供、未成年人前科消除制度、刑事和解制度、量刑程序的信息机制等问题。在该篇中,本着"中国的问题,世界的眼光"之研究理念,尝试运用经济分析、实证分析、比较分析等研究方法,在深入分析的基础上提出自己独到的观点,如以中美非法证据排除规则的比较为视角,探求我国语境下应然的非法证据排除规则,进而谋求对其改进与完善之道;通过对1979年以来公安部遏制刑讯逼供内部规范性文件进行系统梳理和考察之后得出"公安机关遏制刑讯逼供,既要有规训,又要有惩罚"的初步结论;笔者认为,我国应借鉴国际相关立法并及时总结少年司法改革中的有益经验，且至少应该从价值取向、功能定位、适用对象、适用条件、实施程序、法律效果、救济措施等方面入手，本着既有利于保护未成年犯罪人又有利于维护社会稳定的原则，合理构建适合我国国情的未成年人前科消除制度；笔者认为，中国刑事和解制度在运作过程中有异化的巨大危险，而要防止中国刑事和解制度在运作过程中发生异化，就必须坚守刑事司法公正的底线，这是中国刑事和解制度运作的必由之路；笔者认为，量刑信息是参加量刑程序各主体量刑利益的外在体现和应有表达。缺乏关于量刑信息的传递与共享的有效机制，是造成法官量刑失范和量刑裁判公信力低的重要根源。量刑程序的信息机制是量刑程序制度功能的内在蕴涵，它以刑罚个别化原则为理论基础，以协同合作思想为运作理念，以独立的量刑程序模式为功效保障。笔者认为，中国量刑程序改革确立的“相对独立”的量刑程序模式仍然具有相当大的局限性，完全独立的量刑程序模式是中国量刑程序模式的应然选择，它既有利于实现量刑个别化原则，也顺应了量刑程序独立化的国际潮流。

笔者深知，就诉讼程序前沿问题的研究而言，笔者的研究无疑是肤浅的，但笔者愿以本书的出版作为一个崭新的起点，与诉讼法实务界和理论界的同仁一起，为不断完善我国的诉讼程序制度不懈探索。本书作为作者在诉讼法学领域进行探索的引玉之砖，但愿能够对读者朋友们有所启发，也期望能够对我国诉讼法学研究有所裨益。

本书是我出版的第一本法学学术专著，将它特别献给我的父亲王泽英和母亲韩雅轩。感谢父母为我所付出的一切！感谢妻子栾颖娜对我一路上的支持！值得一提的是，在本书即将付梓之际，我的女儿珺瑶在哈尔滨出生。正是家人的无限关爱与支持，激励着我在学术之路上不断追求与继续前行。

王明明

2015 年 1 月 20 日

于哈尔滨理工大学法学院

目　　录

上篇　破产重整程序研究

中篇　量刑程序研究

下篇　刑事程序若干新问题研究

上篇　破产重整程序研究

本篇的研究，旨在透过法律经济学的视角，运用法律的经济分析方法，揭示我国破产法中重整制度的主要价值目标及其实现机制，并分析其在立法上的成功与缺漏之处，进而对其予以完善，以期使我国破产重整制度既能发挥拯救困境企业、增进社会整体福利的功能，又能体现其自身的独特价值，达到其创设的根本价值目标。

“重视并强化对破产重整制度的规定，是现代各国破产法呈现出来的共同特征和普遍趋势，是破产法历经数千年发展的必然结果和理性升华。”①伴随着企业破产重整制度的修改和制定成为当代国际上破产法改革和发展的主要潮流之一，我国的新破产法②中首次确立了企业重整制度，填补了我国市场经济法律体系中的一项空白。实践证明，我国破产重整制度的建立，适应了市场的要求，发挥了应有的功能。③ 但同时也存在一些问题，比如，与国际上一些国家的企业重整法律制度相比较，我国的破产重整制度显得条文过于单薄、规定过于笼统和粗陋、缺乏可操作性，关于金融机构和上市公司重整的特别规定还是立法空白……所以，这些问题都亟待进一步研究并加以解决，才能使我国破产重整制度更加完善，从而更好地发挥其预期功能。重视重整制度是国际上破产法发展的重要趋势，很多国家在立法上都先后建立了这一制度，而学界对于重整制度的研究也逐渐全面和深入。李永军教授于1996年出版的《破产重整制度研究》，是国内第一部关于重整制度的专著；王卫国教授的论文《论重整制度》(《法学研究》1996年第1期)以及《论重整企业的营业授权制度》(《比较法研究》1998年第1期)是国内较早的研究重整制度的专业论文。根据本篇的研究范围，对于不涉及破产法的价值方面的研究成果，这里暂且不

---

①　汤维建. 破产程序与破产立法研究[M]. 北京：人民法院出版社，2001：374.

②　本篇中的“新破产法”，指2006年8月27日由第十届全国人民代表大会常务委员会第二十三次会议通过，并于2007年6月1日正式施行的《中华人民共和国企业破产法》。这部新法是我国从1994年开始一直进行的破产法改革的结果，它适用于所有的企业法人，统一了各种分散的破产法规与司法解释，并从根本上改进了原法的清算和企业拯救程序。

③　从2007年6月1日北京海淀法院在我国首次适用新破产法中的重整制度裁定批准北京仙琚生殖健康专科医院有限责任公司的重整计划开始，截至2008年10月初，已经有很多企业包括十多家上市公司在破产程序中运用重整程序，使企业免于破产清算。比如，2008年3月7日，审理广东企业破产重整第一案的肇庆市中级人民法院宣布，广东风华高新科技集团有限公司重整计划草案提前执行完毕，37位债权人的债权依重整计划草案全部得到兑现，受偿金额总计达8.97亿元人民币，9 000多职工100%不用下岗，债权人获得了比破产清算更为有利的清偿。参见陈球等. 首个粤企破产重整皆大欢喜[N]. 南方日报，2008-3-8(8).

予讨论，[①]这里仅介绍我国法学界关于破产重整制度（包括破产法）的价值目标问题的一些比较有代表性的研究成果。关于重整制度的价值目标问题，王卫国教授在其《论重整制度》的论文中指出："创立和发展重整制度的动力，不仅来自当事人基于个别利益的个别理性判断，而且来自社会基于整体利益的整体理性判断。这种整体判断就是我们所说的社会政策。它所依据的理性标准就是效率与公平的价值。"[②]在该文中，他还指出："公平清偿债务和企业复兴是互为因果的两个目标。它们相互结合地实现着社会经济效率的客观要求。因此，作为重整制度设立理由的效率原则必定要贯彻在重整法制定和实施的过程中。效率的目标必须通过有效率的手段来实现。"[③]李永军教授在其论文《强制和解与重整的制度差异及价值考量》中认为："重整程序是一种成本高，社会代价大，程序复杂的制度，它更多的是保护社会整体利益，而将债权人的利益放在次要位置。"[④]张艳丽和李蒙娜在其合作的论文《企业重整的价值目标及其实现——从重整制度构成的角度》中指出："企业重整作为一种挽救企业的法律制度有其所追求的独特的价值目标，包括社会秩序、公平正义和效率。根据企业重整的价值目标，破产法必须充分地考虑到对各种冲突利益的平衡，从制度构成上保证企业重整价值目标的实现。"[⑤]此外，张晨颖博士在其论文《破产制度价值研究》中认为：公平和效率，是债务清偿制度的价值，也是破产法律制度变迁的动力。正是由于人们对效率的追求，它才成为债权人与债务人相平衡的支点，也使得公平和效率价值在破产法律制度中得以结合。[⑥] 徐昌荣硕士在其硕士论文《公司重整制度的法律价值分析——以韩国公司重整法为例》（北京大学 2004 年 11 月硕士学位论文）中认为："法律的两大基本价值是效率与公平。因此，重整制度的价值取向也应该是效率与公平。"也有学者认为：破产制度的价值目标是要实现各行为主体的均衡利益，即各行为主体对与他们在至少是大多数人共

---

① 经济学界的一些关于破产法的研究成果，这里暂不讨论。比如，张春霖. 破产程序的经济学分析——哈特等关于破产程序的改革建议评介[J]. 经济社会体制比较，1997(1)；蒋祥林，王书林. 破产机制与破产程序的经济学分析[J]. 中国软科学，1999(5)；徐光东. 银行破产程序的经济分析[J]. 国际金融研究，2007(3).

② 王卫国. 论重整制度[J]. 法学研究，1996(1):95.

③ 王卫国. 论重整制度[J]. 法学研究，1996(1):97.

④ 李永军. 强制和解与重整的制度差异与价值考量[J]私法研究，2002，2(1):439－452.

⑤ 张艳丽，李蒙娜. 企业重整的价值目标及其实现——从重整制度构成的角度[J]. 北京理工大学学报：社会科学版，2008(6):3.

⑥ 张晨颖. 破产制度价值研究[J]. 北京大学学报：哲学社会科学版，2003(11):72－73.

同选择的合理利益格局中所享有的地位或权利相称的利益。而若要实现破产制度这一价值目标，破产制度应以公平、公正为其价值原则。[①] 还有学者指出："《破产法》需要从破产程序法与破产实体法两个方面关注各方主体利益的保护问题。因此，《破产法》实施以后对破产制度的价值分析仍然十分必要。"[②]此外，还有一些关于破产法的价值目标的研究成果，此不赘述。[③] 可见，我国上述学者大多同意企业重整制度（或破产法）的价值至少应包含效率和公平价值的观点。但是，上述学者关于破产重整制度以及破产法的价值目标的分析与论证，更多的是从传统法学的观点出发。直到目前为止，国内学者运用经济学方法研究破产重整制度或破产法的尚不多见。除了台湾大学的王文宇教授与白梅芳律师共同完成的论文《从经济观点论我国重整制度》（《台湾国家科学委员会研究汇刊》2000 年第 10 卷第 4 期），对台湾公司法中股份公司重整制度进行了经济学分析外，在中国内地，迄今只有少数学者从法律经济学的视角来研究我国的破产法律制度。李曙光教授与王佐发博士合作的论文《中国破产法实施的法律经济分析》[④]，从法律经济学的角度提出破产法的契约和产权理论，并在此基础上对破产法实施的成本收益以及影响我国破产法实施的因素进行了分析。高伟在《破产法中的经济原理》中提出："破产程序的目标应该限制战略行为，使债权人群体的利益最大化，并在债权人和债务人之间达成利益的平衡。这也是破产法中蕴含的基本的经济原理。好的破产法应该符合这一经济原理，否则很难在实践中得到很好的应用。"[⑤]至于运用法律的经济分析方法专门研究我国破产重整法律制度的学术成果，更是少见。其中，王远明与罗攀在其合作的论文《论公司重整制度的价值取向和适用范围》中，从经济分析的角度论述了重整制度的基本价值取向，并对我国草拟中的重整立法提出了应对之策。[⑥] 与此相反，在美国、欧洲的破产法学研究中，运用法律经济学或法律的经济分析方法研究

---

① 耿红建. 对破产制度的价值取向的探讨[J]. 法制与社会，2007(3)：65.

② 杨忠孝. 破产制度价值的新思考[J]. 东方法学，2008(3)：86.

③ 田胜. 论破产清算中普通债权的保护——兼论我国新破产法价值目标的重构[D]. 重庆：西南政法大学硕士学位论文，2004 年. 陈丽华，杨罗根. 论破产法的价值定位及相关制度完善[J]. 湖南大学学报：社会科学版，2004(1)：90－94.

④ 李曙光，王佐发. 中国破产法实施的法律经济分析[J]. 政法论坛：中国政法大学学报，2007(1)：3－16.

⑤ 高伟. 破产法中的经济原理[J]. 改革与战略，2007(9)：25.

⑥ 王远明，罗攀. 论公司重整制度的价值取向和适用范围[J]. 南方金融，2002(10)：19.

破产法律制度已经是学者们惯常使用的研究方法。[①] 法律的经济分析是对传统的法律规则分析的有机补充,离开了法律的经济分析,现代法律的规则分析是不完全的。“法律经济学原理和实证研究告诉我们,法律方法和经济方法虽有差异,但常常会得出相同的结论。就同一个法律规则而言,法学家维护的是公正,经济学家维护的是效率。在绝大多数情况下,经济方法和法律方法常常是殊途同归。”[②]所以,在我国破产重整制度刚刚确立之际,运用法律的经济分析方法对其进行分析并加以完善,无疑具有较大的理论意义与实践意义。

本篇的主要创新之处在于运用法律的经济分析方法对我国破产重整制度的价值目标进行了研究。本篇依据法律经济学的卡尔多－希克斯效率观和科斯定理,论证了“我国破产重整制度应有的主要价值目标是效率与公平价值目标”“我国破产重整制度通过对重整启动阶段、重整期间、重整计划的制订、表决、批准以及执行等阶段的各种机制设计,充分体现了其对效率和公平价值目标的追求,既证明效率和公平价值目标是我国破产重整制度的主要价值目标,也说明我国破产重整制度的一系列具体制度设计与效率和公平价值目标相一致”,并提出“效率价值目标是我国破产重整制度基本的、外在的价值目标,而公平价值目标是我国破产重整制度重要的、内在的价值目标,两者互为表里、相辅相成、缺一不可、不可偏废”的观点,从而不仅深刻揭示了我国破产重整制度背后的经济逻辑,而且彰显了我国破产重整制度的制度价值。在此基础上,本篇又从效率和公平价值目标出发,对进一步完善我国破产重整制度的各种机制设计提出了若干改进建议。针对本篇的核心内容,即第二、三、四章,本篇的研究思路是:首先,研究我国破产重整制度应具有哪些主要价值目标以及这些价值目标之间的关系如何;其次,研究我国破产重整制度应有的主要价值目标是否已经通过立法的机制设计体现出来;最后,研究在我国破产重整制度立法中是否全面、充分地体现了破产重整制度应有的主要价值目标以及如何进一步对破产重整制度加以完善。具体讲,在第二章中,通过对破产重整制度进行法律的经济分析,找出我国破产重整制度应有的主要价值目标;在第三章中,用法律经济学的观点检视、分析我国破产重整制度,观察我国破产重整制度中有哪些机制设计体现了其应有的主要价值目标;在第四章中,分析我国破产重整制度中哪些内容没有充分体现出其应有的主要价值目标,并针对其不足之处,对其制度设

---

① See Jagdeep S. Bhandari, Lawrence A. Weiss. Corporate bankruptcy——economic and Legal perspectives[M]. New York: Cambridge University Press, 1996.

② [美]罗伯特·考特,托马斯·尤伦. 法与经济学[M]. 张军,等译. 上海:上海三联书店,上海人民出版社,1994:5.

计加以完善，研究思路如图所示。[①]

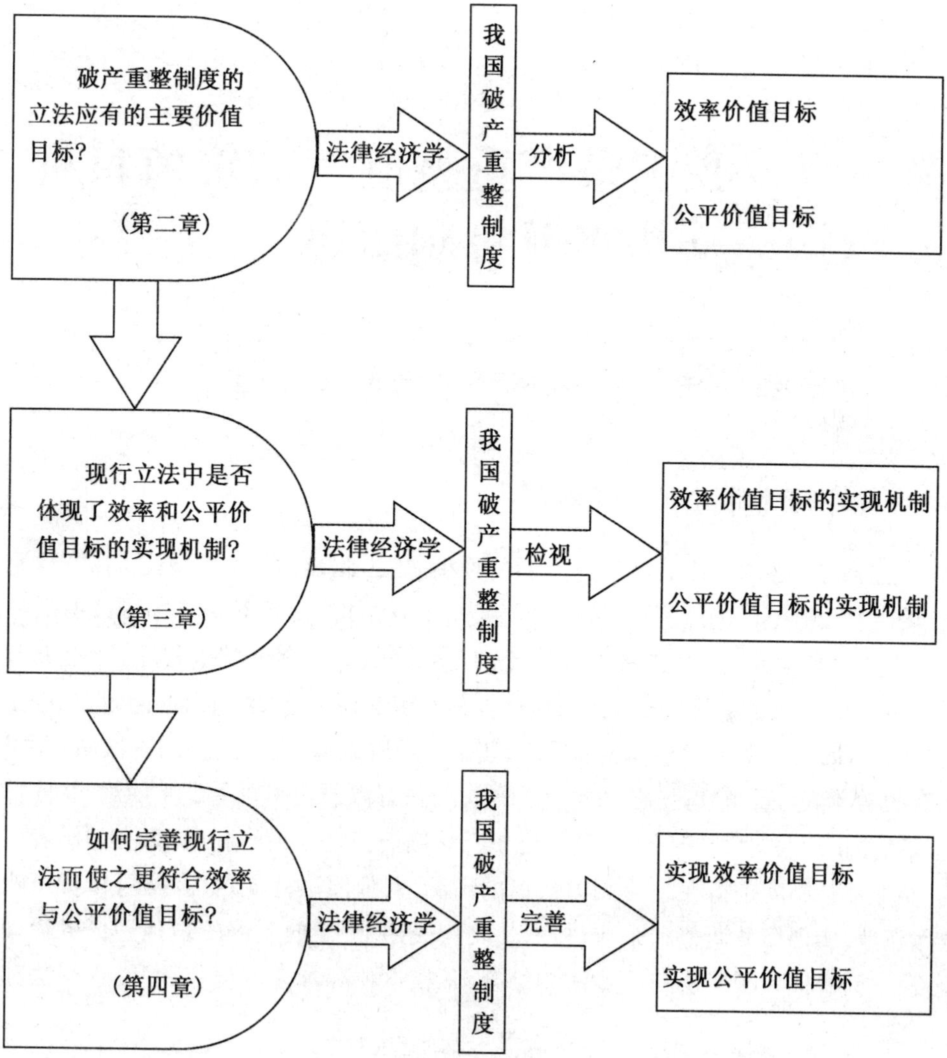

上篇研究思路图

① 在本篇研究的各个阶段中，实际上都贯穿了法律经济学分析方法。

第一章　我国破产重整制度的价值目标及其实现机制概述

第一节　我国破产重整制度之建立

一、破产重整制度的含义界定

在立法上，各国法律对重整有不同的称谓。① 因此，在学理上，学者们对于“重整”的含义也有不同的解释。有的学者认为，重整是指“对已具破产原因或有破产原因之虞而又有再生希望的债务人实施的旨在挽救其生存的积极程序。”②有的学者认为，“重整就是在企业无力偿债但有复苏希望的情况下，经债权人同意，允许企业继续经营，实现债务调整和企业重组，使企业摆脱困境、走向复兴的一项制度。”③而有的学者认为重整就是“公司重整”，是指股份有限公司因财务发生困难，暂停营业或有停止营业的危险时，经法院裁定予以整顿而使之复兴的制度。④ 有的学者认为：企业重整制度是指在企业无力偿债的情况下，依照法律规定的程序，保护企业继续营业，实现债务调整和企业整理，使之摆脱困境、走向复兴的再建型债务清理制度；它具有债务清偿法和企业法相结合，私权本位和社会本位相调和，程序法和

---

① 美国法上称“公司重整”(Coporate Reorganization)，英国法上称“债务之整理及再组织”(Arrangement and Reorganization)，法国法上称“司法康复”(Redressment Juaiciaive)，日本法上称“会社更生”，韩国法上称“会社整理”。

② 李永军. 破产重整制度研究[M]. 北京：中国人民公安大学出版社，1996：7.

③ 王利明. 破产立法中的若干疑难问题探讨[J]. 法学，2005(3)：10.

④ 邹海林. 破产程序和破产法实体制度比较研究[M]. 北京：法律出版社，1995：5.

实体法相融合和多种法律事实及法律效果相聚合的特点。[①] 还有的学者给出了较为全面的定义:破产重整程序是一种新兴的破产制度,乃指经由利害关系人申请,在审判机关的主持和利害关系人的参与下,对具有重整原因和重整能力的债务人进行生产经营上的整顿和债权债务关系上的清理,以期摆脱财务困境,重获经营能力的特殊法律程序,本质上是破产预防程序体系中的组成部分。[②] 而在波斯纳看来,公司重整是债务人申请公司破产的一种最有意义的形式,公司重整的关键点是想方设法让公司继续经营而不是清算。[③]

可以说,上述对于重整的定义,都各有其道理,都从一定的角度揭示了重整制度的内涵,对于我们深刻理解重整制度的含义和准确把握重整制度的特征都不无意义。但是,无论怎样给重整制度下定义,都应当承认,“破产重整制度的产生,不是对破产法发展内在逻辑的回应,也不是从法律科学和法律实践中直接寻找的解决办法,而是法律对外部压力的回应。”[④]可以说,破产重整制度[⑤]是一种在法院主持下的困境企业的司法拯救程序,它将企业的拯救置于中心地位,通过特定的法律机制设计,允许有重整价值与重整可能的债务人企业继续经营并重组它的事务,而不是对其进行简单的破产清算,目的是在实现对于有重建价值的困境企业成功拯救的同时实现对于债权人的债务清偿,以达到债权人、债务人与整个社会的利益共赢。

---

① 王卫国. 论重整制度[J]. 法学研究,1996(1):85-90.

② 汤维建. 破产程序与破产立法研究[M]. 北京:人民法院出版社,2001:374.

③ 参见[美]理查德 A 波斯纳. 法律的经济分析[M]. 蒋兆康,译. 北京:中国大百科全书出版社,1997:526-527. 波斯纳认为:“在这种制度下,经理人员通常可以作为财产债务人继续留在经营公司;这里不存在破产财产受托人,也不采取任何措施对公司进行清算。但公司必须在6个月之内提出一个重整计划,公司将能继续经营,只是其所有权结构改变了。这一计划的本质就是一种将公司的债转变成分配给原债权人的股票或其他有价证券的提议。所以,按计划重整公司就会使债权人成为公司的所有人(或主要所有人,因为原来的股东往往也给自己分配一部分股票)。债权人可能会反对这一提议的条件,那么将由破产法院来决定公司的实际价值和在债权人间分配重整公司有价证券的方法。如果有价证券超出了债权人主张的数额,那么破产法院就应将其在原股东间进行分配。”

④ 付翠英. 破产法比较研究[M]. 北京:中国人民公安大学出版社,2004:252.

⑤ 就本篇所研究的“破产重整制度”而言,由于我国的企业重整制度规定在破产法中,所以,“破产重整制度”,在本篇中特指“企业重整制度”。

二、我国破产重整制度的建立

“随着20世纪70年代以来，全球性的破产法改革运动中破产程序再建主义思潮的兴起，各发达国家纷纷改革破产法，采用重整程序，以强有力的法律手段对陷于债务困境的企业予以拯救。”[①]企业破产重整制度是商品经济和现代企业制度的伴生物，它与任何基本经济制度没有共生性，并不是资本主义制度所特有的东西，它是随现代企业制度的发展而不断得到发展和完善的。[②] 我国1986年颁布的《中华人民共和国企业破产法（试行）》第四章专门规定了企业和解和整顿程序。[③] 但该法中有关整顿的规定，完全是在计划经济体制下由政府主管部门对亏损的国有企业采取的一种行政干预措施，其与重整程序作为一种法院主持下的债权人与债务人之间的商业化安排完全不同。不过，“这种整顿制度是挽救企业的一种临时措施，虽不是新破产法所规定的重整，但对于拯救部分破产企业也发挥了一定的作用，并为以后引入重整提供了一定的实践经验。”[④]2006年8月27日，中国通过了《中华人民共和国企业破产法》（以下简称新破产法），并已于2007年6月1日起生效。全新的企业破产重整程序制度是新破产法对旧法的一个主要改进方面。该法借鉴国际上先进的破产法立法经验与理念，在新破产法第八章中规定了重整程序，确立了破产重整制度。我国破产重整制度的建立，使得我国的破产法不只是一个企业的死亡法、清算法、市场退出法，而且还是一个企业的复兴法、拯救法与再生法。

---

① 常怡．比较民事诉讼法［M］．北京：中国政法大学出版社，2002：714．

② 马胜．企业破产制度重构—— 一个基于相机治理分析的研究框架［M］．四川：西南财经大学出版社，2006：176．

③ 《中华人民共和国企业破产法（试行）》第十七条规定：“企业由债权人申请破产的，在人民法院受理案件的3个月内，被申请破产的企业的上级主管部门可以申请对该企业进行整顿，整顿的期限不超过两年。”第十八条规定：“整顿申请提出后，企业应当向债权人会议提出和解协议草案。”第二十条规定：“企业的整顿由其上级主管部门负责主持。”

④ 《中华人民共和国企业破产法》起草组．中华人民共和国企业破产法释义［M］．北京：人民出版社，2006：233．

第二节　破产重整制度的价值目标与其实现机制之关系

一、破产重整制度的价值目标的含义

就像商品和其他许多事物对人来说具有价值一样，法也有价值。“任何值得被称之为法律制度的制度，必须关注某些超越特定社会结构和经济结构相对性的基本价值。”①美国法学家庞德曾指出：“无论在古代或近代世界里，对价值准则的论证、批判或合乎逻辑的适用，都曾是法学家的主要活动。”②

关于法的价值的含义，我们可能在三种意义上使用：一是指法这种事物具有满足人们某种需要的有用性；二是指法律实践所追求的社会理想、社会目标；三是指对现实的法律状况进行评价和批判的准则。③ 本篇在第一种意义上使用法的价值的概念，即“法的价值是以法与人的关系作为基础的，法对于人所具有的意义，是法对于人的需要的满足，是人关于法的绝对超越指向。”④立法者出于不同的需要，对于法内在的各种价值往往有所侧重和取舍，有时侧重于其秩序或效率价值，有时则侧重于其公平、正义价值等。而且立法者在利用这些价值时，也各有不同的取向，如所希望实现的是什么样的秩序，什么样的效率和怎样的公平等，也是各不相同的。此即所谓立法者对法的“价值取向”，也就是对法的“理想的目标模式”，或称“法的价值目标”。

“一般来说，人类任何活动的目的、目标中都包含有价值目标，并成为其主要内容。价值目标是激发和调动主体积极性的具体动因，是保持和体现主体价值取向

① ［美］博登海默. 法理学——法律哲学与法律方法［M］. 北京：中国政法大学出版社，1999. 作者中文版前言。

② ［美］庞德. 通过法律的社会控制——法律的任务［M］. 北京：商务印书馆，1984：55.

③ 刘作翔. 法理学［M］. 北京：社会科学文献出版社，2005：469.

④ 卓泽渊. 论法的价值［J］. 中国法学，2000（6）：24. 法的价值的含义是一个很复杂的理论问题，笔者在此仅采一家之言。

的主要形式。"[①]就破产重整制度的立法来说,立法者首先需要正确认识和把握破产重整制度的应有价值,然后,在破产重整制度的应有价值体系基础上形成立法者关于破产重整制度的价值取向,即立法者头脑中的价值目标,再借助于破产重整制度的制度功能,使破产重整制度的应有价值释放,从而实现立法者关于破产重整制度的价值目标。所以,本篇所谓的破产重整制度的价值目标,是指基于对破产重整制度的固有价值的认识和把握,立法者在制定该法律制度时的价值取向——想主要发挥和利用破产重整制度的哪些价值、实现怎样的理想目标以及如何通过立法的制度设计有效地发挥这些价值以实现预期的理想目标。[②]

二、破产重整制度的价值目标之实现机制的含义

如前所述,本篇所称法的价值目标,是指立法者通过立法想要达到理想的目标,也就是法律实现以后能够达到的目标。所以,立法者要想实现某种法律制度的价值目标,就必须在制定该法律时,从自己对该法律制度的理念出发,在立法的制度设计过程中,体现出其预期所要达到的价值目标——即建立实现该法律制度的价值目标的各种机制。[③] 需要说明的是,本篇所说的法的价值目标的实现机制,是仅就立法而言,是将法律本身看作是实现其价值目标的机制,但法的价值目标的最终实现,不仅要靠立法本身,还要靠诸多的法律制度之外的因素,比如执法、司法以及守法等因素共同起作用。[④]

立法者在制定我国破产重整制度时,一定是带着某种价值判断、价值理念的,即必然具有其立法的价值目标和价值理念。破产重整制度的立法者以其所要追求的价值目标作为其立法的思想导引,制定一系列充分体现其所追求的价值目标的具体破产重整法律规范,并期望这些法律规范的有效实施能实现其所追求的价值

---

① 李德顺.价值学大辞典[M].北京:中国人民大学出版社,1995:283.

② 当然,就像法的价值目标不可能是唯一的一样,我国破产重整制度的价值目标势必不是单一的,应该是一个有机的价值目标体系。

③ 机制,原指机器的构造及其机动原理和运行规则,现泛指促进事物发展的内部机能、功效。亢世勇,刘海润.新词语大辞典[M].上海:世纪出版集团,上海辞书出版社,2003:532.

④ 就本篇的研究范围而言,文中的破产重整制度的价值目标的"实现机制",仅指破产重整制度的"立法本身"作为破产重整制度的价值目标的实现机制,不涉及立法之外的其他方面。

目标，从而最终实现其关于破产重整制度的立法理念。因此，破产重整制度的价值目标的实现机制，就是指在破产重整制度中那些充分体现和彰显破产重整制度的价值目标的具体的法律原则、规则所构成的有关破产重整的法律规范的有机体系，它是确保实现破产重整制度的价值目标的根本前提。

三、破产重整制度的价值目标与其实现机制的关系

法的价值是立法的思想先导，严格意义的立法活动都是在一定法的价值观指导之下的国家行为。[①] 破产重整制度也应该体现立法者的价值取向，体现其价值目标。显然，从上述关于破产重整制度的价值目标及其实现机制的定义中，可以看出两者的关系是：理想的破产重整制度的立法应该有其特定的价值取向，即应该追求一定价值目标的实现；但是，实现其价值目标的根本前提是必须在破产重整制度的立法中充分体现或蕴含其价值目标，即让破产重整制度中的各种具体制度设计真正成为其特定价值目标的实现机制。也就是说，理想的破产重整制度的立法应该有特定的立法理念，即应该以一定的价值目标为指导，但是，破产重整制度的价值目标的实现，必须首先依赖破产重整制度的各种机制设计，这些机制是实现破产重整制度的价值目标的根本前提。

① 卓泽渊. 论法的价值[J]. 中国法学，2000(6)：11.

第二章　法律经济学视野下我国破产重整制度之价值目标

如前所述，就本篇的研究思路来讲，首先就是要研究我国破产重整制度应该具有哪些主要价值目标以及这些价值目标之间的关系如何；在此基础上，研究我国破产重整制度应有的主要价值目标是否已经通过立法的机制设计体现出来；最后，研究在我国破产重整制度立法中是否全面、充分地体现了其应有的主要价值目标以及如何对其进一步完善等问题。所以，弄清我国破产重整制度应该具有哪些主要价值目标以及它们之间的相互关系，是本篇研究的一个关键。加之法律的经济分析方法的使用是本篇的一个主要创新之处，因此，本章内容的主要任务就是运用法律的经济分析方法，探寻出我国破产重整制度应该具有哪些主要的价值目标，并以之作为本篇后续内容分析、论证的前提与基础。

第一节　法律经济学概述

一、概念界定

“近年来最雄心勃勃而且可能是最有影响的努力是‘法律与经济学’的交叉学科领域，通常称之为法律的经济学分析。”[①]法律经济学这一概念来自于国外，但是，

① ［美］理查德 A 波斯纳．法理学问题［M］．苏力，译．北京：中国政法大学出版社，2002：445.

国内外学者至今仍然没有对法律经济学的概念达成共识。[①] 有学者主张,从研究方法、学科理论、经济学范畴和法学范畴不同角度理解的法律经济学有着不同的内涵,因此可以用“法律经济学”一词来统帅强调研究方法的“法律的经济分析”、强调学科理论的“法和经济学”、强调经济学范畴的“法经济学”、强调法学范畴的“经济分析法学”,将法律经济学定义为运用经济学方法和理论全面分析法律问题的经济学和法学整合的交叉学科。[②] 鉴于本篇的研究目的与笔者的研究能力,特将本篇所使用的法律经济学概念界定为一种在法学范畴内运用经济学方法来分析法律问题的法学研究方法——法律的经济分析方法,其研究的出发点是法律,虽然方法及手段是经济学,但研究问题的归宿和落脚点则是法律和法学。换言之,本篇运用的法律经济学——法律的经济分析方法,研究的重点是法律规则、法律制度背后的经济逻辑,并据此改革和完善法律制度,其提出的法律的改革方案,不是服从于经济学理论,而是服从于法学理论思考,其研究的路径是法律→经济→法律。[③] 具体地说,本篇的法律经济学视角,是指以微观经济学理论为前提,以科斯的交易成本理论为指导,以波斯纳的效率观为导向,主要运用实证分析与规范分析、法律的博弈分析等研究方法来对我国的破产重整制度的价值目标及其实现机制进行研究。

二、基本思想

经济学为人们提供了一种理解行为的方法,因此,经济学所隐含的基本分析概念,可以成为简洁的思维架构。[④] 而探讨法律的影响、理解法律的原理和完善法律,

---

① 由于法律经济学涉足经济学和法学两大领域,在经济学界与法学界对法律经济学这一概念有不同的称谓。经济学界通常将法律经济学称为“法经济学”或“法与经济学”,认为法律经济学是归属于制度经济学的一种经济学与法学交叉的研究方法或学科理论;而法学界则将法律经济学称为“法律的经济分析”或“经济分析法学”,认为法律经济学是归属于法理学范畴的一种经济学与法学交叉的研究方法或学科理论。

② 关于法律经济学的概念界定,参见周林彬. 法律经济学——中国的理论与实践[M]. 北京:北京大学出版社,2008:19~39.

③ 1992年诺贝尔经济学奖得主贝克尔(Gary S. Becker)将经济分析成功扩展到婚姻、家庭、生育等非市场行为领域,就是基于经济学的本质在于研究方法。在《人类行为的经济分析》中贝克尔指出:经济学之所以有别于其他社会科学而成为一门学科,关键所在不是它的研究对象而是它的分析方法。经济学的本质是一种研究方法,因此法律经济学的本质也是一种研究方法。

④ 熊秉元. 会移动的城堡[M]. 北京:社会科学文献出版社,2002:212.

是运用经济学的概念与方法对法律进行分析的主要目的。[①] 在法学与经济学相互融合的过程中,经济学家在研究领域的拓展和研究方法的更新方面充当了理论先导,而法学家则提供了阵地并扮演了组织者的角色,将这两个学科的结合引向了系统化。科斯(Ronald H. Coase)、卡拉布雷西(Guido Calabresi)、贝克尔(Gary S. Becker)、波斯纳(Richard A. Posner)、马洛伊(Robin P. Malloy)等是法律经济学的著名代表人物,而其中最有影响的杰出代表人物是法律经济学的奠基人科斯和法律经济学的集大成者波斯纳。科斯的两篇论文:《企业的性质》(1937年)和《社会成本问题》(1960年),建立了用经济学的术语分析法律权利和责任的方法,被誉为法律经济学的经典。科斯在其文章中提出了著名的"科斯定理"(Coase Theorem),依据科斯定理,能使交易成本(Transaction Costs)最小化的法律就是最佳的法律。[②] 而波斯纳全面吸收了新制度经济学的成果,构建运用经济学的方法分析法律制度的宏大体系。出版于1973年的《法律的经济分析》(*Economic Analysis of Law*)一书是波斯纳的杰出成果。波斯纳的重要观点是:如果市场交易成本过高而抑制交易,那么,权利应赋予那些最珍视它们的人。"效率"是波斯纳对法律进行经济分析的核心思想,贯穿了波斯纳对法律进行经济分析的全过程。[③] 可以说,科斯和波斯纳的法律经济学思想构成了法律的经济分析的最重要的基石。

三、主要术语

传统的法律的分析是以法律上的"公正性"或"正义性"为前提和标准的,主要是进行逻辑分析,而法律的经济分析方法立论的前提和价值判断标准是经济学的前提和标准,即效率或效用最大化。法律的经济分析方法是以经济学方法为前提的,经济学上的一些概念是法律经济学的重要概念基础。"经济人"和"最大化"是对法律进行经济分析的前提假设,"交易成本"(Transaction Costs)是法律经济学产生的基础,"均衡"(Equilibrium)分析是理性选择理论分析决策人之间关系的基本方法,"效率"(Efficiency)是法律经济学的最终指向。[④] 这里仅介绍本篇分析我国破

---

① 简资修.经济推理与法律[M].北京:北京大学出版社,2005:2.

② 关于交易成本与科斯定理的详细内容,参见本节"主要术语"部分的相关内容。

③ 关于效率的详细内容,参见本节"主要术语"部分的相关内容。

④ 钱弘道.经济分析法学[M].北京:法律出版社,2005:152.

产重整制度所涉及的主要经济学概念与术语。

（一）最大化

经济推理有两个基本假定：第一个可称为理性（Rationality）假定。经济理论是关于在稀缺性（Condition of Scarcity）下人们行为理性的最大化。第二个可称为"个人主义"假定，它推定个人是其本人偏好（Preference）的最好的判断者。① 法律的经济分析离不开"经济人"的假设，"经济人"假设是法律的经济分析的重要前提。经济学将所有被分析的主体都假设为"经济人""理性自利之人"，即总会出于利己的动机去追求自己利益之最大化。

经济学认为，人们都是根据自己的偏好，基于自利心，追求利益的最大化，并以此作为行为的基础。但是，"经济学理论并不是假设人人自私、物质至上、目光短浅、不负责任、一门心思向钱看。"②经济学上对自利行为的判断标准是：只要是自愿的行为就是自利的行为。而经济学上的理性，是指行为人在进行行为选择时，会尽量使其达到利益最大化，而至于什么东西能够使行为人获得利益的最大满足，则因他的偏好不同而有所差异。

（二）效率（Efficiency）

在经济学上的效率，是指最有效地使用社会资源以满足人类的愿望和需要，或者说，在不会使其他人的境况变坏的前提条件下，一项经济活动如果不再有可能增进任何人的经济福利，那么，该经济活动就是有效率的。③ 效率是法律经济学的基本概念与核心概念，而帕累托效率（Pareto Efficiency）是法律的经济分析的起点。④

但是，帕累托效率往往只能适用于市场中的资源交易场合，而在许多情形下，法律规定的权利是无法在市场上进行交易的。⑤ 基于帕累托效率这一概念在运作

---

① 乌戈·马太. 比较法律经济学[M]. 沈宗灵，译. 北京：北京大学出版社，2005：222.

② ［美］保罗·海恩. 经济学的思维方式[M]. 马昕，陈宇，等译. 北京：世界图书出版公司，2008：5－13.

③ ［美］保罗·萨缪尔森，威廉·诺德豪斯. 经济学[M]. 北京：华夏出版社，1999：2.

④ 由于在衡量社会福利时的最大困难，是我们无法客观地比较人与人之间的效用或满足感，故而意大利经济学家帕累托提出了这样的判断原则：如果社会上已达到一种境界，在这种境界下，任何有利于某些人的改变都必然会损及其他人的利益，那么此时的社会福利就无法再进一步提高，也就是达到了所谓的帕累托最优（Pareto Optimality）或者帕累托效率。在存在经济无效率的情况下，若进行了资源重新配置，确实使得某些人的效用水平在其他人的效用不变的情况下有所提高，这种重新配置，就称为帕累托改进（Pareto Improvement）。

⑤ 史晋川. 法律经济学评述[J]. 经济社会体制比较，2003（2）：2－5.

上的局限性，法律经济学在研究中所运用的效率标准，主要的并不是帕累托效率，而是卡尔多－希克斯效率（Kaldor-Hicks Efficiency）。如果一种变革使受益者的所得足以补偿受损者的所失，这种变革就叫卡尔多－希克斯改进；如果在一种状态下，已经没有卡尔多－希克斯改进的余地，则这种状态就称为卡尔多－希克斯效率。波斯纳认为，当一位经济学家在谈论自由贸易、竞争、污染控制或某些其他政策或关于世界状况是有效率的时候，他十有八九说的是卡尔多－希克斯效率。① 因此，卡尔多－希克斯的效率观就是波斯纳的效率观。

（三）交易成本（Transaction Costs）

法律经济学的重要贡献在于发现了交易成本这一概念，它提供了一个认识法律的全新视角。从交易成本的角度审视我们的法律制度，往往更能洞视法律制度的合理性。② 关于交易成本的概念，是一个有争议的理论问题。一般认为，交易成本是在一定的社会关系中，人们通过自愿交往、彼此合作而达成交易所要支付的成本，它是人类社会生活中一个不可分割的组成部分，只要有人类的交往互换活动，就会有交易成本。③

交易成本这一概念最早产生于科斯定理（Coase Theorem）④中。科斯定理是法律经济学的中心命题，它对人们的描述是，人们从法律制度赋予他们的任何起点开始进行互利的砍价。⑤ 科斯定理的基本内容是：如果交易成本为零，不管怎样选择

---

① ［美］理查德 A 波斯纳. 法律的经济分析［M］. 蒋兆康，译. 北京：中国大百科全书出版社，1997：16.

② 苏永钦. 民事立法与公私法的接轨［M］. 北京：北京大学出版社，2005：177.

③ 有的学者认为交易成本包括产权保护成本、公害和外在成本、信息发现成本、谈判成本、协议执行成本。参见：冯玉军. 法律的交易成本分析［J］. 法制与社会发展，2001（6）：11－12.

④ 简化的科斯定理认为：如果交易是无成本的，财产权的初始安排将不会决定财产的最终使用。假设一个农场主拥有土地所有权并有权使其作物不受铁路机车火花的损害。作物对他的价值为 100 美元，铁路无妨碍地使用其道路权的价值会更高，但 110 美元的成本还不能使其安装火花控制器以消除火灾从而可随意愿行驶多少列火车而仍然不损害农场主的作物。那么，依照这些假设，作物对农场主的实际价值就不是 100 美元，而是在 100 美元和 110 美元之间，因为铁路愿意以任何低于 110 美元的价格购买农场主的财产权而不安装火花控制器。当然，农场主只有将其财产权卖给铁路，才能认识到其作物的更高价值，而且他将这么做，故结果是：如果铁路已拥有土地的所有权，那么其土地将用作安全的其他用途（某些不怕火的用途）。参见［美］理查德 A 波斯纳. 法律的经济分析［M］. 北京：中国大百科全书出版社，1997：9.

⑤ 罗伯特 C 埃里克森. 无需法律的秩序［M］. 苏力，译. 北京：中国政法大学出版社，2003：1.

法律规则、配置权利，有效率的结果都会出现，即当交易成本为零，并且个人是合作行动时，法律权利的任何分配都是有效率的；如果存在现实的交易成本，有效率的结果就不可能在每个法律规则、每种权利配置方式下发生，即在交易成本为正的情况下，不同的法律权利的界定和分配，则会带来不同效率的资源配置。科斯定理提供了根据效率原理理解法律制度的一把钥匙，也为朝着实现最大效率的方向改革法律制度提供了理论根据。[①] 依据科斯定理，能使交易成本最小化的法律是最佳的法律，法律的经济分析的一个主要方面就是从交易成本的重要性出发，在当事人自我协商解决问题与使用法律规则解决问题之间或者在不同法律规则之间进行比较，通过比较不同规则之下产生的不同交易成本，来确定效率的高低。

从交易成本的角度看，破产重整制度的一个最明显的弊端就是在重整程序的实际运作中不可避免地伴随着诸多昂贵的交易成本。破产重整制度之所以昂贵，首先是由于信息成本的存在，因为必须有充分的信息才能评估债务人的资产数额、有无重整的价值或评价各债权人以及股东的请求权数额，而充分信息的获得不仅需要专业人员的协助，而且要做出令所有请求权人都信服的结论，将会是一个费时而昂贵的过程；其次，即使各个请求权人都十分清楚自己在法律上的权益，但是他们都有进行策略性地谈判的诱因，即可能通过故意高估自己的请求权数额而故意低估其他请求权人的请求权数额而获得利益，这种策略行为可能会导致更漫长而昂贵的谈判；再次，由于破产重整制度给予困境企业以实质性保护而对请求权人施以广泛限制，加之重整程序耗时较长、风险较高，所以，当债务人企业传出财务危机时，从经济人理性自利角度出发，投资人多不愿意再对债务人企业进行投资、借贷，企业的股票价值也会因无人问津而下降，企业的交易对象的合作意愿也会降低，这些都会导致巨额的间接成本，使债务人企业的经营状况进一步恶化。[②]

---

① 钱弘道. 法律经济学的理论基础[J]. 法学研究，2002(4)：14.

② 一般来说，破产重整制度的成本可分为直接成本和间接成本。直接成本是指由于诉诸破产重整制度而产生的能够被测算出来的成本，包括申请重整的费用、律师费、会计师费、重整人与管理人的报酬以及对债务人企业的财产评估作价的费用等等；而间接成本是指由于诉诸破产重整制度后而产生的无法被准确测算出来的成本，包括债务人企业受重整程序影响而产生的企业资产价值的贬损、企业竞争力的降低、经营利润的损失、营运成本的增加、信用成本的增高、投资机会的减少、筹措新资金难度的增加等。

(四)均衡(Equilibrium)

在法律经济学上,均衡是指因每一方都同时达到最大目标而趋于持久存在的相互作用形式,经济学家善于把每一种社会现象都描述为个人或机构在追求利益最大化目标的相互作用中所达到的均衡。[①] 人们的许多决策之间是相互依赖的,一方的最优决策依赖于他方的决策,他方的最优决策依赖于这一方的决策。研究人们在互动的关系之中如何进行策略选择的理论被称为博弈论(Game Theory),博弈论是研究决策主体的行为发生直接相互作用的决策以及这种决策的均衡问题,又称为“对策论”。一个博弈中必不可少的要素包括:参与人(Player)、行动(Action)、信息(Information)、策略(Strategy)、支付(Payoff)、结果(Outcome)和均衡(Equilibrium)。参与人、行动和结果合起来成为博弈的规则(Rule of the Game),建模者的目的即在于运用博弈的规则来确定均衡。[②] 均衡是博弈论里最重要的概念,人们相互博弈中最优的策略的组合就是均衡。只有知道了一个博弈中的均衡,才能预见一个理性的人应该做出怎样的合理选择,才能预见人们的行动,也才能确定在最优策略的组合下人们的利益得失。[③]

经济学家利用博弈论将一种事态视为由若干参与者构成的博弈,由博弈规则对参与者的行动加以限定。[④] 博弈论中一个著名的博弈,称为“囚徒困境”(Prisoner's Dilemma)[⑤],如图 2.1 所示。囚徒困境通过一种简单的方法表现了贯穿于法律

---

① [美]罗伯特·考特,托马斯·尤伦. 法与经济学[M]. 张军,等译. 上海:上海三联书店,上海人民出版社,1994:22.

② 艾里克·拉斯缪森. 博弈与信息[M]. 姚洋,译. 北京:北京大学出版社,2003:4.

③ 张维迎. 产权、激励与公司治理[M]. 北京:经济科学出版社,2005:32.

④ [美]约瑟夫 E 斯蒂格利茨,卡尔 E 沃尔什. 经济学[M]. 黄险峰,张帆,译. 北京:中国人民大学出版社,2005:265.

⑤ “囚徒困境”这一模型有一通俗明了的解说:有甲乙两个囚徒,他们由于共同做案而被缚,检察官与每个囚徒单独进行谈话,检察官说:“我已有足够的证据,判处你们两个人 1 年的监禁,如果你坦白交代,我可以向法官求情只判你 3 个月,你的同伙则要判 10 年。但是,如果你们两个都坦白交代,那么你们都将要被判处 5 年的监禁。”甲怎么办呢? 如果自己不坦白,而乙坦白,那么自己要坐 10 年监禁,乙则只坐 3 个月的监禁。如果自己坦白,而乙也坦白,那么要坐 5 年的监禁,乙也有同样的思考。于是甲乙陷入了坦白与不坦白的两难境地,如图 2.1 所示。在这里坦白是双方全面而严格的优势策略:不论对方如何选择,自己的处境都不会变得更差。于是 D 方框内就成为两个人的选择的纳什均衡(Nash equilibrium),即所有参与人最优选择的一种组合,在这种组合之下,给定其他人的选择,没有任何人有积极性做出新的选择。

经济学中的一个问题:个人理性并不总能带来群体理性。[①] 构建有效率的法律规则在很大程度上是要摆脱囚徒困境。[②] 通过对法律的博弈分析,对于有"效率"的法律,可以为其提供有力的证明,而对于"效率"还有改善空间的法律,可以本着提高其效率的目标对其加以修改、完善,使之达到最优的纳什均衡。

		乙	
		不坦白	坦白
甲	不坦白	均衡 A　1 年 1 年	均衡 B　3 个月 10 年
	坦白	均衡 C　10 年 3 个月	均衡 D　5 年 5 年

图 2.1　"囚徒困境"博弈

(五)道德风险(Moral hazard)与逆向选择(Adverse selection)

经济学认为,由于在现实世界里信息不对称(Asymmetrical information),而经常存在道德风险与逆向选择这两个问题。道德风险是由于交易的一方有若干隐藏行动(Hidden action),而交易的他方无法观察这些行动所致;逆向选择发生的关键也在于信息的不对称、不透明。以保险市场为例,可说明逆向选择的问题:在保险市场中,对于保险公司来说由于正确区分高危险被保险人与低危险被保险人将付出巨大成本,所以,由于存在信息不对称,而诱使高危险者去投保,而低危险者并不去投保;保险公司最希望被保险人都是低危险的人,然而选择投保的人却往往都是高危险的人。[③] 由于逆向选择问题的关键在于信息不对称,因此,解决逆向选择问题

---

① "囚徒困境"阐述了一个存在于两个主体之间的个体理性行为导致集体无效率结果的案例,而"集体行动"(Collective action)问题是存在于两个以上的参与人之间,具有囚徒困境的逻辑结构的博弈难题,是囚徒困境的一个特例,可以被视为多数人的囚徒困境,即个别参与人理性选择的相互作用最终导致了参与人集体非理性的结果。

② [美]大卫 D 弗里德曼. 经济学语境下的法律规则[M]. 杨欣欣,译. 北京:法律出版社,2004:387.

③ 由于信息不对称的现象,二手车市场与劳务市场也存在逆向选择问题。因为很难区分质量高的旧车与质量低的旧车、高生产力的工人与低生产力的工人,因而造成旧车市场里都是质量低的车子在交易,劳动力市场里都是低生产力的工人愿意受雇。

的办法就是尽量使信息透明或展现。

在破产重整制度的领域内，对于企业的经营管理者来说，在重整申请的适时提出上和重整事务的勤勉执行上，都可能存在道德风险问题。因此，如何使债务人企业能够具有适时提出重整申请的诱因，如何使重整人具有致力于重整事务的执行的诱囚，都是在制度设计时需要考量的问题。

在破产重整制度的领域内，也存在着逆向选择问题。我国的破产重整制度通过一系列机制设计，目的是从发生财务危机的企业中筛选出有重整可能的、具有拯救价值的企业，从而使该企业通过破产重整程序制度克服困境得以重建更生。然而，债务人企业比债权人、股东和法院对于企业的真实财务和经营状况更加了解，所以，由于存在信息不对称现象，法院在判断债务人企业是否有重整价值而决定应否裁定其重整的时候，债权人在判断债务人企业是否有重整价值而决定是否应该接受重整计划的时候以及法院在关系人会议没有通过重整计划草案而决定应否裁定强制批准重整计划的时候，都可能存在逆向选择问题。这样，由于存在逆向选择问题，可能会出现筛选失灵的情况，使得真正具有重整可能的债务人得不到重整的机会，从而导致破产重整制度的无效率。

四、研究方法

大部分学者认为法律经济学的主要研究方法包括实证分析与规范分析、定量分析与定性分析、成本收益分析、博弈分析、比较分析、案例分析、历史－文化分析等方法，这里仅简要介绍本篇运用的几种主要研究方法。

（一）法律的规范性经济分析与实证性经济分析

规范分析和实证分析是两种不同的目的分析方法，规范分析着重于为立法提供理论支持，目的在于给出改革法律制度的建议；实证分析着重于分析法律制度的实施效果，目的在于判断法律制度要追求的目标是否实现。对法律进行规范性经济分析和实证性经济分析，是法律经济学的两个基本的研究方法，前者对法律进行定性分析，后者对法律进行定量分析。

对法律进行规范性经济分析是以经济学上的效率为价值标准的，法律的规范性经济分析方法旨在指出：法律应该有利于实现效率，即实现社会整体利益最大化。这种分析方法无疑对法律制度做出了一种价值判断，即法律应该具有效率。

但是,需要注意的是,对法律进行规范性经济分析时,要清醒地看到,效率只是也只能是法律所要达到的重要目标之一。因为,除了效率,对法律而言,公平、正义、自由、安全、秩序等都具有重要的价值。

对法律的实证性经济分析主要是通过分析在法律规则的约束下,所有的相关主体付出的成本是什么、收益是什么、成本和收益发生的条件是什么、是否都满足了激励约束原则、是否只是部分人实现了利益最大化等情况,来看实际效果和法律的预期结果是否一致,从而判断法律制度是否是理想的法律制度。

规范分析和实证分析是一种相对区分,两者并非对立关系。例如,对效率的分析,既属于实证领域的分析,也属于规范领域的分析。而且,研究和判断法律实施结果的进一步目的往往就是为改革、完善那些没有有效实现其追求目标的法律制度提供理论支持,所以,实证分析基本上是用来服务于规范分析的,两者在运用时常常紧密联系在一起。

(二)法律的博弈分析

从博弈论中著名的囚徒困境(Prisoner's Dilemma)得出一个很重要的结论:一种制度安排,要发挥效力,必须是一种纳什均衡(Nash Equilibrium),否则,这种制度安排便不能真正得到实施。博弈论与经济学的研究模式是一样的,强调个人理性,即在给定的约束条件下追求效用最大化,博弈论在法律的经济分析上具有更多的优势,所以,法律的博弈分析的研究方法被广泛地应用到法律的经济分析领域,法律的博弈分析正在逐渐成为法律经济学的主导分析范式。

五、局限之处

"经济学思维是科学思维(Scientific thinking),即从基本假设中形成一种理论,并检验这种理论的含义是否与真实世界中的事件一致。"①正是由于经济学理论建立于一系列假设之上,因此,其自身存在一定的局限性。毋庸置疑,以经济学理论为基础的法律的经济分析方法必然也存在一定缺陷,或者说是理论未成熟前的不完备,这也是它从产生至今一直受到批判的主要原因。因此,我们必须检讨法律的

---

① [美]詹姆斯 D 格瓦特尼,理查德 L 斯特鲁普,卢瑟尔 S 索贝尔. 经济学——私人与公共选择[M]. 九版. 梁小民,梁砾,译. 北京:中信出版社,2004:15.

经济分析方法的缺陷,以防止落入"法律的经济分析至上"的窠臼。[①]

但正如波斯纳所言,在评价法律经济学的各种规范性主张时,必须牢记,"经济学后面还有正义。法律的经济分析的解释力和改进力都可能具有广泛的限制。然而,经济学总是可以通过向社会表明为取得非经济的正义理想所应做的让步而阐明各种价值。对正义的要求绝不能独立于这种要求所应付出的代价。"[②]因此,我们不能因噎废食,不能因为其不完美而摒弃这种有力的分析工具。任何理论都会有某种局限性,法律的经济分析方法也只是了解法律现象的一种方法、一种视角,它也不能解决一切法律问题。亦如苏力所说:"我喜欢并提倡法律经济学。但不认为法律经济学代表了法律的真谛,也不相信有什么可以替代具体分析研究法律问题的、一通百通法学的真谛。尽管如此,法律经济学无疑可以帮助我们从一个特定角度系统理解法律以及其他与制度相关的领域;它有其他任何研究都难以替代的优点,包括它的简洁、经验主义和务实。"[③]

第二节　从法律经济学视角探寻重整制度的价值目标之必要性

破产法本质上就是一种司法程序主导下的将无力清偿到期债务的债务人的财产公平清偿给债权人或者对债务人予以财务拯救的有秩序的文明的商业安排。[④]破产重整制度的创立和早期发展不是依据于某种既成的概念和设计,而是依据于实际需要和经验,它是实践的产物而不是理论的产物。[⑤] 而重整活动的实践涉及的

---

① 台湾大学的王文宇教授认为,法律经济分析方法至少有三个缺陷:第一,模型过度简化;第二,价值判断的盲目;第三,无法分析人类行为中的非理性因素。参见王文宇. 民商法理论与经济分析[M]. 北京:中国政法大学出版社,2002:25-28.

② [美]理查德 A 波斯纳. 法律的经济分析[M]. 蒋兆康,译. 北京:中国大百科全书出版社,1997:32.

③ 苏力.《法律经济学文献精选》书序[M]//唐纳德 A 威特曼. 法律经济学文献精选. 苏力,等译. 北京:法律出版社,2006:3.

④ 李曙光. 破产法的重要性与商业价值[C]//[美]大卫 G 爱泼斯坦. 破产及相关法律. 北京:法律出版社,2005:4.

⑤ 王卫国. 论重整制度[J]. 法学研究,1996(1):90.

真实商业世界里商人之间的交易活动及其游戏规则，其背后必然包含着某种能够被探求的经济内涵与经济逻辑。那么，也只有从重整活动的实践中所蕴含的经济逻辑出发，我们才能真正找到重整制度产生的真正的根源和它所追求的价值目标，从而循此根源与目标建立起有效的重整制度。因此，从法律经济学的视角来探寻我国破产重整制度应有的主要价值目标很具必要性。

所以，如果另辟蹊径，运用法律经济学的基本原理与方法，从真实世界里重整活动的实际情况出发，全面考量重整活动中各种主体各自的具体利益以及各主体之间的利益关系，探寻出破产重整制度应有的主要价值目标，并将其作为破产重整制度立法的导向与指引，势必会使破产重整制度的立法更具有科学性与合理性，也必将大大有助于该制度特定功能的发挥。

第三节　法律经济学视野下我国重整制度应有之主要价值目标

“在当代公司法与商法理论中，效率是一个主导性理论范式。从而，公司法与商法的法理学基础，也就是以效率分析为基础。”①

由于破产重整制度所扮演的重要经济与社会功能，加之重整程序本身的复杂化及其经常伴随的高成本，因此，破产重整制度的工具性价值就是实现效率。但是，效率的分析必须依赖于经济分析。依据法律经济学的卡尔多－希克斯效率标准和科斯定理，我国破产重整制度应有的一个基本价值目标就是效率价值目标，即要实现社会整体利益的最大化和降低重整所致的交易成本。与此同时，根据卡尔多－希克斯效率标准，效率价值目标的题中应有之义和基本前提是确保利益平衡。由此，除了基本的效率价值目标，我国破产重整制度应有的另一个重要价值目标是公平价值目标，即要确保重整主体之间的利益平衡，尤其是要注重对债权人利益的保护。也就是说，从法律经济学的视角分析，我国破产重整制度至少应该具有效率和公平两个价值目标，两者缺一不可。本部分内容主要对上述论断进行分析与阐释。

---

① [美]乔迪 S 克劳斯，史蒂文 D 特. 公司法和商法的法理基础[M]. 金海军，译. 北京：北京大学出版社，2005：1.

一、效率价值目标

债务人企业能够摆脱困境、恢复重建，符合债权人的整体利益，而对于个别债权人来说，从经济人的理性自利角度而言，当债务人企业陷入财务危机时，其个人利益却在于使自己率先获得清偿，尤其是对于有担保的债权人来讲，其往往会通过行使担保物权来获得自身债权的满足。如是而言，债务人企业发生财务危机时，势必会发生债权人争夺企业财产的情形，这自然会大大降低债务人企业日后重建更生、恢复生机的希望。

由于市场经济条件下的社会经济是一个有机的整体，各行各业之间相互关联，企业之间的交易关系也错综复杂，所以，当企业发生财务危机时，若任其走上破产清算之途，不仅将导致企业的员工失业或得不到工资、股东难以回收投资、债权人无法获得足额清偿，而且还将影响其他企业的经营状况，甚至可能引起整个社会经济的震荡。因此，为了解决能够在清理企业债务的同时还能维持企业的问题，企业重整制度应运而生。破产重整制度的作用就是当企业遇到财务困境的时候，为企业提供一系列法律上的保护与救济措施，用来帮助企业在法院的监督下继续经营，以期将来能归还所有企业债务。[①] 或者说，破产重整制度的设立，就是要通过对债权人权利的强行限制，使发生财务危机但具有重建可能的企业，能够在法院监督下继续保持经营，调整与企业员工、股东、债权人之间的权利义务关系，改善经营管理策略，以达到清理债务、维持企业、稳定社会经济的目的。

根据破产重整制度的创设目的，可以看出，破产重整制度实际上追求的是一种卡尔多－希克斯效率。根据法律经济学的效率标准，在法律制度中的强制行为多属于卡尔多－希克斯效率标准。“与帕累托标准相比，卡尔多－希克斯标准的条件更宽。按照前者的标准，只要有任何一个人受损，整个社会变革就无法进行；但是按照后者的标准，如果能使整个社会的收益增大，变革也可以进行，无非是如何确定补偿方案问题。所以，卡尔多－希克斯标准实际上是总财富最大化标准。”[②]需要注意的是，经济学家使用的“财富”一词不是一个会计学概念，它是以人们将什么作

---

① ［美］罗伯特 C 盖尔. 经济学：基本原理与热点问题［M］. 邹薇，张芬，等译. 武汉：武汉大学出版社，2007：449.

② 张维迎. 产权、激励与公司治理［M］. 北京：经济科学出版社，2005：6.

为代价(放弃他们拥有的东西以换得需求)来衡量的,而不是人们实际上为之支付了什么。[①] 因此,破产重整制度的出发点应该是卡尔多－希克斯效率,即追求社会整体利益、总体财富的最大化,以使债权人、债务人、职工、股东和社会的利益都能得到真正保护。

依前文所述,破产重整制度的一个最明显的弊端就是在重整程序的实际运作中不可避免地伴随着诸多昂贵的交易成本。根据科斯定理所隐含的启示,设计法律的时候应该重视交易成本的因素,法律规范应设法降低交易成本,以使权利产生最大效率。虽然法律不是减少交易成本的唯一方法,但不妨碍我们从法律规定对交易成本的影响出发,去谋求交易成本的降低。"在通常情况下,如果合约方人数足够地少,而且产权界定清楚,那么不论法律如何规定,他们都能够通过讨价还价而寻找到最优化的解决方案。"[②]所以,如果当事人之间进行重整谈判、协商的交易成本很小,就无需重整制度。在重整程序中往往会涉及众多关系复杂的当事人,当事人之间进行重整谈判、协商的交易成本通常很高。破产重整制度被设计成为一个自愿协商的过程,[③]其扮演的主要角色就是通过制度设计,激励当事人参与协商,排除或减少协商的障碍,推动协商的进行,促进协议的达成,从而降低重整协商、谈判的交易成本。很明显,根据法律经济学的观点,本着科斯定理上的法律制度应尽力降低交易成本的原则,又一次证明,效率应该是破产重整制度追求的基本价值目标。

二、公平价值目标

按照卡尔多－希克斯效率标准这种"财富最大化的方式"对于资源的重新配置,即使在令某些经济个体获得更高利益的同时也损及了其他经济个体的利益,但只要后者的损失原则上能由前者的净收益补偿且可以增加社会整体的福利,就认

---

① [美]理查德 A 波斯纳. 法律的经济分析[M]. 蒋兆康,译. 北京:中国大百科全书出版社,1997:19.

② 弗兰克·伊斯布鲁克,丹尼尔·费希尔. 公司法的经济结构[M]. 张建伟,罗培新,译. 北京:北京大学出版社,2005:271.

③ Nathalie Martin. The glannon guide to bankruptcy[M]. New York:Aspen Publishers,2005:322.

为这种资源配置是有效率的。这实际上说明了效率与公平这两个影响社会福利的要素之间的关系:假设一群人生产并分食一块蛋糕,效率涉及的是所生产的蛋糕的大小,而公平则关乎每个人分得多少;在保证最终分配公平的前提下,将这块蛋糕做得尽量大些,是提高这群人福利的最直接和最有效的办法。所以,根据卡尔多-希克斯效率标准,公平应是法律的效率价值目标的题中应有之义,为了实现效率而使受损害的一方必须得到应有的补偿,否则,实现的就不是真正的效率,即法律在追求效率价值目标的同时必须注意平衡协调各方的利益,务必要确保公平。

破产重整制度为了追求社会整体利益而拯救债务人企业,要对债权人的程序性权利进行一定的限制;而且由于企业重整的成本很高,从企业进入重整保护期到重整计划的制订、表决、通过、批准和执行的全过程,耗时可能是几年甚至十几年,如果重整成功固然会实现多方共赢的理想局面,然而一旦重整失败,却要由债权人,尤其是有担保债权人独自承受全部的风险,付出惨重的代价。“破产重整程序以拯救困境企业并使各利害相关方共赢为目的,但其成本和风险最终是由债权人承担的。”[①]但是,无论如何,破产重整制度不应削弱对债权人的实体性权利的保护,也不应使债权人承担不必要的风险与损失。

由于破产重整制度要处理包含多元利益冲突的企业拯救问题,因此它需要一个能够平衡各方利益冲突的法律制度构造。[②] 破产重整制度必须注重平衡协调重整参与者的利益,确保重整程序中债权人得到的利益比在清算程序中得到的利益更多,确保债权人在重整程序中付出的代价和受到的损失能够得到应有的补偿,这是此制度值得人们信赖的一个基本前提。而从法律经济学的观点看,这也是卡尔多-希克斯效率标准的内在要求。“正义的第二种含义——也许是最普通的含义——是效率。”[③]“公平和效率是破产法律制度的两大基石,从其历史来看,这两大理念贯穿于破产制度的演变。”[④]公平是法律制度的固有品质,公平也是实现效率的

---

① 胡利玲.防止重整程序滥用的新举措——美国2005年破产法修正案述要[J].人民司法,2007(19):103.

② 张世君.公司重整的法律构造——基于利益平衡的解析[M].北京:人民法院出版社,2006:302.

③ [美]理查德A波斯纳.法律的经济分析[M].蒋兆康,译.北京:中国大百科全书出版社,1997:31.

④ 张晨颖.破产制度价值研究[J].北京大学学报:哲学社会科学版,2003(11):81.

内在要求。破产重整制度在本质上是一种实现效率的工具,而欲实现效率,它必须同时注重公平,主要是重视对债权人利益的切实保护。因此,公平应该是破产重整制度的重要价值目标。

总之,从法律经济学的视角出发,我国破产重整制度至少应该具有效率与公平两个主要的价值目标,其中效率价值目标是我国破产重整制度的基本的、外在的价值目标,而公平价值目标是我国破产重整制度的重要的、内在的价值目标,两者互为表里、相辅相成、缺一不可、不可偏废。我国破产重整制度的立法应在效率和公平价值目标指引下进行制度设计,才能真正发挥该制度的功能,从而最终实现其制度价值。

第三章 我国破产重整制度的价值目标之实现机制

如前所述，通过运用法律的经济分析方法探寻我国破产重整制度应有的主要价值目标，得出一个结论，即我国破产重整制度至少应该具有效率和公平两个主要的价值目标，而且两者之间的关系是互为表里、相辅相成、缺一不可、不可偏废。那么，这一结论是否与我国新破产法中的重整制度立法现状相符呢？通过运用法律的经济分析方法，分别从效率价值目标和公平价值目标出发对我国破产重整制度进行全面检视，就会得到一个较明确的答案。而进行检视的结果表明，我国破产重整制度的诸多具体制度设计，充分证明了我国破产重整制度的最主要价值目标就是效率价值目标和公平价值目标。也就是说，我国破产重整制度中包含各种实现效率价值目标和公平价值目标的机制设计，充分体现了其主要的价值目标就是效率价值目标和公平价值目标。本章内容的主要任务就是对此进行说明与论证。

第一节 效率价值目标之实现机制

这里的效率价值目标的实现机制，主要是指破产重整制度中的以实现卡尔多－希克斯效率和降低交易成本为目标的一系列具体制度设计，它们作为一个有机的整体，来确保破产重整制度效率价值目标的实现。我国破产重整制度中有很多基于实现效率价值目标而做的制度安排，这里仅择其要来进行分析与论述。

一、重整期间的自动冻结制度

自动冻结制度，又称“自动中止主义”（Doctrine of automatic stay），是指债务人企业一旦提出重整申请，所有的关于债务人财产的民事执行程序和债权请求都自动中止进行，是对请求权人权利的一种限制。从博弈论的角度观察，当企业资产状况恶化而陷入困境时，企业的各个债权人之间将展开一场争夺企业剩余资产的博弈与竞争。我们首先假设某困境企业是有重整可能的企业，企业有两个无担保债权人甲和乙，他们的债权都是9，企业现有财产为6，重整成功与否不确定，重整成功后企业财产为20,重整失败后企业财产为4,则当该企业不能清偿到期债务时,他们的博弈如图3.1所示。

		乙	
		不争夺	争夺
甲	争夺	均衡A　0 6	均衡B　3 3
	不争夺	均衡C　9(或2) 9(或2)	均衡D　6 0

图3.1　两个无担保债权人的博弈①

同理,我们再假设某困境企业是有重整可能的企业,企业有担保债权人甲和无担保债权人乙,债权数额都是100,企业现有财产为120,重整成功后企业财产为220,重整失败后企业的财产为80,则当企业不能清偿到期债务时,他们的博弈如图3.2所示。

		乙	
		清算	重整
甲	不行使担保权	均衡A　20 100	均衡B　100(或不定) 100(或80)
	行使担保权	均衡C　20 100	均衡D　20 100

图3.2　有担保债权人与无担保债权人的博弈②

---

①　从图3.1我们可以看出,对于理性自利的甲和乙来说,无论对方如何选择,其自己最优的策略都是选择争夺,(因为这样可获得6或3的支付,否则,则只能获得9或2或0的支付。)从而势必导致均衡B结果的出现。但是,如果甲和乙都不争夺企业财产且该企业能够重整成功,则就会产生均衡C中的最优均衡结果,即双方都获得9的支付。

②　从图3.2我们可以看出,对于甲来说,无论企业是否清算,若自己选择直接行使担保权,其立即可获得100的支付。但是,甲如果选择不行使担保权,在均衡B的情形,由于企业重整最终能否成功处于不确定状态,如果重整失败则会只能得到80的支付,所以甲一定会选择行使担保权(不同意重整)的策略。而对于乙来说,企业如果清算,其只会得到20的支付;企业如果重整成功则会得到100的支付,即使重整失败,其损失最多也只是20的支付,所以,对于乙来讲,是否选择重整对其都无关紧要。这样,由于甲会选择行使担保权(不同意重整),在这个博弈中就不可能出现最优的均衡结果,即均衡B中——企业重整成功而甲和乙都得到100的支付的情形,从而达不到最优的纳什均衡。

从上面两种情形的博弈分析可知，当该债务人企业出现困境时，债权人之间形成了基于理性自利的个别行动而导致集体无效率的“囚徒困境”。因为，即使企业重建会比清算更有效率，更有利于全体债权人，但所有的单个债权人都会选择“捷足先登”和“先下手为强”而抢先行使自己的到期债权或者直接行使担保权，而不会去关心企业能否重建和复兴。这样，企业的资产不得不用于尽量满足各类债权人的债权，即使是本来有重建希望的企业最终也会因债权人对企业剩余资产的争夺而走向破产清算之途，形成一种无效率的结果。所以，必须通过制度设计改变上述类似“囚徒困境”的无效率局面，使具有营运价值的债务人企业走上破产重整之路而得以重建和复兴，以实现卡尔多－希克斯效率。

如前所述，在博弈中，通过改变博弈当事人的选择空间可以改变博弈的均衡结果。从图3.1的情形看，只有让甲和乙都不得抢着行使到期债权——即都不争夺，才可能产生最优的均衡结果均衡C；从图3.2的情形看，只有限制甲去行使担保权，才可能产生最优的均衡结果均衡B。所以，最好的选择是实现“一个强制性的集体程序来阻止个体债权人以违背债权人整体利益的方式行动”。[①] 因此，各国的企业重整制度都在保证债权人的基本利益不受损害的前提下，适当限制其权利的行使，以便债务人能继续使用那些为其营业所必要的财产。[②] 于是，自动冻结制度就产生了。自动冻结制度的目的有二：其一，给债务人一个“喘息的空间”（Breathing room），力求找出一条重组或清算的途径；其二，有助于阻止债权人“涌向法院”（Race to the courthouse）“哄抢”债务人的财产。[③]

根据我国新破产法的规定，人民法院一旦受理重整申请，在重整期间：债务人对个别债权人的债务清偿无效；[④]有关债务人财产的保全措施要解除，执行程序要中止；[⑤]已经开始而尚未终结的有关债务人的民事诉讼或者仲裁应当中止；[⑥]对债务

---

① ［美］道格拉斯G拜尔，罗伯特H格特纳，兰德尔C皮克.法律的博弈分析［M］.严旭阳，译.北京：法律出版社，2004：216.

② ［日］伊藤真.破产法［M］.刘荣军，鲍荣振，译.北京：中国社会科学出版社，1995：17.

③ 齐树洁.破产法研究［M］.厦门：厦门大学出版社，2004：450.

④ 《中华人民共和国企业破产法》第16条。

⑤ 《中华人民共和国企业破产法》第19条。

⑥ 《中华人民共和国企业破产法》第20条。

人的特定财产享有的担保权暂停行使；[①]财产的权利人要求取回被债务人合法占有的财产，应当符合条件；[②]债务人的出资人不得请求投资收益分配。[③] 这些关于自动冻结的规定，限制了权利人请求权的暂时行使，为债务人企业走上重整之路创造了重要的前提条件。[④]

可见，我国破产重整制度通过设计自动冻结这种机制，在企业陷入财务危机时，阻却和防止了众多请求权人对于债务人企业资产的争夺，使得困境企业的资产得以维持，为企业的继续营运和重建奠定了基础，而且使企业摆脱了诉累，降低了债务人企业进行重整的交易成本，合乎破产重整制度对效率价值目标的追求。

二、重整期间的营业授权制度

为了实现困境企业的重整，从实现破产重整制度的效率价值目标考量，除了用自动冻结制度来对企业进行营业保护外，维持企业继续营业的“营业授权”制度也是必不可少的。“营业授权”以重整期间的继续营业机构和有关营业活动的特别权利为内容。我国新破产法规定了重整期间营业授权的两种方式：管理人负责；聘任企业人员的管理和管理人监督下的债务人自行管理。[⑤] 其中管理人作为重整营业机构是营业机构的一般情形，在债务人未提出自行管理申请或者其提出的自行管理申请未被批准情况下，法院裁定重整时，管理人自动取得继续营业机构的地位。

（一）管理人作为重整继续营业机构制度

因为管理人处于中立地位，具有破产管理的法律知识和会计技能，能够公正地维护债权人的权益，但是也存在着管理人不熟悉债务人营业情况、缺乏特定行业专门知识和管理经验不足等问题。所以，新破产法第74条规定，管理人负责管理财产和营业事务时，可以聘任债务人的经营管理人员负责营业事务。这个规定，是为了

---

① 《中华人民共和国企业破产法》第75条第1款。

② 《中华人民共和国企业破产法》第76条。

③ 《中华人民共和国企业破产法》第77条第1款。

④ 需要说明的是，根据我国新破产法的规定，自动冻结制度仅适用于重整期间——自人民法院裁定债务人重整之日起至重整程序终止，其效力的起算点是法院受理重整申请以后，而美国、加拿大等国重整制度中的自动冻结制度，效力的起算点是当事人提出重整申请以后。

⑤ 《中华人民共和国企业破产法》第73,74条。

弥补管理人作为继续营业机构的不足,以期能够尽量提高管理人管理的效率,符合破产重整制度的效率价值目标。

(二)管理人监督下的债务人自行管理制度

由于只有企业的经营管理层才最了解企业的实际经营与财务情况,企业的各种信息只有他们才最清楚,对于企业是否需要申请破产以及何时申请破产最有发言权,而且一般来说,一旦企业经批准进入重整程序,也只有原经营管理层对于企业的实际情况最为了解,对于企业应如何改善经营、如何进行重建也最有发言权。从拯救困境企业的效率考虑,单纯依赖破产管理人管理重整期间的债务人企业财产和营业事务,未必是最好的选择,可能不利于维持债务人企业的营业和实现债务人财产的价值最大化。

另外,如果法律明确规定在重整期间的企业可以由企业的原经营管理层继续来营运,企业的经营管理者就不会因担心重整后自己将失去对企业的经营控制权,而在明知企业需要申请重整的情况下,却不去尽快申请重整。也就是说,法律若规定企业重整后企业的经营将由债务人之外的重整人来进行,则会使企业的经营管理层有一个强烈的诱因去避免诉诸重整或者尽量去拖延。①

根据美国联邦破产法,在企业重整程序中,原则上由债务人继续保持对其财产的占有,并且继续营业,除非占有中的债务人有欺诈和严重的经营不当,法院不任命破产受托人。因此,在美国的大多数企业破产重整案件中,提出申请之后负责经营企业的人被称为"占有中的债务人"(the Debtor In Possession, DIP),在提出申请之前负责企业决策的人在提出申请后仍将保留原职不动,由法院选任托管人甚至监察员的情况非常少见。②

"占有中的债务人"制度有利于充分发挥债务人管理的效率,为一些国家的立

---

① "The principal obstacle to adopting the most efficient choice of bankruptcy solutions (for example, liquidation versus reorganization) is the 'private' benefit that managers of bankrupt businesses may gain from the less efficient choice (for example, by prolonging the business a manager may retain her own job, even when liquidation would result in a higher payout to the stakeholders). This private benefit may motivate those in control to choose a strategy that is suboptimal for the firm's creditors." Elizabeth Warren and Jay Lawrence Westbrook. Contracting Out of Bankruptcy: An Empirical Intervention [J]. Harvard Law Review, 2005(118): 1197 - 1206.

② DAVID G. Epstein. Bankruptcy and Related Law[M]. 北京:法律出版社,2005:411.

法借鉴吸收，但我国新破产法没有照搬美国的“占有中的债务人”制度，对债务人自行管理，设定了两个方面的制约：一是程序限制，即债务人必须提出申请并经人民法院批准后方能自行管理；二是管理人的监督权，即债务人的自行管理必须处于管理人的监督之下。因为，允许债务人经批准在管理人的监督之下自行管理企业，有利于为面临财务困境的债务人适时提出重整申请提供较强的诱因，并对防止债务人以损害债权人利益而自利的道德风险，使债务人致力于重整事务的执行具有重要意义，而且，“管理人的破产管理经验，也将极大地有助于企业重建之进行”。[①] 可见，“这种方式其实是一种修改的占有中的债务人制度”[②]，也是一种为实现破产重整制度的效率价值目标的制度安排。

三、重整计划的表决与批准机制

“重整计划乃由重整人所拟定，以调整债权人与股东之利害，使陷于财务困难之公司，达成汰旧换新，重建更生之计划，为重整程序之核心所在。”[③]但是，从法律的博弈分析角度看，在重整计划的表决中经常存在着严重的“钳制”问题（Hold-out problem），因而缺乏效率。

在债权人会议对重整计划草案进行表决的时候，具有类似垄断地位的债权人，可能会为了获得超过其他债权人的额外好处，而采取提出更苛刻的条件或其他策略行为，而导致即使是有效率的重整计划草案最终也难以被通过。虽然全体债权人会因都同意重整计划草案而获益，但由于出于自利的“钳制”（Hold out），使博弈的结果变成缺乏效率的均衡。债权人人数较多，钳制问题就可能会相当严重。通

---

① “Even where the debtor retains control, the administrator will continue in a supervisory role and, with the administration′s insolvency experience, will contribute greatly to the corporate rescue process.” See Charles D. Booth, Bankruptcy Laws In Socialist Market Economies. In: Columbia Journal of Asian Law, 2004(18): 1－132.

② “Subject to the approval of the People′s Court, the debtor may thus be allowed to carry on under what is basically a modified debtor-in-possession approach.” See Charles D. Booth, Bankruptcy Laws In Socialist Market Economies. In: Columbia Journal of Asian Law, 2004(18): 1－129.

③ 柯芳枝．公司法论［M］．北京：中国政法大学出版社，2004：466.

过图 3.3 的博弈示意图可以得出这一结论。[①]

所以,从图3.3 的分析中可以看出,无论对于甲还是乙来说,不同意都是其最优策略。因此,即使企业重整对于债权人整体更有利,但是,在重整计划的讨论过程中,可能由于个别债权人的钳制行为而使重整计划不能被通过。而且,由于各个债权人之间的债权在优先顺位、数额大小、性质与种类等方面差异较大,具体利益不尽一致,要想使重整计划草案取得所有债权人的同意,几乎是不可能的。

		乙	
		不同意	同意
甲	同意	均衡 A　3(2) 2	均衡 B　2 2
	不同意	均衡 C　2 2	均衡 D　2 3(2)

图 3.3　同一表决组债权人之间讨论重整计划草案的博弈

为了实现人们合作的潜在利益和有效地解决合作中的冲突,立法者可以通过设计各种各样的制度来规范他们的行为。[②] 法律的这种作用是通过改变个人行动的预期来实现的,法律不改变博弈本身,但改变博弈的均衡结果。[③] 我国新破产法中的重整计划的分组、多数决表决机制和重整计划的法院强制批准制度,就是为了改变在重整计划的表决中的无效率现象而进行的制度设计,体现了破产重整制度对效率价值目标的追求。

(一)重整计划的分组表决机制

我国新破产法第 82 条规定了债权人会议通过重整计划的分组表决机制,即以债权分类为基础进行组别划分,以各表决组为单位进行表决,形成通过与否的决议。"对债权实行分类的首要目的是达到给予债权人公平和公正待遇的要求,对类似情形的债权同等处理,确保重整计划对某个特定类别的所有债权人给予一系列

---

① 假设有甲和乙两个债权人,假设双方都同意或都不同意重整计划草案,每个人获得的支付都为 2;一方同意而另一方不同意时,同意的一方获得的支付为 2,不同意的一方获得的支付为 3(因为有可能通过钳制行为多获得 1 个支付)或 2(因为可能被法院强制批准)。

② 张维迎. 博弈论与信息经济学[M]. 上海:上海人民出版社,2004:1.

③ 张维迎. 产权、政府与信誉[M]. 上海:生活 · 读书 · 新知三联书店,2001:51.

同样的条件。这是确保按照破产法中确立的优先顺序处理优先权或优惠债权的一种方法。”[①]但从另一角度看,法律规定债权人会议通过重整计划的分组表决机制,也可以降低众多债权种类、数额等各异的债权人对重整计划草案表决的交易成本,避免造成无休止争论的混乱局面以及在时间上的过分拖延,符合破产重整制度的效率价值目标。

(二)重整计划的多数决表决机制和法院强制批准制度

在规定重整计划分组表决的基础上,我国新破产法第84条第2款规定了表决组内采用人数和债权额的双重多数的多数决表决机制,即“出席会议的同一表决组的债权人过半数同意重整计划草案,并且其所代表的债权额占该组债权总额的三分之二以上的,即为该组通过重整计划草案。”而且该法第87条第2款还规定了在表决组并未通过重整计划草案时,法院可以经债务人或管理人的申请,在重整计划草案符合法定条件的情况下,强制批准重整计划草案而使重整计划生效的重整计划法院强制批准制度。[②]

在判定重整计划通过与否的标准上,虽然采取多数决原则能够缓和钳制问题,但是,由于新破产法第86条规定“各表决组均通过重整计划草案时,重整计划即为通过。”所以,从“经济人”的角度,每一表决组既存在一个以集体的形式进行钳制的诱因又有隐藏自己的偏好,通过使其他表决组去付出较大的代价而坐享其成搭便车(Free-Rider)的诱因。[③] 因此,法律允许法院于一定条件下强制批准重整计划,既可以降低交易成本还可以解决搭便车问题。[④]

我国破产重整制度采取重整计划的多数决表决机制和重整计划的法院强制批准制度,很好地体现了法律能够通过机制设计促成当事人合作的作用。从法律经济学的视角观察,这些制度安排,能够缓和钳制问题的发生,摆脱因集体行动问题

---

① 联合国国际贸易法委员会.破产法立法指南(中文版)[M].纽约,2006:194.

② 详见《中华人民共和国企业破产法》第87条。

③ 所谓搭便车(Free Rider),源于人类行为中自利的动机,有学者将其分为“企业的搭便车”和“公共财产的搭便车”两个方面。前者指在市场失灵,尤其在信息不完全下出现的搭便车现象,如厂家出于自利仿冒他人品牌、盗版软件等;后者指每个人都不愿真正显示出其偏好,而希望其他人付出较高费用来雇用公共财产,并借此而增加自己的利益。

④ 当然,从法律经济学角度看,法院强制批准重整计划,从根本上是为了防止有重整可能的企业破产清算,追求社会整体利益,实现卡尔多－希克斯效率。

产生的困境，降低关系人会议因漫长磋商而产生的交易成本，[①]使真正具有重整价值的企业的重整计划得以顺利通过，体现了重整制度对效率价值目标的追求。

四、重整计划的债务人执行体制

重整计划的执行体制，大体有三种：一是债务人在司法程序外无任何监督的执行；二是在司法程序外由管理人监督下的债务人执行；三是在司法程序内由指定的专人负责执行或者由其监督债务人执行。我国新破产法采用了上述第二种体制，规定重整计划由债务人负责执行，但是在重整计划规定的监督期内，由管理人监督重整计划的执行，债务人应当向管理人报告重整计划执行情况和债务人财产状况。[②] 在重整计划执行问题上采取对债务人较为信任的立场，有利于提高重整的效率和降低司法成本，[③]合乎破产重整制度的效率价值目标。但是，债务人在自行管理的过程中，由于与债权人之间的信息不对称以及对破产清算的预期，总是存在着为自身利益而不正当地牺牲债权人利益的动机。因此，也有必要建立相应的管理人或监督人制度，“一旦管理层被证明为不胜任、不尽职、从事欺诈或有其他不端行为，则全部权力应当移交给管理人。”[④]从而确保破产重整制度效率价值目标的真正实现。

五、避免进程上拖延之限时机制

如前所述，在破产重整程序中，必须对债务人企业的财产以及债权人等权利人的权利进行评估作价，而这种评估作价不仅困难而且容易引起争议，要耗费大量时间来进行。而重整申请、重整计划等还必须经过法院的批准，往往要遵循固定的流程，所以，十分容易造成时间上的拖延。但是，如果重整程序在时间上过于拖延，将使重整的成本不断累积、债权人迟迟无法获得清偿，并会对企业的经营造成更多负

---

① 当关系人会议经过漫长而复杂的磋商却没有通过重整计划草案，此前付出的一切成本都等于徒劳，该债务人企业将走向破产清算。

② 《中华人民共和国企业破产法》第 89 条、第 90 条。

③ 王卫国. 破产法精义[M]. 北京：法律出版社，2007：266.

④ The World Bank, Principles and Guidelines for Effective Insolvency and Creditor Rights Systems, April 2001, Principle 11.

面影响而不利于企业的重建更生。所以,"为避免重整程序的不当拖延,体现重整程序对效率的追求,有必要对重整程序中的各项事务设立一个迅速、合理的固定时间限制"。[①]

从实现效率价值目标考量,破产重整制度必须尽量避免造成重整程序上的拖延,以减少随时间的延续而累积的巨大成本。[②] 我国新破产法在重整启动阶段、重整期间和重整计划的制订、批准以及执行阶段有多处在时限上的明确规定,都体现了避免程序拖延、加速程序进行以降低重整成本的立法目的,体现了对效率价值目标的追求,此不赘述。[③]

第二节　公平价值目标之实现机制

所谓公平价值目标的实现机制,主要是指我国破产重整制度中的以保护债权人利益、确保利益平衡为目的的一系列具体制度设计,它们作为一个有机的整体,来确保我国破产重整制度的公平价值目标的实现。

如前所述,为了实现破产重整制度的基本价值目标——效率,我国破产重整制度通过自动冻结制度等一系列机制来保护债务人企业的重整营业,以促使债务人企业重建更生、东山再起。但是,破产重整制度在保护债务人、追求效率的同时,必须确保对债权人利益的保护,做到利益平衡,以实现破产重整制度的重要价值目标——公平。因为,在破产重整制度中,效率与公平价值目标既是相辅相成,又是相互制约的。否则,如果在破产重整制度中过于注重拯救债务人,而不能对债权人的利益进行有效的保护,则可能会出现债务人企业滥用重整程序而损害债权人利益、债权人的债权得不到及时清偿以及债权人独自承担重整失败的重大损失等情况,反而会产生无效率的结果。

---

① 王欣新. 破产法专题研究[M]. 北京:法律出版社,2002:132.

② 2005 年美国国会制定的《防止破产滥用和消费者保护法》是自 1978 年《破产改革法》以来对破产法最全面的一次改革。其中一个改变就是对法典第 1121 条关于在第 11 章案件中由谁来提交重整计划的规定。该规定改变了原来法院可以不受次数限制地批准延长债务人专有的提出重整计划的 120 天的期限,规定债务人的 120 天的期限延长最多不得超过 18 个月,这种改变表明立法者认为重整案件过分拖延,而试图尽量加速重整的进程。

③ 见《中华人民共和国企业破产法》第 10,11,12,14,79,84,86,87 条。

我国破产重整制度在重整程序的启动阶段，重整期间和重整计划的制订、表决、批准以及执行等各阶段都设计了诸多保护债权人利益、保障利益平衡的机制，这里仅择其要来进行分析与论述。

一、重整期间对有财产担保的债权人的保护机制

毫无疑问，为了实现破产重整制度的效率价值目标，在重整制度的实际运行中，有财产担保的债权人付出的牺牲最多，承担的风险也最大，而且其权益很容易遭到损害。因此，破产重整制度应充分重视对担保权人利益的特别保护。

我国新破产法第 75 条规定，"在重整期间，对债务人的特定财产享有的担保权暂停行使。但是，担保物有损坏或者价值明显减少的可能，足以危害担保权人权利的，担保权人可以向人民法院请求恢复行使担保权。"这就在限制担保权人行使担保物权的同时，也对担保权人的实体权益进行了保障，起到了利益平衡的作用，体现了我国破产重整制度对公平价值目标的追求。

二、重整计划强制批准程序对债权人的保护机制

我国新破产法第 87 条第 2 款关于法院强制批准重整计划时的审查条件的规定，其中蕴含的保障担保权人的实体权益、保障普通债权人的最大利益、保证公平对待同一表决组成员等机制，都集中体现了我国破产重整制度注重在利益平衡的前提下追求社会整体利益的理念，是我国破产重整制度公平价值目标的重要实现机制。

（一）保障担保权人的实体权益

如前所述，有财产担保的债权人的利益在重整期间要受自动冻结制度的影响，通常不能行使本应有权行使的担保物权，这是其为了企业重整而做出的牺牲。而且，对于是否同意债务人企业的重整计划，虽然有担保债权人有进行自我表决的权利，但是，即使个别有担保债权人不同意重整计划，重整计划也可能因法院的强制批准而对其产生法律效力。[①] 然而，从公平角度出发，法律为了社会整体利益可以

---

① 从经济人的角度考量，破产重整对有担保的债权人并无多大益处，担保债权人更愿意债务人企业进行清算。

限制担保权人的程序性的权利,但不应剥夺和损害担保权人的实体性的权利。所以,应要求法院在裁定强制批准重整计划的时候,必须保证持反对意见的担保权人的实体性的权益能得到切实的保障,以体现重整制度的公平价值目标。

根据我国新破产法第 87 条第 2 款第(一)项的规定,法院强制批准重整计划的一个必要条件是:"按照重整计划草案,有财产担保的债权就该特定财产将获得全额清偿,其因延期清偿所受的损失将得到公平补偿,并且其担保权未受到实质性损害,或者该表决组已经通过重整计划草案。"该规定对有担保债权人的实体权益进行了保障,充分体现了破产重整制度的公平价值目标。

(二)保障普通债权人的最大利益

我国新破产法第 87 条第 2 款第(三)项规定,"按照重整计划草案,普通债权所获得的清偿比例,不低于其在重整计划草案被提请批准时依照破产清算程序所能获得的清偿比例,或者该表决组已经通过重整计划草案。"这就要求法院在考虑强制批准重整计划的时候,必须保证使每一个反对重整计划的普通债权人,在重整程序中都至少可以获得其在清算程序中本可获得的清偿。这是对反对重整计划的普通债权人的一项基本保护,也是我国破产重整制度追求公平价值目标的体现。

(三)保证公平对待同一表决组的成员

根据我国新破产法第 87 条第 2 款第(五)项的规定,法院在考虑强制批准重整计划时也必须保证"重整计划草案公平对待同一表决组的成员"。这样,即使法院强制批准了重整计划,也能确保处于同一表决组的债权人得到平等的、按比例的清偿,即保证同一表决组债权人之间受偿的平等性,这也充分体现了我国破产重整制度追求公平价值目标的努力。

三、重整计划执行阶段对各债权人间的平衡机制

对于没有按照法律规定申报债权的债权人,新破产法第 92 条规定,"债权人未依照本法规定申报债权的,在重整计划执行期间不得行使权利;在重整计划执行完毕后,可以按照重整计划规定的同类债权的清偿条件行使权利。"这就在依法申报债权和未依法申报债权的债权人之间进行了利益平衡,体现了公平的理念。

另外,根据新破产法第 93 条的规定,当债务人不能执行或者不执行重整计划时,人民法院经管理人或者利害关系人请求,裁定终止重整计划执行的,债权人在

重整计划中做出的债权调整的承诺失去效力，债权人因执行重整计划所受的清偿仍然有效，债权未受清偿的部分作为破产债权。但是，这些债权人只有在其他同顺位债权人同自己所受的清偿达到同一比例时，才能继续接受分配。这也体现了对债权人之间利益的公平保护，体现了我国破产重整制度的公平价值目标。

第四章　在效率与公平目标导引下我国破产重整制度之完善

波斯纳曾指出:“公司重整并非灵丹妙药,不仅因为对公司进行司法估价是一种值得注意的错误;另一个问题是,在清算中将丧失工作的经理和清算中将不可能取得任何东西的小债权人,都会在既使得清算在使财产更具有价值时也能使得公司生存下去。如果重整能够使股东在重整企业中得到很小的股本利益,他们也会对重整极感兴趣。因为,重整对他们来说是一个没有任何损失的建议。如果重整企业赢利了,他们就可以分得利润;如果它失败了,全部损失就落到债权人身上。所以,正像有些破产案件中由于可能使大债权人将成本施加于其他利益人而使清算为期过早一样,重整也可能在有些案件中由于可能使经理、小债权人和股东将成本施加于其他债权人而使清算不适当地延期。”[①]波斯纳的上述论断实际上说明了一个极其严峻的问题:破产重整制度必须能够平衡复杂而多元的甚至相互冲突的利益关系,它是一把双刃剑,如果制度设计不合理,则可能会导致滥用而达不到立法目的,甚至会产生与立法目标背道而驰的结果。因此,对于破产重整制度的各种制度安排,有必要不断对其加以完善。在美国,自1978年美国破产法颁行以来,其宽松的制度设计导致的重整程序被债务人滥用的问题,一直为人们所诟病。2005年,美国国会通过自1978年以来对破产法最大规模的修订,通过了题为《2005年防止破产程序滥用和消费者保护法案》的破产法修正案。[②] 该修正案针对重整程序做

---

① ［美］理查德 A 波斯纳. 法律的经济分析［M］. 蒋兆康,译. 北京:中国大百科全书出版社,1997:528.

② 英文名称 The Bankruptcy Abuse Prevention and Consumer Protection Act of 2005,2005年10月17日生效。

出了重大修改,采取一系列新举措,力图防止重整程序的滥用。[①]

我国破产重整制度的主要价值目标是效率和公平,两者互为表里、相辅相成、缺一不可、不可偏废,而我国破产重整制度就是一整套实现效率和公平价值目标的法律机制。这是本篇对我国破产重整制度进行法律的经济分析而得出的初步结论。而结合前面各章的研究结果并且从法律经济学的视角进一步深入分析,不难发现,要确保实现我国破产重整制度效率和公平的双重价值目标,在进行破产重整制度立法的制度安排与设计时,至少应考量下列具体要素:

第一,应防止重整程序招致滥用和损害债权人利益,使进入重整程序的债务人企业确实是有营运价值与重整可能的企业;

第二,在强调救济债务人的同时,在重整程序中更应注重对于债权人利益的特别保护,务必公平地对待债权人,确保利益的平衡;

第三,应尽力降低重整程序的各种成本,包括降低重整参与人共同行动的搜寻与信息成本、议价与决策成本、管制与执行成本、策略行为成本与司法成本以及由于法律的解释适用的不确定性所致的成本;

第四,应促进重整程序的进行而避免重整时间上的拖延,以防止重整成本的累积;

第五,应防止道德危险与逆向选择现象的发生,使债务人企业能够于企业陷入财务危机之前,就有适时提出破产重整申请而获得恢复生机的机会并且使实际负责重整事务的执行人,有尽心于重整事务的执行的诱因;

第六,应提供激励机制以鼓励新资金的提供,使有重整价值的债务人企业能够获得进行重整所需要的资金,以促进重整成功的可能性。

因此,在我国破产重整制度刚刚确立之际,本篇最后试图从法律经济学的视角,以上述出自于效率和公平双重价值目标的具体考量要素为标准,全面检视我国新破产法中的重整制度——具体包括重整启动阶段、重整期间和重整计划的制订、表决、批准以及执行阶段的各种机制设计,然后,针对其中的不足之处,提出具体的完善建议,以期使我国破产重整制度更合乎效率和公平的价值目标。

---

① 胡利玲.防止重整程序滥用的新举措——美国2005年破产法修正案述要[J].人民司法,2007(19):103-105.

第一节 重整启动阶段相关制度之完善

一、应缩小重整程序的适用范围

对于重整程序的适用对象，各国法律的规定不尽一致，范围上有宽有窄。根据我国新破产法第2条的规定，我国重整程序的适用对象是企业法人。但是，“首先，重整目的是为了拯救对社会经济有重大影响的企业，防止其破产造成的大量工人失业，生产要素的严重浪费，而小企业破产并无此后果；其次，重整程序在某种程度上而言是以牺牲债权人的利益为代价的，如果债务人规模小，社会价值不高，则会有违于重整制度的理念；再次，重整费用十分高昂，从美国、日本等国的司法实践来看，破产案件非常多，但其中走重整程序并能够成功的案件比例非常少，也很少有适用于小企业的情况。”[①]在美国的破产案件中，重整程序的利用率约为0.7%左右，其中一个主要原因是重整程序过程复杂，费用高昂，不仅个人无力负担，即便是绝大多数中小企业也无力援助。[②]

所以，重整程序不仅成本巨大而且程序复杂，如果将其适用于规模较小、社会影响不大的企业法人容易造成社会资源的浪费且容易导致重整程序被滥用，损害债权人的利益。虽然重整制度与大企业具有天然的契合性，但如何对于重整的适用范围进行合理限制仍需要进一步研究，但笔者认为可以仿效台湾公司法的做法，将其限制在“公开发行股票或公司债之公司”。[③]

二、应将“有重整的可能”作为重整原因

我国新破产法对重整原因的规定，极易导致重整的滥用。根据我国新破产法

---

① 关于重整程序适用范围的比较法上的讨论，参见李永军. 破产重整制度研究[M]. 北京：中国人民公安大学出版社，1996：20－28.

② ［美］大卫 G 爱泼斯坦，史蒂夫 H 尼克勒斯，詹姆斯 J 怀特. 美国破产法[M]. 韩长印，等译. 北京：中国政法大学出版社，2003：6.

③ 台湾公司法（2001年11月修订）第282条的规定：“公开发行股票或公司债之公司，因财务困难，暂停营业或有停业之虞，而有重建更生之可能者，得由公司或下列利害关系人之一向法院声请重整……”

第2条的规定,企业法人的重整原因是:不能清偿到期债务,并且资产不足以清偿全部债务或者明显缺乏清偿能力;或者有明显丧失清偿能力可能。[①]

从本条法律的规定来看,十分容易使人误解,以为似乎只要具备了上述条件,就可以申请重整,重整程序就是困境企业的一种救济和保护措施。所以,为了防止重整程序被滥用,保护债权人的利益,让真正有重整价值的企业进行重整,必须对重整原因增加规定一个"有重整的可能"的限制条件,即企业陷入困境,只有在有重整可能的时候,才能适用重整程序,否则,只能进行破产清算。在此问题上,可以借鉴台湾公司法第282条的规定:"公开发行股票或公司债之公司,因财务困难,暂停营业或有停业之虞,而有重建更生之可能者,得由公司或下列利害关系人之一向法院声请重整……"

三、应使债务人申请重整更具有可操作性

根据我国新破产法第70条的规定,"债务人"可以依法向人民法院申请重整,[②]但对具体的操作程序却没有明确的规定。反观台湾公司法,该法第211条规定:"公司资产显有不足抵偿其所负债务时,除得依第二百八十二条办理者外,董事会应即声请宣告破产。"而该法第282条不仅规定了公司可以申请重整,而且明确规定公司申请重整"应经董事会以董事三分之二以上之出席及出席董事过半数同意之决议行之"。[③] 根据中国公司法,债务人若是公司,实际上真正能做出申请破产、重整决定的应是股东会或股东大会。但是,"按公司有无重整之必要,董事会知之

① 《中华人民共和国企业破产法》第2条:"企业法人不能清偿到期债务,并且资产不足以清偿全部债务或者明显缺乏清偿能力的,依照本法规定清理债务。企业法人有前款规定情形,或者有明显丧失清偿能力可能的,可以依照本法规定进行重整。"

② 《中华人民共和国企业破产法》第70条:"债务人或者债权人可以依照本法规定,直接向人民法院申请对债务人进行重整。债权人申请对债务人进行破产清算的,在人民法院受理破产申请后、宣告债务人破产前,债务人或者出资额占债务人注册资本十分之一以上的出资人,可以向人民法院申请重整。"

③ 台湾公司法(2001年11月修订)第282条规定:"公开发行股票或公司债之公司,因财务困难,暂停营业或有停业之虞,而有重建更生之可能者,得由公司或下列利害关系人之一向法院声请重整:(一)继续六个月以上持有已发行股份总数百分之十以上股份之股东。(二)相当于公司已发行股份总数金额百分之十以上之公司债权人。公司为前项声请,应经董事会以董事三分之二以上之出席及出席董事过半数同意之决议行之。"

最稳。”[①]从重整制度的机制设计看，若由董事会行使重整申请的权利，似乎更合效率的要求，也可以呼应“占有中的债务人”制度的设计。所以，新破产法上应明确“债务人”的具体指向，以避免在实践中引发争议，并能给债务人明确的操作指引，从而提高破产重整制度的效率。

四、应对债权人和出资人申请重整做出合理限制

（一）对债权人申请重整应要求其所持债权达到一定数额

我国新破产法没有规定对债权人申请债务人企业进行重整的任何限制，这不利于避免对重整程序之滥用。根据台湾公司法的规定，[②]“公司债权人须持有相当于一定股份总数金额之债权方能声请重整。至于其债权有无担保或优先权则非所问。”[③]这一做法值得借鉴。

（二）不应以注册资本为参照作为出资人申请重整的出资额条件

根据我国新破产法第70条的规定，出资额占债务人注册资本十分之一以上的出资人可以申请重整。但是，企业的注册资本与企业的实际资产往往差距很大，对出资人出资额的限制以注册资本为参照，亦容易导致对重整程序之滥用。台湾公司法上的做法亦值得借鉴：“股东亦得声请重整，惟股东之声请重整，须持有已发行股份总数百分之十以上股份，应属少数股东权之发动，且须继续六个月以上持有股份，以预防不肖股东滥行声请，以捣乱公司之经营。”[④]

五、应确立法院做出重整准驳前的意见征询程序

在法院准驳重整之条件的问题上，我国新破产法第71条规定：“人民法院经审查认为重整申请符合本法规定的，应当裁定债务人重整，并予以公告。”由于信息的不对称，对于债务人企业是否应该进行重整的商业判断，对于法官来说是极其困难的，也是不可能强求的，因为法官的主要作用是做出法律上的判断与定性。

---

① 柯芳枝. 公司法论[M]. 北京：中国政法大学出版社，2004：426.

② 台湾公司法（2001年11月修订）第282条。

③ 王文宇. 公司法论[M]. 北京：中国政法大学出版社，2004：425.

④ 柯芳枝. 公司法论[M]. 北京：中国政法大学出版社，2004：426.

在这个问题上,可以借鉴台湾公司法第284条的规定。[①] 这些规定,虽然增加了一些成本,但是,对于法院真正做出有效率的裁决却是十分必要的,既可以缓解法院的逆向选择问题,还可以防止重整程序被滥用。所以,为了让法院有可能做出正确的判断,以决定是否启动耗时费力的重整程序,我国破产重整制度应明确规定:法院对于债务人的重整申请,在做出裁定前,应向债务人所在地的工商行政管理机关、税务机关、金融监管机关等部门以及较熟悉债务人经营情况的有关专业人员、金融机构、企事业单位等征询其关于债务人企业重整的意见。这样,既有利于达成有效率的重整,也有利于保护债权人的利益。

第二节　重整期间相关制度之完善

一、应完善自动冻结制度中对有担保债权人的保护机制

如前所述,为了确保债务人企业有重建复兴的机会以实现效率价值目标,我国破产重整制度规定了重整期间的自动冻结制度。与此同时,为了实现破产重整制度的公平价值目标,我国新破产法在保护债权人,尤其是有财产担保的债权人的利益方面,做了很多努力。最明显的是,我国新破产法第75条第1款在规定"在重整期间,对债务人的特定财产享有的担保权暂停行使"的同时,又规定"但是,担保物有损坏或者价值明显减少的可能,足以危害担保权人权利的,担保权人可以向人民法院请求恢复行使担保权"。这就在限制担保权人程序权利的同时,也给予其实体权利上的必要保护。但是,跟其他国家的相关规定比起来,此规定还显得不够全面和具体,应加以完善,以增强对担保权人利益的保护。比如,美国联邦破产法典第11章第362条(d)(2)规定,如果债务人对财产不存在权益而且该财产对有效的重整来说并非必要,则法院必须解除对担保权人行使担保权的限制。但是,担保权人或寻求解除冻结的其他人只需要证明债务人在该财产中缺乏权益即可,其他证明

① 具体规定是:"法院对于重整之声请,除依前条之规定裁定驳回者外,应即将声请书状副本,检送主管机关、目的事业中央主管机关、中央金融主管机关及证券管理机关,并征询其关于应否重整之具体意见。法院对于重整之声请,并得征询本公司所在地之税捐稽征机关及其他有关机关、团体之意见。前两项被征询意见之机关,应于三十日内提出意见。"

责任在反对免于冻结救济的一方，即想在破产中保持该财产的人，须证明该财产是重整所需要的。[①]

所以，除了在担保物有损坏或者价值明显减少的可能并足以危害担保权人权利时，允许担保权人向法院请求恢复行使担保权外，还有一些情形，也应恢复担保权人行使担保权的权利：第一，未必所有的担保物都对企业的重整活动有意义，当某一担保物对重整程序没有任何作用时，从效率出发来考量，限制担保物权的行使不仅不利于发挥担保物的使用价值，而且还可能为重整增加额外的费用，有违重整制度的效率价值目标；第二，由于担保权人本身也可能面临竞争和商业风险，如果当某一担保权的行使关系到其自身的生死存亡，对于担保权人本身具有特别重大的意义时，此时若不允许其行使担保权则对其有失公平；第三，如果担保财产根本就不属于债务人所有，也就更没有限制担保权行使的必要和理由。所以，应对我国新破产法第 75 条第 1 款的规定加以完善，使之更全面和更具备可操作性，以期更好地保障担保权人的利益，从而同时实现我国破产重整制度的效率和公平价值目标。

二、应完善营业授权制度中对 DIP 自行管理的约束机制

关于重整期间的“营业授权”制度，我国新破产法第 73 条，只规定在重整期间，自行管理企业财产和营业事务的债务人行使管理人的职权，却没有对其权利的行使加以进一步明晰的限制，这实际上不利于对债权人的利益保护，应予以完善，以体现我国破产重整制度的公平价值目标。

反观美国联邦破产法，根据规定，DIP 有权在正常业务活动中以任何方式使用和处置破产财产，但是应符合横向和纵向两个标准：横向的标准是指与债务人的业务相类似的或具有其他相同特点的其他公司相比；纵向的标准是指与债务人自己过去的一贯做法相比。如果一项活动属于正常业务活动，DIP 才有充分的决定权。[②]同时，根据美国联邦破产法，DIP 与托管人享有同样的权利，也要受到同样的限制，法院可以有条件地限制或完全禁止债务人使用各种类型的担保物，可以审查认可债务人的某些经营决策，并且对债务人在日常经营范围之外的融资协议和赊购交

---

① ［美］大卫 G 爱泼斯坦，史蒂夫 H 尼克勒斯，詹姆斯 J 怀特. 美国破产法［M］. 韩长印，等译. 北京：中国政法大学出版社，2003：60.

② 潘琪. 美国破产法［M］. 北京：法律出版社，1999：200.

易享有批准权。①

如前所述,我国新破产法中的“营业授权”制度,是一种修改的占有中的债务人制度,也是一种实现破产重整制度效率价值目标的制度安排。但是,对于重整期间“占有中的债务人”自行管理财产和营业事务,除了进行监督之外,法律应该予以一定的明确限制,以防止“占有中的债务人”滥用权利而不顾债权人利益的道德风险。而且,通过明确的限制,还能避免“占有中的债务人”制度被滥用,成为一些债务人用来“假破产、真逃债”的工具,而有悖于我国破产重整制度的效率与公平的价值目标。

三、应建立利于债务人在重整期间筹措资金的激励机制

如何筹措维持营运、进行重整的资金对于困境企业能否成功重整是一个重要而又关键的问题。企业重整必须有新资金注入,但在企业陷入困境时,多数投资人不会愿意再向其投资,银行亦不愿提供贷款。

我国新破产法第 75 条第 2 款规定:“在重整期间,债务人或者管理人为继续营业而借款的,可以为该借款设定担保。”但是没有明确用于担保的财产的范围以及对新借款的特别保护措施。这样,无论债务人或管理人以企业尚未设定担保的财产还是已经设定担保的财产作为新借款的担保,都会发生各种债权人之间的利益冲突,而法院在处理的时候就会无所适从,将增加执法的成本;而由于缺乏对于新借款债权人的相关保护措施的规定,恐怕难以对资金提供者予以激励,以致其没有为重整企业提供借款的诱因。可见,我国破产重整制度在改善行为人的预期与提供激励机制上还有较大可为空间。

由于人们通过比较成本和收益做出选择,当成本或收益发生改变时,他们的行为可能改变。② 经济学所有的东西都建立在一个简单的原则——激励作用上,改变

---

① [美]大卫 G 爱泼斯坦,史蒂夫 H 尼克勒斯,詹姆斯 J 怀特. 美国破产法[M]. 韩长印,等译. 北京:中国政法大学出版社,2003:736.

② N. Gregory Mankiw. Principles of economics[M]. 3rd Edition. 北京:机械工业出版社,2004:7.

激励，也就改变了做出特定决策的成本和收益，将改变人们的行为。[①] 根据联合国国际贸易法委员会《破产法立法指南》的规定，在吸引重整启动后融资和安排偿还方面可采取若干不同的做法，其中包括提供未设押或部分设押资产上设定的担保，或在没有这种选择的情况下确立优先权。而美国联邦破产法对于债务人公司的筹措新资金，有详尽而富弹性的详细规定，其对于新资金的保护，有助于强化借款人对债务人企业提供借款的意愿，而增加重整成功的可能，值得参酌借鉴。[②]

第三节 重整计划相关制度之完善

一、应规定债务人提出重整计划时有信息披露义务

由于信息的不对称，债务人企业比债权人、股东和法院对于企业的实际情况更加了解，所以，在判断企业是否应该进行重整的时候，存在逆向选择问题。这样，为了确保重整制度发挥作用，将有拯救价值的企业通过重整程序得以重建更生，就必须解决这个逆向选择问题。加强信息在当事人间的披露，是缓解逆向选择的主要措施。我国新破产法第 84 条第 3 款规定："债务人或者管理人应当向债权人会议就重整计划草案做出说明，并回答询问。"而在美国联邦破产法上，《破产法典》第 1125 条明确规定，债务人在将重整计划提交利益相关人恳请接受以前，必须提供一

---

① [美]詹姆斯 D 格沃特尼，理查德 L 斯特鲁普，德怀特 R 李. 经济学常识[M]. 陈强兵，等译. 陕西：陕西师范大学出版社，2007：4.

② 王文宇. 新公司法与企业法[M]. 北京：中国政法大学出版社，2003：230. "(1)首先，债务人公司无须先经法院核准，即得经由其营业的一般程序去获取无担保的信用，该债务与行政费用(Administrative Expense)具同样优先位次；(2)债务人公司亦得获取其他无担保的信用(非经由其营业的一般程序)，该债务与行政费用具同样优先位次，唯须经由法院之适当通知、听证并为核准；(3)若债务人证明其无法经由前述途径以获得融资，法院得授权债务人去获取下列形式的信用：①优先于所有行政请求权之请求权(Super Priority)；②以无负担财产(Unencumbered Property)担保的信用；③以对于有负担财产的一较后顺位的担保权担保的信用；④前述三种；(4)若债务人证明其仍无法经由前述途径以获得融资，得请求法院许可以获取以对于有负担财产的一较先顺位(Superior)或同顺位(Equal)的担保权担保的信用，但须证明已对受影响的利益提供适当的保护；(5)只要有担保债权人对于现金的利益已获适当保护，债务人得在法院的允许下获取现金担保(Cash Collateral)。"

份由法院经过通知和听证以后，批准确已包含“足够充分信息”的书面信息披露声明。[①]其中《破产法典》第 1 125 条(b)款还规定，必须先由法院批准债务人所作的披露说明(Disclosure Statement)，才能启动对重整方案的投票程序进而接受重整方案。[②] 美国联邦破产法要求债务人就相关信息做出披露，主要基于以下几个目的：首先，有利于托管人或债权人追踪并撤销债务人对其他债权人、内部人或债务人的朋友等实施的清偿行为。其次，这些信息能帮助债权人决定是提出重整申请还是清算申请。例如，如果某担保债权人正在考虑摆脱自动冻结制度的限制，他也许就很想了解有关可获得的能自由处分的财产的信息，以及能使他对重整成功的可能性做出判断的信息。最后，信息披露最重要的目的在于能使债权人对重整方案做出评估并最终决定是否接受该方案。[③]

根据法律经济学的观点，将披露信息的义务归于取得信息成本较低的债务人一方，有助于防止逆向选择问题，提高重整制度的效率。而我国新破产法第 84 条的规定过于笼统，可操作性不强，不能保证债务人充分披露信息，可能不利于有效率的重整协议的达成。所以，我国新破产法也应明确规定债务人负有披露充分信息的义务，并规定若信息披露不充分，不能启动重整计划的表决程序，以使债权人与股东在信息充分的情况下来判断是否同意重整计划，而更加有效地减少逆向选择情况之发生。[④]

---

① DAVID G E. Bankruptcy and related Law[M]. 北京：法律出版社，2005：437.

② 冀宗儒. 美国联邦破产法案例选评[M]. 北京：对外经济贸易大学出版社，2006：375.

③ [美]大卫 G 爱泼斯坦，史蒂夫 H 尼克勒斯，詹姆斯 J 怀特. 美国破产法[M]. 韩长印，等译. 北京：中国政法大学出版社，2003：818 - 819.

④ 在这一点上，联合国国际贸易委员会的《破产法立法指南》中的一些做法也可以借鉴：“为便于进行这种评价，必须向债权人和其他相关利益方提供信息，对计划所提建议以及这些建议对债务人、债权人和其他受影响当事方的影响做出解释。为此，在向债权人和其他当事方提出计划时，可附上一份披露说明，充分披露有助于所有当事方正确评价计划的资料。说明可由合格专业人员编写，该专业人员应可对计划所建议的措施或对提出计划的当事方所建议的措施进行可信和不带偏见的评价，附上或不附上专业咨询意见。如果破产管理人未参与提出计划或编写说明，则似宜要求其对这两份文书发表意见。如果债权人和其他利益方不同意该专业人员的评价，或不相信所披露的信息具有说服力，可以通过一种修正计划的机制在对计划进行表决时考虑到这些看法，或由法院在其确认计划时(如果这是程序的一个要件)加以考虑。”

二、应对重整计划草案的内容做出更加详尽之规定

我国新破产法第81条对重整计划草案的内容提出了明确的要求,具体包括:(一)债务人的经营方案;(二)债权分类;(三)债权调整方案;(四)债权受偿方案;(五)重整计划的执行期限;(六)重整计划执行的监督期限;(七)有利于债务人重整的其他方案。与美国、日本的做法相比,规定较为简单。[①] 这种简单化的方式,似乎给当事人留下了较大的自治空间,但是,根据科斯定理,法律的作用应有助于降低交易成本。因此,对于重整计划草案的内容之规定,重要的不在于其属于强制性或任意性规范,关键在于其规定的情形与内容应足够详尽,而能够给当事人一种明确的指引和预期,能够避免当事人将一些可行性极低的不必要事项拟定在重整计划草案中以致需要耗费大量的时间、精力与资源对其进行磋商,从而大大降低交易成本。所以,我国新破产法在此方面应有较大改进空间,应对重整计划草案的内容做出更加详尽的规定。

三、应规定重整计划的表决实行任意性分组表决机制

根据我国新破产法第82条的规定,对债权分组采取的是强制性分组。虽然"无论是强行性分组还是任意性分组,都是将债权人和股东按照他们的权利性质和利害关系进行分组,目的都是使地位相似的债权人和股东能够获得平等、公正的待遇,这种程序保障是和解制度和法庭外的重组无法给予的。"[②]但是,这个债权分组如果过于简单、僵化,不利于反映各种债权人利益,也不利于债务人或管理人与各组债权人谈判协商。[③] 而任意性分组更具有灵活性,更能保证同一组的成员拥有实质上相同的权益,更能体现重整程序的公平理念,从而更有利于重整计划的表决通过。[④] 所以,我国破产重整制度应该尽量规定一个比较细化的任意性分类标准,作为当事人的参照与指引,而不宜强行规定标准,限制当事人的意思自治,以体现我国破产重整制度的效率价值目标。

---

① 关于美国、日本的具体法律规定,参见《中华人民共和国企业破产法》起草组编. 中华人民共和国企业破产法释义[M]. 北京:人民出版社,2006:254-255.

② 汪世虎. 法院批准公司重整计划的条件探析[J]. 商业经济与管理,2007(1):58.

③ 丁文联. 破产程序中的政策目标与利益平衡[M]. 北京:法律出版社,2008:257.

④ 汪世虎. 法院批准公司重整计划的条件探析[J]. 商业经济与管理,2007(1):58.

四、应规定法院正常批准重整计划应遵循之具体标准

"重整计划经关系人会议表决后,尚须经法院之认可方能生效,旨在防范关系人会议多数决之滥用,俾使重整计划能符合公正原则。"[①]对于债务人或管理人将经过关系人会议通过的重整计划提请人民法院批准,我国新破产法第86条第2款规定:"人民法院经审查认为符合本法规定的,应当自收到申请之日起三十日内裁定批准,终止重整程序,并予以公告。"但是,对于法院批准与否应依据的具体标准,却没有明晰的规定。所以,由于法律规定的模糊而导致不能对审案的法官予以明确指引,就会使法官在审理时需要浪费大量时间做决定而徒增执法的成本,加之受法官自身在审查重整计划所需的专业能力上的局限性,很难保证经过其批准的重整计划一定合乎效率的要求,则可能间接招致更大的社会资源浪费。而且,法院缺乏明确的标准与规则来审查重整计划,难期能够真正地对债权人的利益切实地保护,也不合乎公平的要求。

而美国联邦破产法上[②]对于法院批准认可经关系人会议通过的重整计划的标准,详尽而明晰地规定了十三个条件,重整计划只有全部符合这十三个要件,法院才能予以批准认可。[③] 这对于消除上述的无效率、不利于保护债权人利益的弊端大有裨益。因此,我国新破产法也应对相关标准予以明确规定,以体现我国破产重整制度的效率与公平价值目标。

五、应对法院强制批准重整计划程序做出周全与细密之规定

(一)应对再次协商、表决程序加诸时限之规定

我国新破产法第87条第1款规定了债务人或者管理人与未通过重整计划草案的表决组的再次协商程序:"部分表决组未通过重整计划草案的,债务人或者管理人可以同未通过重整计划草案的表决组协商。该表决组可以在协商后再表决一次。双方协商的结果不得损害其他表决组的利益。"法律将这里的再次协商程序设置为任意性规范,由债务人或管理人自己去选择适用。但是,法律没有对再次协

---

① 王文宇. 公司法论[M]. 北京:中国政法大学出版社,2004:455.

② 具体指《美国法典》第11编第11章第1129条(a)(1)-(13),即11U. S. C. section1129(a)(1)-(13).

③ 李飞. 当代外国破产法[M]. 北京:中国法制出版社,2006:663-666.

商、表决做出必要的时间限制,适用时也可能产生钳制问题并造成时间上的拖延,而不合乎提高效率、最大限度降低重整成本的考量要素。所以,我国新破产法应该对上述的再次协商、表决程序加诸时限的规定,以体现我国破产重整制度的效率价值目标。

(二)应区别情形对法院批准重整计划之时限做出规定

新破产法第 87 条第 2 款规定:“未通过重整计划草案的表决组拒绝再次表决或者再次表决仍未通过重整计划草案,但重整计划草案符合所列六项条件的,债务人或者管理人可以申请人民法院强制批准重整计划草案。”新破产法第 87 条第 3 款规定:“人民法院经审查认为重整计划草案符合前款规定的,应当自收到申请之日起三十日内裁定批准,终止重整程序,并予以公告。”而对于各表决组均通过重整计划草案时,该法第 86 条第 2 款也规定:“人民法院经审查认为符合本法规定的,应当自收到申请之日起三十日内裁定批准,终止重整程序,并予以公告。”可见,根据我国新破产法的规定,法院对于重整计划草案一律是“自收到申请之日起三十日内裁定批准”。但是,对于各表决组已通过的重整计划的批准与各表决组未通过而基于债务人或者管理人的申请而需法院决定是否对重整计划予以强制批准这两种情形,法院需要考量的因素有较大差异,且法院所需的工作投入亦不匹配。即使“三十日”对于法院决定是否批准各表决组已通过的重整计划可能是一种合适的时限,但是,由于各表决组未通过而需法院决定是否予以强制批准重整计划的情形,考虑我国司法系统的现状,难期“三十日”内法院能做出一个比较周全、合适、正确的决定。[①] 虽然时限上的规定是出于效率上的追求,防止避免不适当的拖延,但是,如果时限的规定妨碍了理想目标的达成,则实为无效率的规定。所以,我国新破产

---

① 《中华人民共和国企业破产法》第 87 条第 2 款列举了六项法院强制批准重整计划时应审查的内容:“(一)按照重整计划草案,本法第八十二条第一款第一项所列债权就该特定财产将获得全额清偿,其因延期清偿所受的损失将得到公平补偿,并且其担保权未受到实质性损害,或者该表决组已经通过重整计划草案;(二)按照重整计划草案,本法第八十二条第一款第二项、第三项所列债权将获得全额清偿,或者相应表决组已经通过重整计划草案;(三)按照重整计划草案,普通债权所获得的清偿比例,不低于其在重整计划草案被提请批准时依照破产清算程序所能获得的清偿比例,或者该表决组已经通过重整计划草案;(四)重整计划草案对出资人权益的调整公平、公正,或者出资人组已经通过重整计划草案;(五)重整计划草案公平对待同一表决组的成员,并且所规定的债权清偿顺序不违反本法第一百一十三条的规定;(六)债务人的经营方案具有可行性。”

法应区别情形对法院批准重整计划的时限做出规定，以真正体现其对效率价值目标的追求。

（三）应对法院强制批准重整计划的条件做出更严格与详尽之规定

“帕累托标准有一个重要的局限：几乎没有政府干预能够满足无人受损的要求。”[①]在关系人会议没有通过重整计划的时候，为了社会整体利益的保护，法律必须授予法院在一定条件下强行批准重整计划的权力。但是，法院强行批准重整计划，必然会违背一部分利害关系人的自由意志，损害他们的利益。从法律经济学的观点看，对社会整体利益的保护是要实现卡尔多－希克斯效率，而卡尔多－希克斯效率的基本前提是必须能够对受损害方进行利益补偿和利益平衡。所以，一个有效率的能够被信任的重整制度，在对待法院强制批准重整计划的这一问题上，必须慎之又慎，尤其要注意对债权人利益的充分保护。

根据美国联邦破产法，在债务人试图适用第 1 129 条（b）规定的“强制批准”（Cram Down）时，[②]必须满足“最低限度组别接受原则”，即“至少有一类权利受到削弱的表决权组已经接受了重整计划”的要求。”[③]“如果一项计划没有获得任何一组成员的批准，法院就无权批准该计划。”[④]但是，我国新破产法中却没有类似的规定。[⑤]

这样，在司法实践当中，可能会导致法官的自由裁量权过大，容易造成权力寻租或偏袒保护债务人；而且，在行政机关干预重整案件的情况下，法院也容易不顾

---

① ［加拿大］布莱恩 R 柴芬斯．公司法：理论、结构和运作［M］．北京：法律出版社，2001：14.

② See 11 U.S.C. section 1129（b）（2）. Cram Down（填满），意味着批准，只要方案为持反对意见的债权人提供的待遇符合法定的最低标准，即使其不接受方案，法院也能批准方案。

③ DAVID G E. Bankruptcy and related law［M］．北京：法律出版社，2005：445.

④ 潘琪．美国破产法［M］．北京：法律出版社，1999：218.

⑤ 除了“最低限度组别接受原则”，美国联邦破产法上还有“公平对待原则”与“绝对优先原则”，作为法院强制批准重整计划的限制条件。公平对待原则，是指如果一组债权人或出资人反对一项重整计划，该项重整计划就要保证这些持反对意见的组获得公平对待，即根据破产法处于同一优先顺序的债权人必须获得按比例的清偿；绝对优先原则，是指如果任何一组债权人或出资人反对一项重整计划，该重整计划就必须保证，只有这个组的成员获得充分清偿后，在优先顺序上低于这个组的其他组才可以开始获得清偿。

对债权人利益的损害而径直做出强制批准重整计划的裁定。

另外,从我国新破产法第 87 条第 2 款列举的六项法院强制批准重整计划时应审查的内容看,我国立法还尚显粗陋和笼统。在我国当前司法现状与法官专业能力、职业道德和自身素质还不甚理想的情况下,法院在行使上述自由裁量权力时,如果所依标准不够明晰与具体,难免令人忧虑。所以,为了降低成本与不确定性带来的风险,应该将新破产法第 87 条的内容进一步加以细化、充实、明晰,这样就会增强法律的确定性,能够给当事人和法官一个明确的指引和参照,以确保效率的要求,也能对债权人的利益予以应有保护。

(四)应规定法院不当行使强制批准权时债权人的救济请求权

无论是法院正常批准重整计划还是强制批准重整计划,都会直接影响到债权人的切身利益。特别是在法院强制批准重整计划的情形下,由于反对重整计划的债权人人数会较多,如果发生法院滥用或误用重整计划的强制批准权的情况,势必会损害债权人的利益,有违破产重整制度的效率与公平的价值目标。因此,一方面,法律应规定法院在强制批准重整计划前的意见征询程序,以弥补法院在商业判断上知识和经验的不足;另一方面,法律还应规定在重整计划被法院强制批准后,如果债权人等利害关系人有正当理由认为法院不当行使强制批准权,有权向法院提出复议或提起上诉。总之,针对法院对重整计划的强制批准权的不当行使行为,破产重整制度赋予债权人以必要的救济请求权,既能在实体上保障债权人的利益,又有利于督促法院对重整计划的强制批准权的慎重行使,符合我国破产重整制度的效率与公平价值目标。

六、应规定债权人等利害关系人有监督重整计划执行的权利

重整计划的执行对于重整的成功至关重要,重整计划的执行结果直接关系到债务人企业能否真正向债权人兑现当初的承诺,关系到债权人的付出是不是价有所值,即关系到重整的效率价值能否实现。而且,重整计划属于债权人与债务人之间达成的债权债务调整协议,债权人应该有权利监督债务人对协议的执行情况,以防止债务人不认真履行协议而损害到债权人利益的行为。这样,当债务人做出了违反重整计划、损害债权人利益的行为,债权人就可以及时地通过合法的手段为自己的权利进行救济。所以,赋予债权人等利害关系人对重整计划的执行享有监督

权,符合破产重整制度的公平价值目标。

根据新破产法第90条的规定,在重整计划规定的监督期内,管理人监督重整计划的执行,债务人应当向管理人报告重整计划执行情况和债务人财务状况。然而,虽然管理人的监督对重整计划的顺利执行至关重要,但是,从经济人理性自利的角度分析,只有债权人等利害关系人才会最尽心尽力地去监督重整计划的执行。毕竟,相对于管理人而言,重整计划执行的成败直接关系到债权人等利害关系人的切身利益,其更具有强烈的监督重整计划执行情况的诱因。另外,由于新破产法规定管理人由人民法院指定,而管理人也可能出现不依法、不公正执行职务的情形,比如可能在重整计划的执行过程中与债务人串通,损害债权人的利益。因此,很有必要对新破产法第90条做出类似的补充规定:在重整计划的监督期间,债权人等利害关系人有权查阅债务人向管理人提交的有关重整计划执行情况和债务人财务状况的报告。从而,通过赋予债权人等利害关系人对重整计划执行的监督权,更好地体现我国破产重整制度的公平价值目标。依据法律经济学的卡尔多－希克斯效率观和科斯定理,我国破产重整制度应有的一个基本价值目标是效率价值目标,即要实现社会整体利益的最大化和降低重整所致的交易成本。与此同时,根据卡尔多－希克斯效率标准,效率价值目标的题中应有之义和基本前提是确保利益平衡。由此,除了基本的效率价值目标,我国破产重整制度应有的另一个重要价值目标是公平价值目标,即要确保重整主体之间的利益平衡,尤其是要注重对债权人利益的保护。因此,从法律经济学的视角分析,我国破产重整制度至少应该具有效率和公平两个主要的价值目标,其中效率价值目标是我国破产重整制度基本的、外在的价值目标,而公平价值目标则是我国破产重整制度重要的、内在的价值目标,两者互为表里、相辅相成、缺一不可、不可偏废。我国破产重整制度通过对重整启动阶段、重整期间、重整计划的制订、表决、批准以及执行等阶段的各种机制设计,充分体现了其对效率和公平价值目标的追求,既证明效率和公平价值目标是我国破产重整制度的主要价值目标,也说明我国破产重整制度的一系列具体制度设计与效率和公平价值目标相一致。但是,从效率和公平价值目标进一步考量,我国破产重整制度尚存不尽完善之处,在降低交易成本与保护债权人利益方面都有较大改进空间。对此,本篇初步提出了以下完善建议:

(1)对重整启动阶段相关制度,我国破产重整制度应做如下改进:①应缩小重整程序的适用范围;②应将“有重整的可能”作为重整原因;③应使债务人申请重整更具有可操作性；④应对债权人和出资人申请重整做出合理限制；⑤应确立法院做出重整准驳前的意见征询程序等。

(2)对重整期间相关制度，我国破产重整制度应做如下改进：①应完善自动冻结制度中对有担保债权人的保护机制；②应完善营业授权制度中对DIP自行管理的约束机制；③应建立利于债务人在重整期间筹措资金的激励机制等。

(3)对重整计划相关制度，我国破产重整制度应做如下改进：①应规定债务人提出重整计划时有信息披露义务；②应对重整计划草案的内容做出更加详尽的规定；③应规定重整计划的表决实行任意性分组表决机制；④应规定法院正常批准重整计划应遵循的具体标准；⑤应对法院强制批准重整计划程序做出周全与细密的规定；⑥应规定债权人等利害关系人有监督重整计划执行的权利等。

“从经济学的角度，表面的破产法规则下是清晰的经济学原理。”[①]本篇的创新之处就在于从法律经济学的视角对我国破产重整制度的价值目标进行了研究。本篇的研究，试图“从另外一个角度”[②]揭示我国破产重整制度应有的主要价值目标，并循此价值目标分析其于立法上的成功与缺漏之处，进而对其加以改进与完善，以期使我国破产重整制度既能发挥拯救困境企业、增进社会整体福利的功能，又能体现其自身的独特价值，达到其创设的根本价值目标。经过艰难不懈的努力，在我国经济转型的关键时期，在我国新破产法上终于确立了重整制度。从本篇所论证的我国破产重整制度的价值目标来看，重整制度无疑要为我国的经济转型提供一种有效率的工具。[③] 但是，立法只是第一步，破产重整制度能否最终为债权人与债务人所信赖，还取决于许多其他因素是否存在以及这些因素能否共同起作用，若要真正具备所有需要的条件和因素，可能要经过数年的时间，而对中国来说，这个过程

---

① 李曙光，王佐发．中国破产法实施的法律经济分析[J]．政法论坛，2007(1):6.

② 传统法学理论一般把分析的重点放在破产的公平和公正方面。

③ “Drafting a bankruptcy law is never an easy task. The process is even more difficult for socialist countries with economies in transition that hope to use the law as an effective tool of market transformation.”See Charles D. Booth, Bankruptcy Laws In Socialist Market Economies. In: Columbia Journal of Asian Law, 2004(18):1 – 146.

才刚刚开始。[①]

而本篇只是运用法律的经济分析方法对我国破产重整制度进行研究的初步尝试，不可避免地带有法律的经济分析方法自身固有的一些局限性，加之笔者自身理解、运用法律经济学方法的能力有限，文中一定有诸多不足之处，还有待进一步深入研究。

---

① "Enacting a new bankruptcy/corporate rescue law is only the first step. For these laws to attract filings by debtors and creditors requires the existence and integration of many other factors. Thousands of professionals need to be trained in the workings of the new procedures-lawyers and accountants, of course, but also investment and banking advisors, valuation experts, and others. The judiciary must also be trained; judges handling bankruptcy cases need to be well versed not only in bankruptcy law, but also in company law, accounting, and real estate matters. In addition, the bankruptcy law will not function properly unless there are effective secured transactions, real property, and corporate governance legislation in place. Lastly, a corporate rescue culture must develop. The participants in the process must be willing to work together and to compromise, with a view to agreeing on the terms of a rescue proposal. Putting all of these factors in place can take years, if not decades. In China and Vietnam, this process can now begin." See Charles D. Booth, Bankruptcy Laws In Socialist Market Economies. In: Columbia Journal of Asian Law, 2004(18): 1 - 147.

中篇　量刑程序研究

量刑程序中证据调查的保障机制问题是量刑程序改革过程中必须解决的理论和实践问题，对这一问题的研究不仅具有重大的理论意义，也具有深远的现实意义。本篇以“小处入手，大处着眼”的方式得出最终的研究结论，即量刑程序中的证据调查需要两方面的保障机制，即量刑证据充分性的保障机制和量刑证据调查活动规范化的保障机制。为了在量刑证据的法庭调查中保障量刑证据的充分性，就需要建立拓宽量刑证据来源渠道的保障机制，具体包括确立检察机关量刑建议制度、提高辩护方量刑辩护效果、确保被害方充分表达量刑意见、合理发挥量刑前调查报告的作用等机制。而为了在量刑证据的法庭调查中保障量刑证据调查活动的规范化，就需要构建专门适用于量刑程序的量刑证据运用规则，具体包括量刑证据的证据能力规则和量刑程序中的司法证明规则，其中司法证明规则主要包括证明对象、证明责任和证明标准方面的规则。

正如加拿大蒙特利尔大学法学院的杜蒙教授所言，量刑问题是刑事司法制度中的重要组成部分，是刑事正义的一半工程。但是，由于我国的刑事审判长期以来都实行定罪与量刑一体化的诉讼程序模式，“重定罪、轻量刑”的理念根深蒂固，量刑活动依附于定罪活动进行，量刑问题被看作一个附带问题，法官的量刑裁判通常是通过书面审查、间接审理甚至内部行政审批等类似“办公室作业”的方式秘密地进行。这样，这种缺乏公开性、透明性和适度对抗性的量刑裁判过程，剥夺了控辩双方以及被害方对量刑裁判过程的参与权，整个量刑裁判过程完全由法官独自完成。法官既不能获得来自控辩双方以及被害方的关于量刑诉讼主张的信息，也无法获得来自控辩双方以及被害方的关于量刑事实（情节）的信息。如果把法官的量刑裁判行为视为一种决策行为，那么，这种缺乏全面、充分的信息支持而单凭法官的个人判断所做出的决策（量刑裁判结论），其公正性与合理性难免会令人怀疑，这种量刑裁判的公信力也必然会大打折扣。因此，在我国当前的刑事审判实践中，量刑的公正问题、尤其是量刑的畸轻畸重问题广为人们所诟病。比如，广州的许霆由于利用银行自动柜员机（ATM 机）出现故障，从中提取了 17 万余元现金。广州市中级人民法院于 2007 年 11 月 29 日在一审中以盗窃罪判处许霆无期徒刑，而广州市中级人民法院于 2008 年 3 月 31 日重审此案，却判处许霆有期徒刑 5 年并处罚金 2 万元。同一法院对于同一案件前后两次审判中的量刑裁判结果相差悬殊令人咋舌。此案引发了人们对于“同案同判”、量刑公正问题的深入思考和广泛讨论。为了实现量刑公正的价值目标，在最高人民法院的推动下，我国当前正在进行着一场声势浩大的,以规制法官量刑自由裁量权为核心的量刑制度改革运动。量刑制度改革主要围绕着量刑裁判的实体和程序两个方面展开,即在实体方面推行量刑规范化改革,在程序方面推行量刑程序改革。在量刑规范化改革方面,最高人民法院在总结基层人民法院量刑改革经验的基础上,确立了“以定量分析为主、定性分析为辅”的数量化的量刑方法,以期改变法官进行“估堆”式量刑的状况,实现量刑公正和量刑均衡。在量刑程序改革方面,最高人民法院通过构建“相对独立”的量刑程序,[①]将量刑纳入法庭审理之中。其实,欲实现量刑公正、量刑均衡的目标,量刑制度改革所应解决的一个最根本和最关键的问题是如何确保法官的量刑裁判建立在充分、可靠的量刑事实(情节)基础上。而量刑事实(情节)只有在庭审中通过证据加以证明,才可能成为法官量刑裁判的依据。[②] 因此,量刑程序中的证据调查[③]事关某一量刑事实(情节)能否为法官采纳为量刑裁判的根据,其成为影响量刑裁判公正与否的关键环节。但是,无论是量刑规范化改革所确立的数量化量刑方法,还是量刑程序改革所确立的“相对独立”的量刑程序模式,都未能使量刑程序中证据调查的效果达到令人满意的理想效果。虽然数量化的量刑方法能够使法官在根据特定的量刑事实(情节)确定刑罚轻重时受到一定限制,但其无法决定哪些量刑事实(情节)能够被纳入庭审之中进行证明。这样,如果不能保证进入庭审中量刑事实(情节)及证据的充分性,对于那些未能进入庭审的量刑事实(情节)和证据而言,数量化的量刑方法就失去了规范法官量刑自由裁量权的意义。在当前的刑事审判实践中,法官在进行量刑裁判时,虽然会严格依照法律予以裁量,但由于法官不能充分听取、吸纳控辩双方以及被害人关于具体案件中对被告人量刑的主张和意见,而往往容易导致量刑的僵化、机械化。比如,对于 2012 年发生的“离职空姐海外代购获刑 11 年”的案件,就有刑事法学专家认为法官在该案中的量刑过于机械化,没

---

① 关于“相对独立”的量刑程序模式在中国的确立,本篇将在第一章中予以讨论。

② 由最高人民法院、最高人民检察院、公安部、国家安全部、司法部联合颁布并于 2010 年 7 月 1 日施行的《关于办理死刑案件审查判断证据若干问题的规定》(以下简称《办理死刑案件证据规定》)第 2 条规定,“认定案件事实,必须以证据为根据。”可见,法院对量刑事实、量刑情节的认定也必须以证据为根据。

③ 本篇所言“量刑程序中的证据调查”,即“量刑程序中对量刑证据的法庭调查”,是指法官在庭审中对与量刑有关的证据进行审查、核实的过程。

有考虑到案件和被告人犯罪的特殊情况，有量刑过重之嫌。[①]

在量刑程序改革方面，我国 2010 年 10 月确立了“相对独立”的量刑程序模式。然而，对于这种“相对独立”的量刑程序模式，除了部分学者持肯定态度[②]，多数学者都指出了其存在的问题和缺陷，甚至有学者基于此而对于量刑程序改革的必要性提出了质疑。有学者通过对改革试点的实证研究得出如下结论：“在量刑情节和量刑证据的提出方面，量刑程序改革试点中并未发生明显变化。……与传统庭审程序相比，在适用官方的改革模式的庭审中，控辩双方提出的量刑情节和量刑证据虽然有所增加，但并不明显，而且增加的这些量刑事实和证据基本上都属于前科、犯罪后的态度、被告人的一贯表现、目前的家庭情况等酌定情节。比如有被告人提交待审羁押期间被看守所评为文明个人的证据表明自己犯罪后的态度，有辩护律师出示社区居民的签名请求书以证明被告人一贯行为良好，有被告人述说家境困难的事实。而这些证据，在量刑程序改革之前的庭审程序中，控辩双方一般也会根据需要提出。”[③]该学者继而对我国量刑程序的诉讼化和对抗化改革提出了质疑和批

① 离职的空姐李某在淘宝网上开店，经营化妆品销售。李某因多次携带从韩国的免税店购买的化妆品入境，被指控偷逃海关进口环节税共计 100 多万元。经过法庭审理，李某被判有期徒刑 11 年，并处罚金 50 万元。而协助李某进货和开网店的男友李某、朋友褚某也分别被判处有期徒刑 5 年和 7 年，同时分别被判处罚金 25 万元和 35 万元。根据我国刑法的有关规定，走私罪是指单位或者个人违反海关法规，逃避海关监管，运输、携带、邮寄国家禁止进出口货物、物品或者依法应当向国家缴纳税款的货物、物品进出境，数额较大、情节严重的犯罪行为。因此，从国外携带超过一定数额的货物入境必须申报，如果不申报被查到就会被视为逃税，是否构成走私普通货物、物品罪要看逃税数量的多少，只要达到应缴税额 5 万元以上即可入罪。中国政法大学刑事司法学院教授、博士生导师张凌认为，判处 11 年还是重了些。因为这种代购行为，如果事实成立且数额大的，法院以走私普通货物、物品罪判处刑罚是合法合理的。但是，该案至少从量刑的角度看是很重的。此次事件也体现出来法官在对这类案件进行量刑的时候还是比较重视数额，非常机械，只是以数额为中心进行量刑，而没有考虑到这类犯罪的一些特点。由于一些产品在国内很难找到正当的购买渠道，导致我国目前从事海外代购的人数比较多。但像这种情况不宜使用重刑来抑制，如果能用一些较轻缓的方法去解决，效果应该更好。参见李吉斌. 离职空姐海外代购获刑 11 年引热议，专家称法律规定明确但量刑有过重之嫌[N]. 法制日报，2012-9-17(3).

② 有关学者赞同“相对独立”的量刑程序模式的理由，参见熊选国. 关于量刑程序改革的几个问题[N]. 人民法院报，2010-10-13(5)；李玉萍. 中国法院的量刑程序改革[J]. 法学家，2010(2)：51－53；黄应生. 我国需要什么样的量刑程序[J]. 法制资讯，2008(6)：38－39.

③ 左卫民. 中国量刑程序改革：误区与正道[J]. 法学研究，2010(4)：151.

判，认为当下我国量刑程序改革的试点效果有限，与参与改革方案设计的学者们对我国量刑实践中存在的问题把握偏误和对西方法治国家量刑程序的误读，有着密切的关系。他指出："中国现行量刑制度的根本问题不是程序法问题，而是实体法问题；对抗化的量刑程序理论与实践，不仅在中国缺乏针对性，还存在对英美法系量刑程序的误读。中国量刑制度的改革，应从程序性改革为重心转向以实体性改革为主，量刑程序的改革应当适当展开，真正回应科学、公正量刑的需要。"[①]也有学者通过进行试点和调研，发现了量刑程序改革的一些局限性：庭审中有时检察官进行冗长的量刑举证，控辩双方的争议焦点不突出，影响了庭审效率；被告人无力进行自我辩护，其对诉讼的参与流于形式；被告人不认罪的案件，在定罪程序与量刑程序相对分离的模式下，律师在从无罪辩护到量刑辩护的转化中存在明显的尴尬；而且如果法庭最终认定被告人无罪，律师对于量刑证据的收集以及量刑辩论将失去意义；检察官的起诉书中包含对被告人前科或者曾受行政处罚等信息，可能使法官形成有罪预断；证人、被害人不出庭，使庭审中的争议难以得到澄清，这不仅体现在定罪事实之中，也体现在量刑事实之中；定罪事实与量刑事实有时难以分离，容易形成重复评价；对于控辩双方提供的量刑事实和证据的客观性、全面性，法官难以查明和评判；对被告人是否适用缓刑的考量因素不明确，有待细化；庭审中控辩双方往往对量刑情节进行抽象的分析，对于每个量刑情节带来的对量刑幅度的影响未展开充分的辩论；法官对于量刑起点和基准刑的确定，往往难以提供充分的理由。[②] 还有学者从保障量刑信息的全面性与可靠性的角度，指出了改革所确立的"相对独立"的量刑程序的弊端："在量刑裁决过程中，中国法官主要通过听取控辩各方的举证、质证和辩论来获取量刑信息，并对量刑事实做出最终的认定。但是，检察机关过于关注量刑建议的提出，强调对法院量刑裁决结果的积极影响，忽略了量刑信息的全面调查；检察机关在提出量刑信息方面，受到侦查机关案卷笔录的限制，所提供的量刑情节主要限于那些与犯罪行为有关的法定量刑情节。辩护方尽管有机会就量刑的结果发表意见，但他们没有机会就量刑事实展开专门的庭前调查，获取独立量刑信息的能力是不强的。而在那些辩护方有机会搜集量刑信息的案件中，基于其诉讼利益的考虑，辩护方也会提出一些真伪难辨甚至似是而非的证

① 左卫民. 中国量刑程序改革：误区与正道[J]. 法学研究，2010(4)：149－152.

② 熊秋红. 中国量刑改革：理论、规范与经验[J]. 法学家，2011(5)：46.

据材料。而对于这些证据材料,现行的量刑程序显然无法保证其真实性和可靠性。”[①]由于没有新的量刑事实,法院所组织的量刑听证经常流于形式,为建立独立量刑程序所进行的改革努力也经常形同虚设。[②] 从上述学者对我国量刑程序改革的思考中,我们不难发现:从为整个量刑活动过程提供保障量刑信息有效传递与共享的机制视角考量,我国量刑程序改革所确立的“相对独立”的量刑程序模式,并不能够真正有效地解决量刑信息的传递与共享的问题,仍有进一步改革的广阔空间。虽然2012年新修订的《刑事诉讼法》第193条第1款规定,“法庭审理过程中,对与定罪、量刑有关的事实、证据都应当进行调查、辩论。”但是,该法对量刑事实、证据的调查和辩论程序仅仅做了原则性规定,缺乏具体的操作规则和保障机制。有鉴于此,为了使量刑证据的法庭调查真正富有成效,本篇拟对量刑程序中证据调查的保障机制问题进行研究,以期不仅有助于进一步丰富和发展刑事诉讼法学和刑事证据法学的相关理论,为我国深化量刑程序改革提供理论上的指引与参考,而且有助于在刑事司法实践中切实、有效地发挥刑事诉讼法与刑事证据法在规制法官过大的量刑自由裁量权方面的应有作用。

---

① 陈瑞华. 论量刑信息的调查[J]. 法学家. 2010(2):23-24.

② 陈瑞华. 量刑程序中的理论问题[M]. 北京:北京大学出版社,2011:130.

第五章　量刑程序及其证据调查概述

研究量刑程序中证据调查的保障机制问题，首先应明确量刑程序的中国模式、量刑裁判活动与定罪裁判活动的差异、量刑程序中证据调查的概念等基本范畴；然后再分析量刑程序中的证据调查应该有哪些方面的保障机制、建立相应保障机制的意义与现实基础等问题；最后再对量刑程序中证据调查的具体保障机制分别进行分析与讨论。因此，本章主要对量刑程序中证据调查的基本范畴进行分析。

一、量刑程序的域外模式与中国选择

一般而言，在刑事诉讼活动中，从“定罪”和“量刑”的视角看，一个完整的刑事审判程序主要包括“定罪活动”与“量刑活动”两部分的内容。“定罪程序”是指在刑事审判过程中用于进行“定罪活动”的程序，而“量刑程序”则是指在刑事审判过程中用于进行“量刑活动”的程序。但是，在有些国家的刑事诉讼活动中，并不存在专门的“量刑程序”，所谓的“量刑程序”只是依附于“定罪程序”而存在，不具有任何独立性；而在有些国家中的刑事诉讼活动中，“量刑程序”与“定罪程序”完全分离，存在着专门的、独立的“量刑程序”。

（一）域外量刑程序的主要模式

一般认为，纵观世界各国的量刑制度，在量刑程序的程序模式上主要有两种形态，即大陆法系国家的定罪与量刑一体化的量刑程序模式和英美法系国家的定罪与量刑相分离的量刑程序模式。①

---

①　这两种模式的详细情况，参见[美]弗洛伊德·菲尼，[德]约阿希姆·赫尔曼，岳礼玲. 一个案例，两种制度：美德刑事司法比较[M]. 北京：中国法制出版社，2006：351－352；麦高伟，杰弗里·威尔逊. 英国刑事司法程序[M]. 姚永吉，等译. 北京：法律出版社，2003：423；[美]爱伦·豪切斯泰勒·斯黛丽，南希·弗兰克. 美国刑事法院诉讼程序[M]. 陈卫东，徐美君，译. 北京：中国人民大学出版社，2002：567；[德]克劳思·罗科信. 刑事诉讼法（第24版）[M]. 吴丽琪，译. 北京：法律出版社，2003：412；[德]托马斯·魏根特. 德国刑事诉讼程序[M]. 岳礼玲，温小洁，译. 北京：中国政法大学出版社，2004：145.

1. 定罪与量刑一体化的量刑程序模式

在大陆法系国家的刑事审判中，实行定罪与量刑相混合的一体化的量刑程序模式，一般没有独立的量刑程序。比如，在德国的刑事审判中，被告人是否有罪与对其量刑的问题是一起解决的。因此，定罪与量刑阶段并没有明确的区分。[①] 法庭审理通过一个连续的程序，既裁判被告人的定罪问题，也解决被定罪人的量刑问题。有关定罪和量刑的事实、证据问题，都可以在法庭调查或法庭辩论中一起提出和辩论。在法国，刑事审判法庭对被告人是否有罪的评议和对刑罚的评议也是结合在一起的，并且所有的法庭对这两个问题先后进行的评议都是同一次、唯一的评议。[②] 当然，并不是所有大陆法系国家都实行定罪与量刑一体化的量刑程序模式。比如葡萄牙，其刑事审判程序就分为定罪和量刑两个阶段。而且两个阶段各有其独立的判决，先是针对被告人的罪责问题做出有关罪的判决；然后针对刑罚问题做出另一个判决。[③] 在定罪与量刑一体化的量刑程序模式下，整个法庭审理过程围绕着被告人的定罪问题进行，法庭审理过程以定罪活动为中心，量刑活动依附于定罪活动展开，不具有基本的独立性。

2. 定罪与量刑完全分离的量刑程序模式

定罪与量刑完全分离的量刑程序模式，又称为“独立的量刑程序模式”或“完全独立的量刑程序模式”。如果说大陆法系国家实行的主要是定罪与量刑一体化的量刑程序模式，那么，英美法系国家实行的则主要是定罪与量刑完全分离的量刑程序模式。比如，在英国的刑事法庭，对被告人的定罪问题由陪审团负责，量刑问题由法官负责，而且属于两个不同的审判阶段。[④] 又比如，美国大多数州及联邦通常将认罪、科刑分两个阶段处理：第一个阶段只论究被告是否有罪，而完全不考虑被告应如何量刑。待判定被告有罪之后，法院另再举行一个科刑的听审，由检察官、

---

① ［德］托马斯·魏根特. 德国刑事诉讼程序［M］. 岳礼玲，温小洁，译. 北京：中国政法大学出版社，2004：134.

② ［法］贝尔纳·布洛克. 法国刑事诉讼法［M］. 罗结珍，译. 北京：中国政法大学出版社，2009：505.

③ 王以真. 外国刑事诉讼法学［M］. 北京：北京大学出版社，2004：332.

④ 麦高伟，杰弗里·威尔逊. 英国刑事司法程序［M］. 姚永吉，等译. 北京：法律出版社，2003：428.

被告、被害人出庭以证明一切与量刑有关的事项。[①] 通常来讲,在宣告被告人有罪后的一个月内来进行量刑听证。但是,在量刑听证过程中适用的证据规则不如定罪阶段那样严格,在定罪阶段被排除的信息资料可能由于量刑而被采纳。[②] 在量刑听证过程中,检控方可以向法庭提出量刑建议以及支持该量刑建议的理由。辩护方可以向法庭提出对罪犯从轻处罚的请求以及相应的理由。法官在量刑听证程序进行前一般已经审阅了量刑前调查报告[③],而在量刑听证时将再听取检察官、辩护律师以及被害人的意见和陈述,在此之后法官才会决定并宣布对犯罪人的刑罚。

(二)量刑程序模式的中国选择

在一个完整的刑事审判程序中,如果存在所谓的"量刑程序",那么,它一定是以"量刑活动"在刑事审判过程中相对于"定罪活动"具有一定独立性为前提的。在我国的刑事审判活动中,一直以来实行的都是定罪与量刑一体化的量刑程序模式。近年来,伴随着我国的量刑制度改革,我国刑事审判实践中实行的是在量刑程序改革过程中确立的所谓"相对独立"的量刑程序模式。在这种"相对独立"的量刑程序模式下,定罪程序与量刑程序并没有完全发生分离,但是,整个法庭审理程序中的法庭调查阶段被划分为定罪调查环节与量刑调查环节,而法庭辩论阶段则被划分为定罪辩论环节与量刑辩论环节,从而使量刑活动不再单纯依附于定罪活动而存在,量刑活动在法庭审判过程中具有"相对"独立的地位。本篇所进行的"量刑程

---

① 王兆鹏.美国刑事诉讼法[M].北京:北京大学出版,2005:18.

② [美]爱伦·豪切斯泰勒·斯黛丽,南希·弗兰克.美国刑事法院诉讼程序[M].陈卫东,徐美君,译.北京:中国人民大学出版社,2002:522.

③ 英美法国家在量刑程序中实行量刑前调查报告(Pre-Sentencing Investigation Report)制度。在英美法国家的刑事审判程序中实行的是定罪与量刑完全分离的量刑程序模式,在定罪程序结束之后量刑程序开始之前的那段间隔期内,量刑法官通常会委派法院内部的缓刑官(Probation Officer)进行专门的量刑前调查工作。缓刑官按照法官的指令与建议,对案件中有关的量刑事实(情节)进行全面的调查,并在调查活动结束之后向法官提供一份量刑前调查报告。法官对该报告进行审查后,会将其再提交给控诉方和辩护方,有的法院甚至允许将量刑前调查报告提交给被害方。控辩双方以及被害方在查阅和研读量刑前调查报告之后,在随后进行的量刑听证程序中可以就量刑前调查报告中的有关问题进行一定的论辩。而且,控辩双方以及被害方还可以通过向法庭提出有关的证据,或者用以证明量刑前调查报告中的某些量刑事实(情节)不可靠,或者用以证明还有其他的量刑事实(情节)存在的可能性。

序”中证据调查保障机制的研究,即是以这种“相对独立”的量刑程序框架为基础展开的。

1. 相对独立量刑程序模式在中国的确立

2010 年 10 月 1 日,由最高人民法院、最高人民检察院、公安部、国家安全部、司法部联合签发的《关于规范量刑程序若干问题的意见(试行)》(以下简称《量刑程序意见》)正式在全国开始试行。《量刑程序意见》第 1 条规定,“人民法院审理刑事案件,应当保障量刑活动的相对独立性”。这样,一种相对独立的量刑程序模式在我国正式予以确立。这种相对独立的量刑程序至少应包含两层含义:第一,量刑程序相对于定罪程序具有一定独立性;第二,量刑程序的独立又是相对的,量刑程序与定罪程序交错运行而没有成为完全独立的程序。具体而言,量刑程序的相对独立,是指法院在确保刑事审判中现有的法庭调查和法庭辩论的框架结构不变的前提下,将量刑纳入法庭审理过程之中进行相对独立的量刑裁判。法院在审判过程中,将法庭调查分为定罪调查与量刑调查两个阶段,而将法庭辩论分为定罪辩论与量刑辩论两个阶段。法庭调查和法庭辩论活动陆续结束之后,法庭审判过程统一进入到被告人最后陈述和评议宣判阶段,法庭最后对被告人的定罪与量刑问题一并做出判决。

构建“相对独立的量刑程序”“将量刑纳入法庭审理程序”之中,这是我国量刑程序改革所要确立的基本程序框架。《量刑程序意见》第 1 条中“人民法院审理刑事案件,应当保障量刑活动的相对独立性”的规定,标志着一种相对独立的量刑程序在我国正式确立,这是我国量刑程序改革取得的重要阶段性成果。《量刑程序意见》对于量刑活动相对独立性的强调,使得量刑问题在法庭上能够得到更加充分的讨论。

2. 相对独立量刑程序模式的弊端

应当说,这种相对独立的量刑程序模式实际上是对两种极端观点的折中和调和,带有一定的妥协性,其能否有效实施和能否真正成为我国量刑程序改革的最终程序模式,尚有待于司法实践的检验。但是,这种将定罪与量刑在程序上混合设置的模式,决定了我国目前的刑事审判中并不存在一种单纯的“量刑程序”。[①] 由于定

① 陈瑞华. 论量刑建议[J]. 政法论坛,2011(2):17.

罪活动与量刑活动对程序设置的要求具有实质性的差异，这种将两者交错进行的程序设置本身就埋下了一些潜在的隐患。比如，“在被告的罪责未证明前，对为揭露被告的个别身份所做的调查常常是多余的，这对其结果也是不利的，并且会造成法官在罪责问题中受到拘束。”[①]而且，无论裁判者如何专业或者敬业，人类都很难将法庭上所举出的信息加以分类以便将与量刑相关的信息搁置起来，直到定罪判决做出之后才加以考虑。[②] 因此，那种定罪与量刑一体化的程序模式的诸多固有弊端势必也存在于这种相对独立的量刑程序模式之中。

(1)使辩护方的无罪辩护效果受到不应有的削弱和减损

在相对独立的量刑程序中，由于定罪的法庭调查和法庭辩论与量刑的法庭调查和法庭辩论交错进行，势必导致辩护方的无罪辩护与量刑辩护的效果相互抵消、量刑辩护冲击无罪辩护的结果。“因为审判处理罪与罚的问题，辩护方在做总结陈述时，经常面临两难境地：辩护人如果(现实中他应当这么做)请求法院在对被告人定罪时从轻量刑，则无疑削弱了他对当事人所做的无罪答辩的可信度。”[③]在所谓的“定罪调查”和“定罪辩论”中，不认罪的被告人及其辩护律师自然会对控诉方的有罪指控进行针锋相对的全面反驳，竭力进行无罪辩护，全力向法庭提出各种事实和根据，力图证明被告人不构成犯罪、控方的有罪指控不能成立。而在这种“定罪调查”和“定罪辩论”之后交叉进行的所谓“量刑调查”和“量刑辩论”中，虽然法庭尚未确定被告人是否构成犯罪，但是，相应的程序却要求刚刚进行了无罪辩护的被告人及其辩护律师转而向法庭提出关于被告人量刑的意见，并要求其提出能够证明应该对被告人从轻、减轻或免除处罚的量刑事实和量刑情节。这种程序安排在逻辑上自相矛盾，使控辩双方都陷入到了一种不应有的尴尬局面。因为，从逻辑上来看，所谓的“量刑调查”和“量刑辩论”理应在业已确定被告人构成犯罪的情况下进行才是应当的和有实际意义的。但是，在相对独立的量刑程序模式下，被告人及其辩护律师却要在一个审判程序中，同时进行“无罪辩护”和“量刑辩护”。“对于被

---

① [德]克劳思·罗科信. 刑事诉讼法[M]. 吴丽琪，译. 北京：法律出版社，2003：412.

② [美]弗洛伊德·菲尼，[德]约阿希姆·赫尔曼，岳礼玲. 一个案例，两种制度：美德刑事司法比较[M]. 北京：中国法制出版社，2006：385.

③ [德]托马斯·魏根特. 德国刑事诉讼程序[M]. 岳礼玲，温小洁，译. 北京：中国政法大学出版社，2004：145.

告人不做出认罪答辩的案件，即使经过了一个完整的庭审过程，法庭也可能难以接触到证明有关事项的充分的证据，从而为量刑裁判提供合理的事实基础。”[①]如果被告人及其辩护律师坚决进行无罪辩护，拒绝参加法庭组织的所谓“量刑调查”和“量刑辩护”程序，那么，在相应的“量刑调查”和“量刑辩护”阶段，就会成为控诉方的独角戏，这不仅会使控诉方感到尴尬，而且这种辩护方缺失的“量刑调查”和“量刑辩护”活动的公正性和合理性也势必存在较大的问题。而如果被告人及其辩护律师选择完整地参加整个法庭调查和法庭辩论活动，其前后自相矛盾的辩护意见的可信性也必然会大打折扣。如果法官最终判决被告人有罪，被告方的无罪辩护活动彻底归于失败；如果法官最终判决被告人无罪，则被告方的量刑辩护意见变得毫无意义。但众所周知，在我国现有的刑事司法体制下，法院只是在极少数情况下才会做出无罪判决。因此，这种相对独立的量刑程序模式，在某种程度上为法官提供了对被告人做出无罪判决的更加充足的理由，而在另一方面，却使主张无罪的被告方陷入到一种更为不利的境地。

有的赞成相对独立的量刑程序模式的学者认为，“在刑事诉讼中，只要被告人选择做无罪辩护，无论定罪与量刑程序是否分离，一旦案件进行到量刑阶段，被告方都会遭遇之前做无罪辩护而后却做罪轻辩护的尴尬。被告人所遭遇的这种尴尬是由其在诉讼中的地位（系被指控一方）和立场（针对控方指控进行辩护，追求定罪、量刑方面的有利结果）决定的，而与程序如何设计无关。也正是基于此，程序设计的目的主要在于如何保障被告人能够充分、有效地行使辩护权，有效维护自己的利益，而不在于并且也不能消除被告人可能遇到的尴尬。”[②]虽然这种观点看到了不管采取什么样的量刑程序模式，只要被告人选择做无罪辩护，一旦案件进入到量刑阶段，被告方都可能遭遇到之前做无罪辩护而后却要做罪轻辩护的尴尬。但该观点没有看到在不同的程序模式下被告人的这种尴尬状况对法官定罪造成影响的迥异。在相对独立的量刑程序模式下，被告方首先做无罪辩护，继而又做罪轻辩护，使法官容易形成被告方无理狡辩的印象而产生被告方有罪的预断；而在完全独立

---

① Andrew Ashworth. Sentencing and Criminal Justice[J]. Butterworths，2000：307.

② 李玉萍. 构建我国量刑程序的几个问题[C]//胡云腾. 美量刑改革国际研讨会文集. 北京：中国法制出版社，2009：100.

的量刑程序模式下,由于量刑问题完全独立于定罪程序考虑,虽然法官可能最终确定被告人有罪,但是,法官的定罪不会受到被告方量刑辩护的干扰,而辩护方进行无罪辩护的效果也不会因为后来的量刑辩护而受到削弱,辩护律师还可以专心地在专门的量刑程序中进行量刑辩护。所以,只要量刑程序不能完全独立于定罪程序,就将导致辩护律师在被告人是否有罪尚不明确的状态下,基于被告人有罪的假定展开量刑辩护,容易造成逻辑上自相矛盾的局面,减损无罪辩护的效果。[①]

(2)使控辩双方诉讼力量的不平衡更为加剧

根据《量刑程序意见》第3条的规定,在公诉案件中,人民检察院可以提出具有一定幅度的量刑建议。人民检察院提出量刑建议,一般应当制作量刑建议书,量刑建议书中一般应当载明人民检察院建议对被告人处以刑罚的种类、刑罚幅度、刑罚执行方式及其理由和依据。笔者认为,在我国现行的司法体制下,在相对独立的量刑程序模式下,由于定罪与量刑交错进行的弊端,检察机关提出的量刑建议势必更容易产生对法院量刑裁判的单方面的决定性的影响力,会极大地削弱被告方量刑辩护的效果,从而造成一种检察机关的量刑建议权指挥法院的量刑裁判权的局面。这种量刑程序模式将注定加剧控辩双方诉讼力量的不平衡,使得我国刑事司法领域里的控辩双方诉讼力量不平衡状况雪上加霜,危及司法公正的实现。

如前所述,在相对独立的量刑程序模式下,被告方的无罪辩护效果被极大地削弱和减损。虽然在我国刑事审判实践中,法院最终判决被告人无罪的可能性微乎其微,但那些选择了在刑事审判中同时进行"无罪辩护"和"量刑辩护"的被告人及其辩护律师,出于各种主客观原因,他们也一般不会将防御准备的重点放在量刑辩护上,其对量刑辩护的准备可能很不充分,对量刑辩护时所需量刑信息的准备也会很有限。而在相对独立的量刑程序中,法庭的审理活动通常都会不间断地连续进行,而不会给予被告方专门准备量刑辩护的机会。在这种情况下,被告方在进行量刑辩护时势必陷入到一种极其不利的被动境地。而在法院判决被告人有罪的可能性远远大于判决无罪的可能性的司法实践中,较之于被告方的"无罪辩护"意见,法院往往会更"重视"被告方的"量刑辩护"意见。可是,如上所述,在相对独立的量刑程序模式下,被告方的量刑辩护意见势必有局限性,提出的量刑信息势必也不充

① 熊秋红.中国量刑改革:理论、规范与经验[J].法学家,2011(5):44.

分。这样,在被告方的量刑辩护效果极其有限的情况下,检察官的“理由充分”的量刑建议就势必成为法官关注的重点。由于法官审判时对检察机关案卷笔录的路径依赖,再加之检察机关在现行司法体制下的独特地位,其量刑建议对法院的量刑裁判将产生绝对的影响力,整个量刑程序实际上就会形成检察机关一方独大的局面,成为检察机关主导和控制的舞台。但是,检察机关的量刑建议无疑具有明显的局限性,其提出的量刑信息在充分性与可靠性上都难以获得应有的保障。而法院一旦将检察机关的量刑建议作为其量刑裁判的重要基础,势必难以达到量刑的公正与合理。在这种情况下,相对独立的量刑程序的意义究竟在哪里呢?

(3)使量刑信息的充分性与可靠性失去保障

法官的量刑裁判应该以充分和可靠的量刑信息作为基础,如果没有充足和可靠的量刑信息,法官将无从根据量刑个别化的原则对被告人的前科劣迹、平常表现、家庭状况、学校教育情况、再犯罪的可能性等个体情况进行综合考量以做出公正、合理的量刑裁判。量刑信息之于量刑程序,就如同血肉之于骨骼一样,如果量刑信息不足甚至缺失,量刑程序也就成了无源之水。但是,在我国现有的司法体制下,相对独立的量刑程序模式无法保障法官能够获得量刑裁判所需的充足和可靠的量刑信息,甚至在某种程度上不利于法官获得充足、可靠的量刑信息。这是因为,一方面,“在量刑裁决过程中,中国法官主要通过听取控辩各方的举证、质证和辩论来获取量刑信息,并对量刑事实做出最终的认定。但是,检察机关过于关注量刑建议的提出,强调对法院量刑裁决结果的积极影响,忽略了量刑信息的全面调查;检察机关在提出量刑信息方面,受到侦查机关案卷笔录的限制,所提供的量刑情节主要限于那些与犯罪行为有关的法定量刑情节。辩护方尽管有机会就量刑的结果发表意见,但他们没有机会就量刑事实展开专门的庭前调查,获取独立量刑信息的能力是不强的。”①从而导致法官接触到的量刑信息缺乏充分性。另一方面,虽然法官在法庭上对于检察机关量刑建议中提出的量刑信息和被告方量刑意见中所提出的量刑信息都会进行听证,允许控辩双方进行质证和辩论。但是,如上所言,在“相对独立”的量刑程序中,由于辩护方的量刑辩护效果不容乐观,控辩双方诉讼力量的不平衡更加严重,检察机关的量刑建议权往往会指挥法官的量刑裁判权,从

① 陈瑞华. 论量刑信息的调查[J]. 法学家,2010(2):18,23 – 24.

而检察机关提供的量刑信息自然就成为法官量刑裁判的主要信息资源。但问题是,检察机关提出的量刑信息在全面性和可靠性上往往都具有局限性。基于实现成功追诉犯罪的目的,检察机关一般有强大的动力去向法庭提供能够证明对被告人应该从重处罚的量刑信息,而对于能够证明应该对被告人从轻、减轻或者免除刑事处罚的量州信息则关注较少。而且,在量刑信息的获取上,检察机关亦通常奉行“拿来主义”,其向法庭提供的量刑信息通常直接取自于侦查机关向其提交的侦查案卷的记载,在可靠性上一般也未经过其严格的审查与检验。在这种情形下,法官如果仅仅据此做出量刑裁判显然难以做到量刑的合理与公正。

(4)使量刑程序相关制度的有效运行遭到限制

有的赞同“相对独立”的量刑程序模式的学者认为,定罪与量刑程序是否完全分离与法官量刑裁量权会否被滥用之间没有必然关系,真正规制法院裁量权的是将量刑纳入法庭审理程序以及与之相关的量刑公开原则、量刑参与原则、量刑辩护原则和判决书中的量刑说理制度,而与量刑程序是否独立没有必然联系。⑦ 其实,这种观点没有看到,在“相对独立”的量刑程序模式下,将量刑纳入法庭审理程序以及与之相关的量刑公开原则、量刑参与原则、量刑辩护原则和判决书中的量刑说理制度等等的实际功效都将大打折扣,而只有在完全独立的量刑程序模式下,上述制度功能的切实实现方可获得应有的程序保障。量刑程序的独立化是进行有关量刑程序的相关制度改革的前提与基础,否则,离开了完全独立的量刑程序设计,再好的制度安排都无异于形同虚设,变得毫无意义。

由于“相对独立”的量刑程序模式自身固有的缺陷,即使我国建立了类似英美国家的量刑前调查制度,这种“相对独立”的量刑程序模式也无法使该制度应有功能的发挥获得有效的程序保障。可以说,量刑程序模式的选择对于整个量刑程序制度的构建具有基础性和决定性的意义。量刑程序模式设计的科学与否会直接关系到量刑程序相关制度的实际运行效果。而由于“相对独立”的量刑程序模式在本质上仍然属于一种定罪与量刑一体化的程序模式,其自然对那些专门针对量刑程序而设计的制度无法发挥切实有效的程序保障作用。比如,量刑参与原则是一个

---

⑦ 李玉萍. 构建我国量刑程序的几个问题[C]//胡云腾. 中美量刑改革国际研讨会文集. 北京:中国法制出版社,2009:101.

公认的原则,在量刑程序中引入被害方和社会方的参与对于确保量刑公正具有极其重要的意义。特别是社会方的参与,其不仅能够发挥表达量刑意见和提供量刑信息的功能,而且还能起到对法官的量刑裁判进行社会监督的作用。有了社会方的参与,量刑程序的公开和透明才会真正、彻底地实现,各种量刑信息的真伪就更容易获得检验,量刑的程序公正就更可能获得保障,而人们渴求的"看得见的正义"自然也会随之而来。但是,在"相对独立"的量刑程序模式下,社会方能够真正参与量刑程序的可能性很小。因为量刑程序并未完全独立为一个单独的专门程序,量刑的审理和定罪的审理往往连续进行,社会方能否参加量刑程序的问题实际上就是其能否参加法庭审判的问题。然而,在我国目前的刑事司法实践中,基于各种复杂的主客观原因,法院还未能有效地保障社会方能够充分、自由地参加法庭审理过程,法院有时甚至会通过规避法律的做法人为地剥夺社会方的旁听法庭审理的合法权利。笔者在北京某法院调研时了解到,法院有时为了阻止社会人士旁听某一案件的法庭审判,让法院内部的书记员等内部工作人员换上便装坐到法庭的旁听席上,然后以法庭旁听座位已满为由告知法庭外等待旁听庭审的人,无法再满足其旁听审判的要求。因此,在"相对独立"的量刑程序模式下,即使有了量刑参与制度,这种制度也难以发挥其应有的制度功能,甚至逃不过形同虚设的命运。再比如,虽然在"相对独立"的量刑程序模式下也要求法官对量刑裁判要说明理由。比如,《量刑程序意见》第 16 条规定:"人民法院的刑事裁判文书中应当说明量刑理由。量刑理由主要包括:(一)已经查明的量刑事实及其对量刑的作用;(二)是否采纳公诉人、当事人和辩护人、诉讼代理人发表的量刑建议、意见的理由;(三)人民法院量刑的理由和法律依据。"但是,这种"相对独立"的量刑程序模式也无法真正避免法官"重定罪,轻量刑"的情况发生。只有将量刑程序单独作为一个完全独立于定罪程序的专门程序,法官基于量刑说理的要求,才会真正像对待定罪一样地对量刑予以重视,也才能确保法律对量刑说理的要求真正得以满足。

综上所述,中国式"相对独立"的量刑程序模式的确立对于量刑裁判过程的公开化、透明化和适度对抗化无疑具有积极意义,但这种模式尚未能使量刑证据的法庭调查活动获得较理想的程序保障,甚至在某种程度上不利于量刑证据的法庭调查活动所要达成目的的切实实现。

3. 完全独立的量刑程序模式应是中国的未来选择

正义是社会制度的首要价值,某些法律或制度,不管它们如何有效率和有条理,只要它们不正义,就必须加以改造或废除。① 先定罪后量刑是法官审判案件的正常思维模式,是符合人类基本认知规律的思维进路。而且,从审判的权利保障价值取向看,对被告人不认罪的案件将定罪与量刑问题分离,是无罪推定原则的基本要求。② 因此,量刑程序是正当程序的重要内容,针对被告人不认罪案件设置完全独立(隔离)的量刑程序对实现刑事法治具有深远意义。③ "无论如何,规则来自社会背景,随着社会的变化而变化。规则像潮水一样随着这些力量而起落,服从人们看不到的力量的牵引。"④从长远来看,我国的刑事审判程序,尤其是在被告人不认罪、辩护律师做无罪辩护的案件中,"实有必要为了要能依详尽的人格性向研究以作成适当的法律结果之裁判,而另设一特别的诉讼段落。"⑤即摒弃"相对独立"的量刑程序模式,而代之以"完全独立"的量刑程序模式。我国确立完全独立的量刑程序模式对于实现量刑公正具有多重积极意义:

其一,有利于在根本上改变人们"重实体、轻程序"与"重定罪、轻量刑"的根深蒂固的传统观念。由于量刑程序事关量刑程序各主体的切实利益,所以,控诉方、辩护方、被害方、社会方以及法官才会有参加量刑程序的动力与愿望,才会真正对通过积极参加量刑程序实现各自的量刑利益寄予期望,才会重视并认真对待和行使自己在量刑方面的每一项程序性权利(力),才会真正积极、主动地提出各自的量刑主张和量刑理由,才会就量刑争议问题进行相互质证和辩论。也只有这样,量刑的程序公正才有望真正得以实现。

其二,当量刑程序真正成为一个独立的诉讼阶段,被害人以及社会方就可以获

---

① [德]罗尔斯. 正义论[M]. 北京:中国社会科学出版社,1988:1.

② 陈卫东,程雷. 隔离式量刑程序实验研究报告——以芜湖模式为样本[J]. 中国社会科学,2012(9):140.

③ 陈卫东. 量刑程序改革的一个瓶颈问题[J]. 法制资讯,2009(5):13.

④ [美]劳伦斯 M 弗里德曼. 法律制度[M]. 李琼英,林欣,译. 北京:中国政法大学出版社,2004:361.

⑤ [德]克劳思·罗科信. 刑事诉讼法(第 24 版)[M]. 吴丽琪,译. 北京:法律出版社,2003:412.

得表达各自量刑主张的平台和空间，其程序参与权将获得切实的保障，从而使“所有人的正义”有望最大限度地得以实现和满足。

其三，量刑程序真正独立于定罪程序以后，辩护律师在进行无罪辩护的时候就不会再处于进退两难的尴尬境地，其不必再担心自己的无罪辩护效果会受到量刑辩护的削弱，使其在量刑程序中可以专心地进行量刑辩护。

其四，法官可以在定罪程序中只专心考虑定罪问题，可以避免因同时考虑定罪与量刑问题而形成不利于被告人的有罪预断。

其五，通过专门的量刑听证程序，法官既可以从控辩双方、被害方和社会方那里获得关于犯罪人犯罪的情况、犯罪人的个人情况、犯罪对被害方的伤害情况以及犯罪对社区的影响等方面的全面、充分的信息，还可以通过组织质证与辩论活动来对各种量刑事实（情节）的真实性与可靠性进行审查、判断，有利于法官在综合权衡、考量和评价这些量刑事实（情节）的基础上，根据刑罚个别化的量刑原则做出公正、合理的量刑裁判。

其六，量刑程序作为独立的程序从定罪程序中分离出来，使对法官进行量刑说理的要求更具正当性和现实上的可行性。因为量刑环节作为一个单独的程序存在，法官要专门对量刑问题做出裁判，其就再也没有理由和根据仅仅将检察机关提供的量刑主张作为量刑裁判的依据，就再也没有理由和借口对各方主体的量刑建议和意见不加回应或不置可否，就再也没有理由和借口不阐明其据以做出量刑裁判结论的根据和理由。相反，独立的量刑程序的存在，会督促法官慎重对待量刑，不再对量刑问题掉以轻心，不再走“认认真真定罪，轻轻松松量刑”的老路，而要力求使自己的量刑裁判结论经得起各种检验，这无疑对真正实现量刑公正与合理大有裨益。

一个公正、合理的量刑程序不一定是复杂、漫长的程序，但是必须有一个比较独立（哪怕是不十分正式）的程序，以保障法官获得足够的量刑信息。[①] 可以说，基于量刑个别化原则的要求，“量刑程序改革成败的关键之一，在于法院能否通过控

① ［美］彼得·安德森. 量刑证据问题与量刑程序问题［C］//胡云腾. 中美量刑改革国际研讨会文集. 北京：中国法制出版社，2009：37.

辩双方的有效参与获取更为丰富、更加充分的量刑信息。”①较之于那种量刑程序依附于定罪程序的诉讼程序模式，完全独立的量刑程序无疑扩大了法官进行量刑裁判时所能够获取的信息的范围，从而扩大了其在进行量刑裁判时所考量的量刑事实（情节）的范围，并从根本上保证了法官的量刑裁判能够建立在更全面、更充分的事实基础之上。

二、量刑裁判活动的特点

量刑程序中的证据调查属于法官在庭审中进行的一种司法裁判活动，因此，研究量刑程序中证据调查的保障机制问题，在分析了国内外量刑程序模式情况之后，有必要对法官的量刑裁判活动不同于定罪裁判活动的特点进行分析。只有明确了量刑裁判活动不同于定罪裁判活动的特点之后，才能更深刻地认识量刑程序中的证据调查问题，从而有助于合理建立量刑程序中证据调查的保障机制。

量刑裁判活动与定罪裁判活动有诸多差异，但本篇在此仅仅分析量刑裁判与定罪裁判最主要的差异，以明确量刑裁判活动所具有的特点。在定罪裁判中，法官所关注的主要是被告人到底“有罪”还是“无罪”，而在量刑裁判中，法官所关注的则是对业已被确定有罪的被告人如何做出公正、合理、适当的刑罚裁量。如果说在定罪裁判中法官只关注被告人是“有罪”还是“无罪”的问题是出于法官在刑事司法中遵循罪刑法定原则的必然结果，那么，在量刑裁判中法官关注如何对犯罪人做出公正、合理而又恰如其分的刑罚裁量的问题则主要是由于法官在刑事司法中遵循现代刑罚哲学所要求的刑罚个别化原则的要求。进而言之，由于量刑裁判以量刑个别化为基本原则，所以法官在量刑裁判过程中所需获得的信息与定罪裁判中所需获得的信息也有差异。

（一）量刑裁判以刑罚个别化原则为指导

在定罪裁判中，法官遵循罪刑法定的原则。罪刑法定原则要求法官在刑事司法中严格遵循“法无明文规定不定罪”和“法无明文规定不处罚”的原则。因此，在定罪裁判过程中，法官基于罪刑法定原则的要求，在对被告人的犯罪事实进行认定的过程中，要严格依照刑法中所规定的犯罪构成要件来对各种犯罪事实进行认定，

① 陈瑞华. 论量刑信息的调查[J]. 法学家，2010(2)：18.

只有当所认定的犯罪事实符合刑法对某种犯罪所规定的全部犯罪构成要件的要求,法官才可以判定被告人"有罪",否则,就要对其做出"无罪"的裁判。

但在量刑裁判的过程中,为了实现刑罚个别化的原则,法官则需要尽可能地获得有关被告人的信息。刑罚个别化作为刑罚适用的一项原则,由龙勃罗梭、菲利、李斯特等提出,经过德国沃尔伯格和法国塞米尔斯等刑法学者进一步发展,于19世纪末形成较为完备的体系。刑罚个别化原则在世界范围内得到多数刑法学者的支持,逐渐成为各国刑罚裁量的一项重要原则。[①] 较之于定罪的公正与合理而言,合理、公正的量刑不仅要追求"罪刑相当""同案同判""同罪同罚""量刑均衡"的目标,而且还要基于具体个案的特殊情况,尽量做到"刑罚个别化",从而实现量刑统一化与量刑个别化的有机统一。只有这样,量刑才能贯彻刑法乃至刑事法律科学的整体精神和目标要求,量刑的公信力才能真正提高,量刑试图达到的目的效果才能真正实现。刑罚的个别化是现代刑事司法所追求的重要刑罚目标。因为,定罪和量刑是两种不同性质的活动。定罪所指向的对象是行为人既往犯罪行为的社会危害性,而量刑所针对的对象则是行为人本身的人身危险性。由于定罪活动面对的是过去的已然领域,而量刑活动面对的是未来的未然领域,这就决定了在量刑过程中,在考虑犯罪行为已然社会危害性的基础上,还必须将犯罪人未然的人身危险性纳入考量范围。尤其应当注意考虑行为人的年龄、性格、生活经历和环境等因素。刑罚个别化原则强调在注重犯罪行为的社会危害性的基础上,全面考虑犯罪人的人身危险性等各种情况,综合体现刑罚报应和刑罚预防的功能。刑罚个别化反映在量刑上,即是量刑个别化,量刑个别化原则要求在刑罚裁量时,既要考虑犯罪行为的社会危害性,又要考虑犯罪人的人身危险性。

(二)量刑裁判所需获得的信息范围更广

通过上述分析可见,由于法官在定罪裁判与量刑裁判中遵循的原则有差异,决定了法官在定罪裁判与量刑裁判中所需获取的信息的范围不同。在定罪裁判过程中,为了防止法官对被告人的错误定罪,法官所获取的信息应被严格、精密地加以限制,以确保法官所能接触到的事实与刑法中的犯罪构成要件具有真正的相关性。而在量刑裁判过程中,根据刑罚个别化原则,法官在对被告人处以刑罚时还应该充

① 汪明亮.多维视野中的定罪量刑问题[M].北京:法律出版社,2006:239.

分获取有关被告人犯罪的特殊原因、成长经历、社会环境、家庭情况、前科劣迹等诸多个体化量刑事实(情节)方面的信息。

在量刑程序中,法官为了对那些被确定有罪的被告人做出一项公正的量刑裁判,其需要获取尽可能全面、充分和真实、可靠的量刑事实(情节),以便遴选出符合刑法规定的量刑情节,并且在对这些量刑情节进行综合考量与评价的基础上,最终确定出合理、适当的量刑种类与量刑幅度。而法官要获得的这些量刑事实(情节)并不能独自出现在法庭上,它们通常是在量刑程序中诉讼各方提出各自的量刑诉讼主张时而一并被提出。这是因为,几乎任何的诉讼主张都必然包含着相应的事实根据以作为支持该诉讼主张的依据,而这种事实根据自然同时也成为提出诉讼主张者所要证明的待证事实。[①] 可见,这种待证事实并不能脱离具体的诉讼主张而单独存在。

在量刑程序中,法官需要获取的信息主要包括两部分的内容,即有关量刑程序中诉讼各方提出的量刑主张与量刑事实(情节)方面的信息,这两方面的信息构成了法官在量刑程序中进行公正量刑裁判的信息基础。从上述分析可知,在量刑程序中,法官在获取诉讼各方的诉讼主张的同时自然就会获得诉讼各方提出的各种量刑事实(情节)。基于此,如果我们把法官的量刑裁判行为视为一种复杂的决策行为,那么这种决策行为的最终结果是否科学和合理,将与决策者在决策时能否掌握全面、充分、真实、可靠、有益和有效的信息有着及其密切的关系。无可否认,相对于那些缺乏信息支持的决策行为而言,决策者在决策的时候如果能够获得全面和有效的信息支撑,其决策的科学性、合理性将获得更加切实的保障。所以,在量刑程序中,为了确保法官量刑裁判的更加公正、合理,法官就需要获得相应信息的支持。否则,离开了相应的信息支撑,法官的量刑裁判行为就只能完全依赖法官个人所掌握的有限信息,而无法在汲取更全面信息的基础上进行综合考量以做出公正、合理、适当的裁判结论。

相应地,在定罪程序中,法官需要获取的信息也包括两部分的内容,即控辩双

---

① 一项诉讼主张通常由事实根据和法律评价两个要素构成。例如,被告方认为在案件中存在自首的量刑情节而要求法官对被告人从轻处罚,该项诉讼主张就是由被告人存在自首行为(事实根据)和应对被告人予以从轻处罚(法律评价)两个方面构成。

方提出的定罪主张以及事实依据。由此，可以从诉讼主张和事实依据两个方面对定罪裁判和量刑裁判中法官所需获取的信息做一粗略的比较[①]，见表5.1。

表5.1　定罪裁判和量刑裁判中法官所需获取的信息的比较

	诉讼主张	事实依据
定罪裁判中 法官需获取的信息	控诉方认为被告人构成犯罪	符合刑法犯罪构成要件的事实
	辩护方认为被告人不构成犯罪	通常无需提供任何事实
量刑裁判中 法官需获取的信息	检察机关的量刑建议 （从重、从轻、减轻、免除处罚）	对被告人不利的量刑情节 对被告人有利的量刑情节
	辩护方的量刑意见 （从轻、减轻或免除处罚）	对被告人有利的量刑情节
	被害方的量刑意见 （从重处罚）	对被告人不利的量刑情节

从表5.1可以看出，一方面，定罪裁判与量刑裁判中法官所需的在诉讼主张方面的信息具有明显的差异：首先，诉讼主体上，在量刑裁判中有被害方的量刑意见方面的信息，而在定罪裁判中则仅有控辩双方的诉讼主张方面的信息；其次，就控辩双方的诉讼主张来说，定罪裁判中主要关注被告人是否构成犯罪，即“有”或“无”犯罪方面的信息，而量刑裁判中则关注是否应对被告人从重、从轻、减轻或免除刑罚，即实施刑罚的“多”与“少”方面的信息。另一方面，定罪裁判与量刑裁判中法官所需的在诉讼主张的事实依据方面的信息亦具有差异性：在定罪裁判中法官仅需从控诉方获取那些其提供的欲以证明被告人构成犯罪的事实方面的信息；而在量刑裁判过程中，法官则不仅需要从控诉方那里获取各种对于被告人不利和有利的量刑情节方面的信息，还需要从辩护方以及被害方那里获取各种对于被告人不利和有利的量刑情节方面的信息。

由于诉讼主张的提出必然伴随着相应事实依据的提出，因此，深入分析量刑裁判与定罪裁判中法官所需获取的支持诉讼各方诉讼主张的事实依据方面信息的差异，也自然就明确了量刑裁判与定罪裁判中法官所需获取的诉讼主张方面信息的

① 在此仅对控诉方指控被告人有罪而被告人不认罪的情形下，定罪裁判与量刑裁判中法官所需获取的信息予以比较。

差异。基于此,本篇在此着重分析定罪裁判与量刑裁判中法官所需获取的支持诉讼各方诉讼主张的事实依据方面信息的差异,亦即犯罪事实与量刑事实(情节)之间的差异。实际上,犯罪事实与量刑事实(情节)之间既具有一定的交叉性,又具有一定的独立性。

首先,犯罪事实与量刑事实(情节)之间具有交叉性,是因为在定罪裁判中法官所认定的一部分犯罪事实同时也属于在量刑裁判中法官应当认定的量刑事实(情节)。罪刑相适应的原则要求法院对被告人判处刑罚的严厉程度应与其犯罪行为的社会危害程度相适应,并要在大体上保持均衡。因此,法官对被告人犯罪事实的认定也同时构成对其进行刑罚裁量的事实基础。比如,诸如被告人的犯罪行为、犯罪结果以及犯罪行为与犯罪结果之间的因果关系等事实,既是法官认定被告人的行为符合刑法中犯罪构成要件的事实依据,又是法官对被告人进行刑罚裁量的事实依据。而诸如被告人实施犯罪的具体时间和地点、实施犯罪的工具、实施犯罪的对象、犯罪行为造成的后果、实施犯罪的动机、实施犯罪的目的、被告人犯罪后的表现、被告人的年龄、被告人的精神状况以及被害人的过错等事实,也既是刑法中犯罪构成要件的具体表现,又是考量被告人行为的社会危害程度的重要因素,因此这些事实既属于犯罪事实,也属于量刑事实(情节),只不过由于这些事实通常在定罪裁判的过程中已经被认定,而在量刑裁判的过程中则不必再次进行认定。根据2010年最高人民法院发布的《人民法院量刑指导意见(试行)》的规定,那些与犯罪事实相互交叉、重合的量刑事实(情节)主要包括未成年被告人的年龄、从犯、犯罪未遂、黑社会性质组织犯罪或者恶势力犯罪、犯罪对象为未成年人或老人等弱势人员以及在重大灾害期间犯罪等等量刑事实(情节)。对于这些量刑事实(情节),法院在定罪裁判过程中就会一并加以认定。犯罪事实与量刑事实(情节)具有一定程度上的交叉性与重合性。被告人的犯罪事实既是法院对被告人是否构成犯罪进行认定的事实基础,也是法院对其做出刑罚裁量的事实基础。而在相当的程度上,在定罪裁判中法院通过对被告人犯罪事实的认定活动,客观上使得一部分量刑事实(情节)通过控辩双方对量刑证据的举证、质证和相互辩论过程也一并得以认定。

其次,犯罪事实与量刑事实(情节)之间具有独立性,是因为在量刑裁判中法官认定的一部分量刑事实(情节)是独立于犯罪事实而未能在定罪裁判中出现的量刑事实(情节)。诸如自首、立功、当庭自愿认罪、如实供述、积极退赃、积极赔偿被害方、取得被害方的谅解、前科劣迹、累犯等事实都属于独立于犯罪事实之外的量刑事实(情节)。又如在未成年人犯罪的案件中,诸如被告人的认识能力、被告人是否属于初犯、被告人的悔罪表现、被告人的个人成长经历以及平时表现等事实,也都属于在量刑程序中需要进行专门认定的独立于犯罪事实之外的量刑事实(情节)。

可见,由于一部分量刑事实(情节)独立于犯罪事实之外,其只能在量刑裁判过程中被认定以作为法官量刑裁判的事实依据。因此,在量刑程序中,法官对这些独立于犯罪事实之外的量刑事实(情节)的获取就极具必要性。法官只有在量刑裁判的过程中获取到关于上述独立于犯罪事实的量刑事实(情节)的信息,量刑程序的"相对独立"才会真正具有意义,法官也才有可能做出公正、合理的量刑裁判。总而言之,量刑裁判活动中法官所需获得的信息范围比定罪裁判活动中法官所需获得的信息范围更广。

三、量刑程序中证据调查的概念界定

研究量刑程序中证据调查的保障机制问题,在分析了量刑程序的国内外模式和量刑裁判活动不同于定罪裁判活动的特点之后,需要对本篇的核心概念——"量刑程序中的证据调查"进行概念界定。本篇所称的"量刑程序中的证据调查",亦即"量刑程序中量刑证据的法庭调查",是指法院在庭审中对量刑证据进行审查、核实的过程。

但是,需要注意的是,本篇中所使用的"证据调查"这一概念的内涵,既包括我国刑事审判实践中通常所称的"法庭调查"概念的部分内容,也包含着我国刑事审判实践中通常所称的"法庭辩论"概念的部分内容。也就是说,本篇所称的"证据调查"活动,既存在于我国刑事审判程序中的法庭调查阶段,也存在于法庭辩论阶段。在我国刑事诉讼法中,"法庭调查是在审判人员主持下,控、辩双方和其他诉讼参与人的参加下,当庭对案件事实和证据进行审查、核实的诉讼活动。其任务是查明案件事实、核实证据。"[①]可见,我国刑事审判中的"法庭调查"程序既包括法庭对"案件事实"的调查,也包括法庭对"证据"的调查。因此,从这个意义上说,"法庭调查"与本篇中的"证据调查"概念具有交叉之处。根据《办理死刑案件证据规定》第4条的规定,只有"经过当庭出示、辨认、质证等法庭调查程序查证属实的证据,才能作为定罪量刑的根据。"之所以这样规定是因为,在刑事诉讼活动中,法庭调查是法

---

① 陈光中. 刑事诉讼法[M]. 北京:北京大学出版社,2012:318.

庭审判的核心环节,法庭调查的成效直接决定着刑事案件办理的质量。而根据我国2012年新修订的《刑事诉讼法》第193条第2款的规定,法庭辩论是指在法庭审理中,公诉人、当事人和辩护人、诉讼代理人围绕犯罪事实能否认定,被告人是否实施了犯罪行为,是否应负刑事责任,应负怎样的刑事责任等,对证据和案件情况发表各自意见和进行互相辩论。法庭辩论的目的在于使控辩双方有充分的机会表明己方观点,充分阐述理由和根据,从而从程序上保障当事人和诉讼参与人的合法权益。而且,法庭辩论对于法庭查明案情、依法做出公正的裁决也具有重要意义。虽然我国刑事审判程序呈现一种法庭调查与法庭辩论先后衔接的架构,但如果过于强调区分法庭审理的阶段,则易使法庭辩论形式化、简单化,不利于法庭审理的深入进行。"实际上,法庭审理的过程,是合议庭听取、核实证据,查明案情,从而进行正确判决的诉讼过程,在这个诉讼过程中,调查和辩论是交织在一起的,对案件的全部犯罪事实、情节、每个证据的证明力以及如何适用法律等,都是既需要调查又需要辩论,从一定意义上说,辩论是调查的一种方式,只有通过充分的法庭辩论,才能使法庭调查深入下去。"[①]因此,狭义上的证据的法庭辩论(证据的分散辩论)应该是证据的法庭调查的题中应有之义。在庭审的法庭调查阶段,诉讼各方不仅可以对单个的证据进行举证、质证,还可以进行相互辩论。而在法庭调查结束后的证据的法庭辩论(证据的集中辩论)阶段,诉讼各方则可以针对各自所有的证据进行全面的辩论。也就是说,"在法庭调查阶段的辩论(可称为分散辩论),经审判长许可控辩双方可随时根据案件具体情况进行。在法庭调查后专门的辩论阶段进行的辩论(可称为集中辩论),由审判长根据法庭审理的具体情况,认为通过法庭调查,案件事实已查清时,宣布结束法庭调查,开始法庭辩论。"[②]而且,在专门进行的法庭辩论程序中,如果合议庭发现新的事实,认为有必要进行调查时,审判长可以宣布暂停辩论,恢复法庭调查程序,待该事实查清后继续进行法庭辩论。因此,狭义上的证据的法庭辩论(证据的分散辩论)应该是证据的法庭调查的题中应有之义。在庭审的法庭调查阶段,诉讼各方不仅可以对单个的证据进行举证、质证,还可以进行相互辩论。而在法庭调查结束后的证据的法庭辩论(证据的集中辩论)阶段,诉讼

① 全国人大常委会法制工作委员会刑法室.关于修改《中华人民共和国刑事诉讼法》的决定[M].北京:北京大学出版社,2012:232.

② 陈光中.刑事诉讼法[M].北京:北京大学出版社,2012:321.

各方则可针对各自所有的证据进行全面的辩论。

总而言之,本篇中所称的“量刑程序中的证据调查”,即“量刑程序中对量刑证据的法庭调查”,是指法官在庭审中对与量刑有关的证据进行审查、核实的过程,而这种“证据调查”活动既存在于目前我国刑事审判程序中的“法庭调查”阶段,也存在于“法庭辩论”阶段。

第六章　量刑程序中证据调查保障机制的建立

如前所述,为了研究量刑程序中证据调查的保障机制问题,在明确了量刑程序的中国模式、量刑裁判活动与定罪裁判活动的差异、量刑程序中证据调查的概念等基本范畴后,需要分析量刑程序中的证据调查应该有哪些方面的保障机制、建立相应保障机制的意义与现实基础等问题。因此,本章主要对上述量刑程序中证据调查保障机制的建立问题进行分析。

一、量刑程序中证据调查应有的保障机制

量刑裁判真正公正与否在相当大的程度上取决于法官所依据的量刑事实(情节)是否全面、充分和真实、可靠,量刑制度改革的最根本和最关键的问题是如何保障法官能够获得量刑裁判所需要的充分、可靠的量刑事实(情节)及证据。而在量刑程序的证据调查过程中,法庭要调查的证据都是伴随着诉讼各方提出的量刑主张和量刑事实(情节)而提出的,并且诉讼各方还必须对其所提出的量刑事实(情节)通过证据予以证明。因此,欲使量刑程序中的证据调查活动合理运作和真正富有成效,就需要建立相应的保障机制。而这种保障机制至少应满足两方面的要求,即既要能够保障法官全面、充分地获取诉讼各方提出的关于量刑主张和量刑事实(情节)方面的信息,又要能够保障诉讼各方在对其所提出的量刑事实(情节)予以证明的过程中具有统一的证据规则可供遵循。换句话说,量刑程序中的证据调查需要两方面的保障机制,即量刑证据充分性的保障机制和量刑证据调查活动规范化的保障机制。

(一)量刑证据充分性的保障机制

在我国的刑事司法实践中,定罪证据与量刑证据的划分最主要的原因在于“相

对独立”的量刑程序模式的确立。因为既然量刑程序“相对独立”于定罪程序,那么,对在这两种程序中运用的证据就有了进行区分的必要性与可能性。因此,根据在定罪程序与量刑程序中运用证据所证明的案件事实的性质的不同,可以将一个案件中的证据大致划分为定罪证据与量刑证据。在定罪程序中能够用来证明行为人的行为是否构成犯罪、构成何种犯罪的证据是定罪证据。而在量刑程序中能够用以证明据以对被告人从重、从轻、减轻或者免除刑罚的量刑事实(情节)的证据则是量刑证据。可见,量刑证据是与定罪证据相对应的概念,没有定罪证据就不会有量刑证据。由于在司法实践中,有些证据既属于定罪证据又属于量刑证据,如某些证明有关行为人的年龄、犯罪时间、地点和环境、犯罪手段、犯罪数额等事实的证据,既能够用来证明某些定罪事实,又能够用于证明某些量刑事实。因此,可以将量刑证据分为纯粹的量刑证据和非纯粹的量刑证据(定罪量刑混合证据)。纯粹的量刑证据,是指与定罪事实无关而只能够用来证明某个量刑事实的证据,如能够证明自首、立功、对被害人经济损失的赔偿、前科劣迹等量刑事实的证据。非纯粹的量刑证据,是指与定罪证据存在交叉,既能够用来证明定罪事实,又能够用来证明量刑事实的证据。在刑事审判活动中,基于量刑事实、量刑情节的广泛性,量刑证据的范围也是十分广泛的,既包括证明有关属于犯罪事实的证据,又包括证明有关与犯罪事实有密切关系的证据,还包括证明有关被告人、被害人以及社会方面情况的证据。庭审中对这些量刑证据都应该进行调查,而不应该仅仅局限于那些证明某些法定量刑情节的证据,这样才有可能真正保护被告方的合法权益,实现刑罚的个别化和量刑公正。

在中国刑事审判中,量刑证据法庭调查的实际成效将直接取决于量刑证据能否得到充分的供给,即在庭审过程中,量刑证据的充分性是否能够最大限度地得以保障。因此,应该建立相应的保障机制,以确保证据调查活动中量刑证据的充分性。

(二)证据调查规范化的保障机制

不难想见,量刑证据的法庭调查过程作为对量刑证据进行举证、质证和辩论的证明过程,其规范、有效的运行必然离不开一套具有可操作性的证据规则。但是,由于我国长期奉行定罪与量刑一体化的量刑程序模式,将被告人的定罪与量刑问题放在一个审判程序中加以解决,而且,在整个刑事审判过程中,量刑程序依附于定罪程序,不具有基本的独立性。在这一背景下的刑事证据法主要是在遵循无罪推定和严格证明等理念下以控制定罪为中心构建起来的,其旨在对法院的定罪活动加以限制和约束。因此,在我国的刑事证据法中,适用于量刑程序的证据规则长期以来几乎一直处于缺失状态,成为我国量刑证据的法庭调查面临的一大困境。

证据规则有广义和狭义之分。从广义上讲,证据规则是指收集、审查、判断和运用证据的一切规范与准则。比如,有学者认为,“证据规则是指规范证据的收集、审查和评价等诉讼证明活动的准则。”①也有学者认为,“证据规则就是指在收集证据、采用证据、核实证据、运用证据时必须遵循的一系列准则。换句话说,就是在诉讼中与证据有关的具有可操作性的程序性规则。”②还有学者认为,“证据规则是指确认证据的范围、调整和约束证明行为的法律规范的总称,是证据法的集中体现。”③从狭义上讲,证据规则是指那些在庭审中或审理中对证据的证据能力问题(可采性问题)起支配作用的规则,即专指证据能力规则(可采性规则)。对于证据规则的狭义上的界定主要适用于英美证据法中。比如,美国的当代证据学专家华尔兹教授曾指出:“证据规则决定一个事实认定者在解决事实问题时可以使用什么材料,大多数的证据规则都是关于什么应被接受为证据的问题——可采性问题。”④本篇中所使用的证据规则概念的含义采用上述广义上的理解,即指所有的有关证据的收集、审查、判断与运用的规范和准则。

二、建立量刑程序中证据调查保障机制的意义

如前所述,量刑程序的证据调查需要建立确保量刑证据充分性的保障机制和确保证据调查活动规范化的保障机制。而为了确保量刑证据的充分性,就需要拓宽量刑证据的来源渠道,使检察机关、被告方和被害人都能有机会充分地表达各自的量刑意见,以提出各自的量刑事实(情节)和量刑证据;为了确保量刑证据调查活动的规范化,就需要建立专门适用于量刑程序的有别于定罪程序的证据规则。这

---

① 卞建林.证据法学[M].北京:中国政法大学出版社,2000:453.

② 刘善春,毕玉谦,郑旭.诉讼证据规则研究[M].北京:中国法制出版社,2000:5.

③ 江伟.证据法学[M].北京:法律出版社,1999:173.

④ [美]乔恩 R 华尔兹.刑事证据大全[M].何家弘,等译.北京:中国人民公安大学出版社,1997:10.

样，就使得控辩双方和被害人都能够参与量刑裁判的过程，也使得量刑证据的调查活动能够遵循专门的适用于量刑程序的证据规则而进行。而控辩双方和被害人对量刑裁判过程的参与，有利于形成诉权对量刑裁判权的制约机制；专门适用于量刑程序的证据规则的建立，有利于确保量刑证据调查活动的规范化。简而言之，建立量刑程序中证据调查的保障机制，既有利于形成诉权对量刑裁判权的制约，又有利于确保量刑程序中证据调查活动的规范化，从而有助于实现对我国法官无限的量刑自由裁量权予以有效规范和限制的目标，有助于实现量刑公正和量刑均衡。

（一）有利于形成诉权对量刑裁判权的制约机制

如果说定罪与量刑一体化的诉讼程序模式妨碍了法官在量刑裁判时获取其所需的信息，那么，在量刑程序独立的情况下，法官如欲在量刑裁判时获取所需的信息就有了合适的空间与现实的可能。法官除了依靠法定的量刑情节对犯罪人的人格和人身危险性做出评估之外，还需要进行相当程度的自由裁量。而法官在对犯罪人行使量刑自由裁量权的过程中，如果能够有机会倾听控辩双方以及被害方的看法和意见，这无疑有利于法官在权衡各种利弊和综合考量的基础上做出公正、合理的量刑裁判。东汉时期王符的《潜夫论》有云："君之所以明者，兼听也；其所以暗者，偏信也。"较之于没有其他方参与和提供量刑意见而由法官单独进行量刑裁判的方式，在量刑裁判过程中，法官倾听、吸纳控辩双方以及被害方的量刑意见的方式，能够使法官在量刑裁判时接触到最大限度的信息，达到"兼听则明"的效果，不仅会增强量刑裁判的公信力，还会提高法官做出量刑裁判的效率。

所谓诉权制约机制，是指在司法审判过程中通过当事人诉权的有效行使来制约司法裁判权的诉讼制度，具体是指通过建立专门的法庭审理程序，确保控辩双方通过举证、质证和辩论来制约司法裁判权的诉讼制度。相对于司法裁判的法院内部行政决策机制而言，诉权制约机制意味着发挥法庭审理的功能，扩大控辩双方对司法裁判过程的有效参与，加强司法裁判过程的公开性、透明性和对抗性，使得整个司法裁判的制作过程具有理性协商、平等讨论和相互抗辩的属性。[①] 如果要在量刑裁判的过程中形成量刑裁判权的诉权制约机制，则要求法院给予控辩双方以及

① 陈瑞华. 问题与主义之间——刑事诉讼基本问题研究[M]. 北京：中国人民大学出版社，2008：49.

被害方提出各自量刑诉讼主张（量刑建议或量刑意见）的机会，听取诉讼各方阐明各自的量刑意见和量刑理由，从而使得法官最终的量刑裁判能够充分体现诉讼各方提出的量刑诉讼主张和量刑事实（情节）的积极影响。如前所述，在量刑程序的证据调查过程中，为了确保量刑证据的充分性，就需要控辩双方和被害人都能够参与量刑裁判的过程，提出各自的量刑诉讼主张、量刑事实（情节）和量刑证据。这种控辩双方和被害人对量刑裁判的参与过程，势必会形成一种诉权对量刑裁判权的制约机制。

量刑裁判权的诉权制约机制旨在通过公开、透明和对抗的诉讼程序来规制法官过大的量刑自由裁量权。较之于对法官量刑自由裁判权的实体控制路径而言，这种诉权制约机制更强调从实现程序正义的视角对法官的量刑裁判过程予以适当的限制和控制，对于合理、有效地规范和控制法官的量刑自由裁量权具有独特的作用：

首先，量刑裁判权的诉权制约机制有利于最大限度地确保法官能够获得全面、充分的量刑事实（情节），从而为法官的量刑裁判提供更为全面的事实依据。通常而言，在刑事审判过程中，较之于各种有利于被告人的酌定量刑情节，如被告人的平时表现、真诚悔过、积极赔偿、主动退赃以及被害人的过错等量刑情节，控诉方往往更加关注和重视各种诸如自首、立功、累犯等法定的量刑情节，并以履行国家公诉机关客观义务的名义向法庭提出，同时积极促使法官将其提出的法定量刑情节作为量刑裁判的依据。因此，对于那些为控诉方所漠视和忽略的酌定量刑情节，只能依靠辩护方以及被害方通过积极的调查才能获得并且才有可能将其在法庭上提出，成为法官进行量刑裁判的事实依据。

其次，量刑裁判权的诉权制约机制有利于最大限度地确保法官能够获得真实、可靠的量刑事实（情节），从而为法官的量刑裁判提供更为准确的事实依据。较之于那种主要由法官通过单方面的粗略核实和书面审查方式完成对量刑证据的取舍和量刑事实（情节）的认定的“办公室作业”模式，在量刑裁判权的诉权制约机制下，在对量刑事实（情节）的认定过程中，控辩双方以及被害方不仅能够参与到法官的量刑过程中，并且还可以从各自的角度对他方提出的量刑证据进行质证和辩论，使量刑事实（情节）的真实性和可靠性能够接受控辩双方以及被害方的审查和检验，从而可以避免使那些不相关的证据成为量刑裁判的依据。

再次，量刑裁判权的诉权制约机制使法官在对单个的量刑事实（情节）的法律评价方面能够听取来自控辩双方以及被害方的意见，有利于做到兼听则明，从而最终对该量刑事实（情节）做出合理、恰当的法律评价。在量刑程序中，通过给予控辩双方以及被害方就量刑事实（情节）的法律评价进行辩论的机会，通过控辩双方以及被害方对每一单个量刑情节对于最终量刑裁判结论的影响的充分的辩论过程，法官可以获悉诉讼各方对于该量刑事实（情节）的法律评价。这些来自诉讼各方的对于某一量刑事实（情节）的法律评价，可以供法官对该量刑事实（情节）做出法律评价时加以参考，有助于使法官最终做出的法律评价科学、合理和恰如其分。

最后，量刑裁判权的诉权制约机制使法官的量刑裁判结论建立在充分听取控辩双方以及被害方的量刑意见的基础上，既有利于保障法官最终做出的量刑裁判结论的公正性与合理性，又有利于通过公开、透明的量刑听证过程，确保量刑裁判结论能够获得诉讼各方的真正信服，从而有助于树立刑事司法权威和提高刑事司法的公信力。

（二）有利于确保量刑程序中证据调查的规范化

如前所述，对于量刑程序中的证据调查而言，有必要建立专门适用于量刑程序的不同于定罪程序的证据规则。有了适用于量刑程序的量刑证据运用规则，就会使诉讼各方在对其所提出的量刑事实（情节）予以证明的过程中有统一的证据规则可供遵循，无疑有利于确保量刑程序中证据调查活动的规范化。比如，如果确立了量刑证据的证据能力规则，不仅控辩双方和被害人会对哪些量刑证据可以提交到法庭上有一个预期，而且也便于法官遵循相应的规则对证据的证据能力进行审查、判断，将不具有证据能力的证据排除于法庭之外。又比如，如果确立了在量刑程序中对量刑事实（情节）进行证明的证明责任分配原则，不仅会使控辩双方和被害方在进行举证、质证的时候有规可循，不致陷入混乱、无序，也会使法官的量刑自由裁量权受到一定的规制。总而言之，建立量刑程序中的证据运用规则，有利于确保量刑程序中证据调查活动的规范化。

三、量刑程序中证据调查保障机制建立的现实基础

经过上文的分析可以得出如下结论：从理论上说，在量刑程序的证据调查过程中，为了确保量刑证据的充分性和量刑证据调查活动的规范化，建立相应的保障机制不仅很有必要，而且极富意义。那么，从现实上看，建立量刑程序中证据调查的

保障机制是否具有一定的现实基础呢？答案是肯定的。量刑程序中证据调查保障机制的建立，不仅具有理论上的必要性，也具有现实的可行性。因为，中国正在进行的量刑程序改革为量刑程序中证据调查保障机制的建立奠定了坚实的实践基础与立法基础。

（一）实践基础

正如20世纪90年代发生过的声势浩大的刑事审判方式改革一样，包括量刑程序改革在内的量刑制度改革是当前中国刑事审判领域发生的另一场重大变革。纵观每一起刑事案件的诉讼过程，从立案、侦查、审查起诉直到审判，业已经过了刑事诉讼审前程序的严格把关和层层过滤，到了审判阶段，被告人被判有罪的可能性往往没有悬念。可以说，在绝大多数刑事案件的审判中，关于被告人的定罪问题，控辩双方并无较大的争辩空间，而关于有罪被告人的量刑问题则往往成为审判过程中的焦点问题，实际上也成为被告人最为关注的问题。看得见的正义，既应表现在定罪过程之中，也应表现在量刑过程之中。我国量刑规范化改革的直接动因，源自于司法实践中在一些案件的处理上所出现的量刑不均衡、量刑不公正现象以及量刑是否适当的争议。如许霆案一审被判处无期徒刑，再审改判为有期徒刑5年，这种巨大的量刑差异引起社会各界的广泛议论。规制法官量刑自由裁量权的量刑规范化改革分别被列入最高人民法院的“二五改革纲要”和“三五改革纲要”，量刑程序改革由此应运而生。2009年3月17日，最高人民法院在《人民法院第三个五年改革纲要（2009～2013）》中指出：要“改革和完善刑事审判制度，规范自由裁量权，将量刑纳入法庭审理程序，研究制定《人民法院量刑程序指导意见》”。[①] 应最高人民法院要求，从2009年6月1日起，量刑规范化试点工作在全国120多家指定法院正式展开。

中国的量刑程序改革自始就存在着较大的争议，理论界和实务界对中国的量刑程序模式存在着“完全独立”（又称“隔离式”）的量刑程序模式与“相对独立”的量刑程序模式的选择之争。在“相对独立”的量刑程序模式下，将继续维持传统的定罪与量刑程序一体化的庭审格局，只是为了强调量刑问题的重要性，而在法庭调查阶段增设专门的有关量刑证据的法庭调查环节，在法庭辩论阶段增设专门的有

① 陈永辉. 人民法院第三个五年改革纲要出台[N]. 人民法院报，2009-3-26(1).

关量刑问题的法庭辩论环节。在完全独立的量刑程序模式下,定罪问题和量刑问题分别在两个相互隔离、彼此完全独立的程序中解决,即定罪程序和量刑程序,定罪程序与量刑程序先后进行。法官在定罪程序中如果能够确定被告人有罪,则法庭审理进入量刑程序阶段。为了探索中国量刑程序改革的正道,中国人民大学陈卫东教授联合安徽省芜湖市中级人民法院、芜湖市人民检察院共同开展了量刑程序改革试点研究项目,并在试点实验的过程中形成了著名的量刑程序改革的"芜湖模式"。① 作为隔离式量刑程序模式之典型的"芜湖模式",其主要具有如下几个特点:第一,区分认罪案件与不认罪案件。对于认罪案件,在定罪与量刑两个问题上不做隔离,法官无需当庭先定罪再量刑,法官在简要审理定罪问题后主要围绕量刑问题开展法庭调查与辩论。而对于不认罪案件,则先进行定罪问题的审理,在法官初步决定被告人是否有罪之后,再进入到专门的量刑程序中去解决被告人的量刑问题;第二,区分定罪事实与量刑事实。对于既涉及定罪问题又涉及量刑问题的事实,统一在定罪程序中予以查明,而对于仅仅涉及量刑问题的事实则在专门的量刑程序中予以查明;第三,人民检察院起诉时提出书面量刑建议,该量刑建议附于起诉书后,对于拟建议有期徒刑的案件,检察官提出的量刑建议幅度不超过 2 年,而对于适用非监禁刑、免于刑罚处罚或者死刑的量刑建议则应当确定、明确;第四,在审判前将检察院的量刑建议书连同法院的参与量刑程序告知书附随起诉书一并送达被告人;第五,在专门的量刑程序中,审判人员首先归纳定罪程序中已经查明的量刑事实,之后如果案件中制作有关于被告人的各种量刑情节的社会调查报告,则宣读该报告,而后由控辩双方就量刑问题进行举证和辩论,最后由控辩双方就量刑问题发表总结陈词;第六,法官在判决书中围绕量刑问题进行充分的说理。②

因此,为了解中国量刑程序改革实践中量刑程序中证据调查的现状,笔者从安徽省芜湖市鸠江区人民法院的量刑程序改革试点案件中选取一个案件——"被告

---

① 根据最高人民法院关于将量刑程序纳入法庭审理程序的改革工作部署,经过成功申报,2009 年 6 月至 2010 年 9 月,中国人民大学诉讼制度与司法改革研究中心与芜湖市中级人民法院、芜湖市鸠江区人民法院共同实施隔离式(完全独立)的量刑程序改革试点项目。

② 陈卫东,程雷. 隔离式量刑程序实验研究报告——以芜湖模式为样本[J]. 中国社会科学,2012(9):121 - 122.

人闫某某、余某某贩卖毒品案”进行分析。① 2009 年 9 月安徽省芜湖市鸠江区人民法院按照定罪与量刑完全分离的量刑程序模式(也称“隔离式量刑程序”),对“被告人闫某某、余某某贩卖毒品案”进行审理(第一审普通程序)。根据该案量刑审理阶段的庭审笔录,这次庭审是在中国人民大学诉讼制度与司法改革研究中心与芜湖市中级人民法院、芜湖市鸠江区人民法院共同实施隔离式(完全独立)的量刑程序改革试点项目(2009 年 6 月至 2010 年 9 月)的背景下进行的。根据这一量刑程序改革试点项目的要求,作为该改革试点项目的试点法院,芜湖市鸠江区人民法院对于被告人不认罪的案件,将法庭审理中的定罪程序与量刑程序完全进行隔离——整个法庭审理过程首先围绕定罪的问题展开,在合议庭确定被告人的行为构成犯罪以后,法庭审判才进入量刑程序,通过一种量刑听证的方式,专门就量刑的问题进行法庭审理。

在“被告人闫某某、余某某贩卖毒品案”中,作为共同被告的闫某某和余某某,一个(余某某)认罪,另一个(闫某某)不认罪,所以,芜湖市鸠江区人民法院将法庭的审理过程划分为两个完全独立的程序——定罪程序与量刑程序,在通过定罪程序的审理而确定被告人的行为均构成犯罪的基础上,法庭启动量刑听证程序,就量刑情节、量刑证据等问题展开法庭调查与法庭辩论。

在量刑听证程序中,法庭首先宣告对于诸如被告人闫某某、余某某均属多次贩卖毒品,其中被告人闫某某 9 次贩卖毒品冰毒总计约 4 克,被告余某某 10 次贩卖毒品 K 粉约 1.5 克、冰毒约 3.2 克,以及两被告人在共同贩卖毒品过程中各自的行为事实与证据和认罪态度等既属于定罪事实又属于量刑事实的事实,由于在定罪程序中均已得以解决,法庭对其不再进行法庭调查与法庭辩论。

在接下来的量刑程序中,公诉机关就被告人闫某某、余某某犯贩卖毒品罪一案提出了具有一定幅度的量刑建议:建议对被告人闫某某判处有期徒刑 4 ~6 年,并处以一定数额的罚金;对被告人余某某判处有期徒刑 3 ~4 年,并处以一定数额的罚金。而后,由被告方发表量刑辩护意见,被告人可以自行发表量刑辩护意见,被告人也可以委托辩护人发表量刑辩护意见。在该案中,两位被告人的辩护人都进行了较为充分的量刑辩护,在量刑辩护过程中提出了对被告人有利的各种量刑情节,

① 笔者所选取的案例是芜湖市鸠江区人民法院审理的“被告人闫某某、余某某贩卖毒品案”,关于该案量刑阶段的庭审笔录可参见本篇附录部分。

从而较好地维护了被告人的合法权益。除此以外,在量刑的庭审过程中,法庭还允许社会调查员宣读关于被告人余某某的社会调查报告。社会调查报告中包含着大量的关于被告人余某某的成长经历、家庭背景、受教育情况、平时表现、犯罪原因等方面的信息,有助于使法官对被告人做出公正合理、恰如其分的量刑裁判。在量刑审理程序中,公诉方、辩护方不仅提出各自的量刑建议与量刑意见,还提出了据以支持各自量刑建议和量刑意见的量刑情节,并且通过提供各种量刑证据对于各自提出的量刑情节进行证明,以说服法官采纳本方提出的有关量刑情节与量刑主张,并将其作为量刑裁判的依据。

在该案量刑程序的最后阶段,法庭进行了当庭宣判。在此过程中,较充分地体现了量刑说理的要求。法庭首先宣告被告人闫某某、余某某的行为构成贩卖毒品罪。然后,法庭分别阐明了其所认定的被告人闫某某、余某某的量刑情节及其对量刑裁判的影响。而后,法庭分别阐明了对公诉机关的量刑建议、被告人及其辩护人的量刑意见是否采纳及相应的理由。

从“被告人闫某某、余某某贩卖毒品案”的量刑审理过程来看,量刑听证的庭审方式、检察机关的量刑建议、辩护方的量刑辩护、社会调查机构的量刑社会调查报告都有利于对法官量刑自由裁量权的规制,有利于实现量刑的公正与合理。而且,在量刑建议(意见)、量刑情节和量刑证据的提出上,充分体现了“谁主张、谁举证”的证明责任分配原则。此外,在证明对象的问题上,法庭也比较灵活,明确表明对于那些在定罪程序中已经予以确认的既属于定罪事实又属于量刑事实的事实,法庭不必再进行法庭调查与辩论,而在量刑程序中直接予以确认。

我国量刑程序改革的实践证明,量刑程序改革产生了积极效果,“重定罪、轻量刑”“重实体、轻程序”的思想观念得到转变,“重量刑、重程序”的意识有所增强,公平公正、公开透明的司法理念受到重视。① 可见,最高人民法院在全国法院推行的量刑程序改革实践为建构量刑程序中证据调查的保障机制奠定了坚实的实践基础,使量刑程序中证据调查保障机制的建立具有极大的可行性。

(二)立法基础

在量刑程序改革的过程中,我国立法机关和司法机关修订的法律和颁布的司

---

① 熊选国.关于量刑程序改革的几个问题[N].人民法院报,2010-10-13(5).

法解释中,有很多内容涉及量刑程序和量刑证据问题,这些法律和司法解释中所确立的有关量刑程序和量刑证据方面的制度,无疑为建构量刑程序中证据调查的保障机制奠定了较为坚实的立法基础。

2010年9月13日,最高人民法院发布了《人民法院量刑指导意见(试行)》,并与最高人民检察院、公安部、国家安全部、司法部联合发布了《量刑程序意见》。2010年10月1日,上述两个文件开始在全国法院试行,这两份具有司法解释效力的法律文件的发布和试行,标志着量刑规范化改革正式在全国各级法院展开。伴随着中国量刑程序改革的过程,不仅《人民法院量刑指导意见(试行)》《量刑程序意见》等司法解释得以颁布和实施,而且2012年新修订的《刑事诉讼法》及其相关的司法解释也对与量刑程序和量刑证据有关的内容进行了一定的修改与完善(具体内容见表6.1)。上述法律和司法解释中所确立的有关量刑程序和量刑证据方面的制度,无疑为建构量刑程序中证据调查的保障机制奠定了较为坚实的立法基础。

中国量刑程序改革实践的不断发展和中国量刑程序方面立法的不断完善,成为建构量刑程序中证据调查保障机制的实践基础和立法基础,使量刑程序中证据调查保障机制的建构具有极大的现实可行性。随着量刑程序改革的进一步深入与发展,量刑程序中证据调查的保障机制也必将不断健全与完善。

表6.1 与量刑程序和量刑证据有关的法律法规内容表

法规	相关内容
《量刑程序意见》	1. 要求侦查机关、检察机关在侦查和审查起诉阶段应当注意收集和审查有关量刑的事实和证据 2. 规定不仅检察机关可以提出量刑建议,当事人、辩护人和诉讼代理人在法庭审理过程中也可以发表量刑意见 3. 针对当前我国公民法律素养普遍较低、难以有效维护自身合法权益的现状,加大了对被告人指定辩护的力度,明确要求在被告人不认罪以及被告人对检察机关的量刑建议有争议的案件中,人民法院可以为被告人指定辩护人

续表 6.1

法规	相关内容
《量刑程序意见》	4. 要求在法庭调查、法庭辩论等阶段，应当将量刑活动纳入法庭审理程序，保障量刑活动的相对独立性，并分别规定了在适用不同程序审理案件时，将量刑纳入法庭审理程序的方式和方法 5. 要求人民法院在裁判文书中，应当说明量刑理由
《办理死刑案件证据规定》第 39 条	1. 被告人及其辩护人提出有自首的事实及理由，有关机关未予认定的，应当要求有关机关提供证明材料或者要求相关人员作证，并结合其他证据判断自首是否成立 2. 被告人是否协助或者如何协助抓获同案犯的证明材料不全，导致无法认定被告人构成立功的，应当要求有关机关提供证明材料或者要求相关人员作证，并结合其他证据判断立功是否成立；尚未查证的，应当及时查证 3. 被告人累犯的证明材料不全，应当要求有关机关提供证明材料
《办理死刑案件证据规定》第 40 条	1. 审查被告人实施犯罪时是否已满十八周岁，一般应当以户籍证明为依据；对户籍证明有异议，并有经查证属实的出生证明文件、无利害关系人的证言等证据证明被告人不满十八周岁的，应认定被告人不满十八周岁；没有户籍证明以及出生证明文件的，应当根据人口普查登记、无利害关系人的证言等证据综合进行判断，必要时，可以进行骨龄鉴定，并将结果作为判断被告人年龄的参考 2. 未排除证据之间的矛盾，无充分证据证明被告人实施被指控的犯罪时已满十八周岁且确实无法查明的，不能认定其已满十八周岁
2012 年新《刑事诉讼法》第 193 条第 1 款	法庭审理过程中，对与定罪、量刑有关的事实、证据都应当进行调查、辩论

续表 6.1

法规	相关内容
2012 年《最高人民法院关于适用〈中华人民共和国刑事诉讼法〉的解释》第 230，483 条	1. 人民检察院可以提出量刑建议并说明理由，量刑建议一般应当具有一定的幅度。当事人及其辩护人、诉讼代理人可以对量刑提出意见并说明理由 2. 控辩双方提出对未成年被告人判处管制、宣告缓刑等量刑建议的，应当向法庭提供有关未成年被告人能够获得监护、帮教以及对所居住社区无重大不良影响的书面材料
2012 年《人民检察院刑事诉讼规则（试行）》第 399，400，454 条	1. 人民检察院对提起公诉的案件，可以向人民法院提出量刑建议。除有减轻处罚或者免除处罚情节外，量刑建议应当在法定量刑幅度内提出。建议判处有期徒刑、管制、拘役的，可以具有一定的幅度，也可以提出具体确定的建议 2. 对提起公诉的案件提出量刑建议的，可以制作量刑建议书，与起诉书一并移送人民法院。量刑建议书的主要内容应当包括被告人所犯罪行的法定刑、量刑情节、人民检察院建议人民法院对被告人处以刑罚的种类、刑罚幅度、可以适用的刑罚执行方式以及提出量刑建议的依据和理由等 3. 人民检察院向人民法院提出量刑建议的，公诉人应当在发表公诉意见时提出

第七章　保障机制之一：拓宽量刑证据来源渠道

本篇在前面两章，分别分析了量刑程序中证据调查的基本范畴和量刑程序中证据调查保障机制的建立问题。因此，本篇最后的内容就是对量刑程序中证据调查的具体保障机制分别进行分析与讨论。如前所述，量刑程序中的证据调查需要两方面的保障机制，即量刑证据充分性的保障机制和量刑证据调查活动规范化的保障机制。为了在量刑证据的法庭调查中保障量刑证据的充分性，就需要建立拓宽量刑证据来源渠道的保障机制，具体包括确立检察机关量刑建议制度、提高辩护方量刑辩护效果、确保被害方充分表达量刑意见、合理发挥量刑前调查报告的作用等机制。而为了在量刑证据的法庭调查中保障量刑证据调查活动的规范化，就需要构建专门适用于量刑程序的量刑证据运用规则，具体包括量刑证据的证据能力规则和量刑程序中的司法证明规则，其中司法证明规则主要包括证明对象、证明责任和证明标准方面的规则。

一、确立检察机关量刑建议制度

检察机关量刑建议制度是指作为控诉方的检察机关针对被确定有罪的被告人如何判处刑罚的问题向法院提出关于量刑种类和量刑幅度方面法律意见的制度。通过确立检察机关量刑建议制度赋予检察机关在刑事公诉案件量刑程序中提出量刑建议的权利，从而能够使量刑证据的充分性得到一定的保障。

(一)我国检察机关量刑建议制度的确立

将量刑建议纳入法庭审理程序之中，是《量刑程序意见》的一项重大制度创新，标志着量刑建议制度在中国的正式确立。《量刑程序意见》第 3 条从以下四个方面初步规定了检察机关量刑建议制度的内容：

第一，赋予检察机关在刑事公诉案件中的量刑建议权。规定“对于公诉案件，人民检察院可以提出量刑建议”。

第二,规定量刑建议一般应当具有一定的幅度。检察机关在提出量刑建议时,一般应当在刑法对犯罪所规定的法定刑幅度范围之内,选择一个更加明确的量刑幅度。

第三,在量刑建议的提出方式上,规定“人民检察院提出量刑建议,一般应当制作量刑建议书,与起诉书一并移送人民法院”,但“根据案件的具体情况,人民检察院也可以在公诉意见书中提出量刑建议”。对于人民检察院不派员出席法庭的简易程序案件,应当制作量刑建议书,与起诉书一并移送人民法院。

第四,在量刑建议的内容方面,规定量刑建议书中一般应当载明人民检察院建议对被告人处以刑罚的种类、刑罚幅度、刑罚执行方式及其理由和依据。据此,量刑建议书中不仅应当记载检察机关提出的关于对被告人判处刑罚的种类、刑罚幅度以及刑罚执行方式的量刑意见与主张,量刑建议书中还应当记载检察机关据以提出其量刑意见与主张的根据和理由,即检察机关所认定的全部量刑情节以及其对于这些量刑情节的法律评价内容。

除了《量刑程序意见》之外,2013 年 1 月 1 日起施行的《最高人民法院关于适用〈中华人民共和国刑事诉讼法〉的解释》和《人民检察院刑事诉讼规则(试行)》也都规定了检察机关量刑建议制度的内容。这样,中国的检察机关量刑建议制度越来越趋于健全和完善。

(二)检察机关量刑建议制度的意义

在定罪与量刑一体化的诉讼程序模式之下,整个刑事审判过程并不做定罪程序与量刑程序的区分,刑事法庭审理的中心问题是定罪问题,庭审中的法庭调查和法庭辩论程序也主要围绕着定罪问题展开,而量刑问题只能依附于定罪问题加以解决。这就导致检察机关无法参与法官的量刑裁判过程,也难以向法庭提出自己对于量刑的具体意见和理由。虽然检察机关向法院提交的起诉书中会提出一些诸如自首、立功等的法定量刑情节,虽然检察机关在庭审中发表公诉意见时会向法庭提出对被告人“从重”或者“从轻”处罚的意见,但是,检察机关的起诉书和公诉意见书中都不可能包含诸如量刑种类与量刑幅度的内容。毋庸讳言,在这种情形下,检察机关几乎完全放弃了对法官量刑裁判过程的参与权,使得量刑问题在很大的程度上成为法官“专断独裁”的领域。而这种由法官完全垄断量刑裁判过程的局面,使量刑裁判的过程既不公开也不透明,既使得检察机关“放弃”了量刑裁判过程的参与权,也使得法官的量刑裁判无法吸纳检察机关的意见,势必容易造成法官滥用量刑自由裁量权而导致量刑不公的不利后果。检察机关提出量刑建议,可以通过对法官的量刑裁判施加一定的影响以约束法官的量刑自由裁量权,是避免法官随意量刑和促进法官公正量刑的一个重要手段。

其实,即使在英美法系国家,量刑建议制度也并不具有普遍性。比如,在英国,“控诉方的律师不允许向法官建议有关具体的量刑。控诉方的律师有权提醒法官关于影响量刑的法律规定,以及与法官判决相关的高等法院的有关指导,但是控诉方的律师不能争辩应当或者不应当采用某一特定的刑罚。”①但是,量刑建议制度是中国量刑程序改革实践的产物。应该看到,在中国实行量刑建议制度,一方面有利于真正实现检察机关对量刑裁判过程的有效参与和法律监督,使法官在量刑裁判过程中能够充分获取和吸纳来自检察机关的关于量刑诉讼主张和量刑事实(情节)的信息;另一方面也有利于使辩护方真正参与到量刑活动中,并且能够有效地对法官的量刑裁判施加一定的影响。因为一旦检察机关当庭提出关于对犯罪人量刑的种类和幅度的量刑建议及其理由,基于控辩平等原则的要求,法庭必须给予辩护方针对检察机关的量刑建议进行量刑辩护的机会。辩护方就会针对检察机关提出量刑建议所依据的量刑事实(情节)进行质证和辩论,同时辩护方还会提出己方对量刑的意见及其所依据的量刑事实(情节),并允许检察机关对己方提出的量刑事实(情节)进行辩论。在这种情况下,大量的具体的量刑事实(情节)就会出现在法庭上,成为控辩双方进行法庭辩论的核心内容,也成为法官需要加以审查和判断的主要事项,法官的量刑裁判就会同时受到控辩双方的共同作用和影响,有利于对法官量刑自由裁量权的合理约束。在量刑建议制度问题上,我们不能照搬国外的做法,我们应该做的是在借鉴国外制度的基础上,认真总结中国司法实践中的有益经验,结合中国的具体情况,建立符合实际的具有中国特色的量刑建议制度。

(三)检察机关量刑建议所含量刑情节的局限性

1. 量刑建议所含量刑情节缺乏客观性

虽然从理论上讲检察官在刑事诉讼中应当恪守客观公正的义务,在量刑建议中,既要提供不利于被告人的量刑情节,也要提供有利于被告人的量刑情节,要严

---

① 麦高伟,杰弗里·威尔逊.英国刑事司法程序[M].姚永吉,等译.北京:法律出版社,2003:430.

格根据案件本身的客观情况提出不偏不倚的、适当的量刑建议。但是,在刑事司法实践中,基于检察机关自身所处的刑事追诉地位的影响,其提供的量刑建议通常都会带有一定程度的偏向性而缺乏客观性。一方面,检察机关在量刑建议中所提出的量刑情节大多是那些对被告人不利的诸如主犯、累犯等从重量刑情节,而很少提出对被告人有利的从轻量刑情节;另一方面,检察机关在量刑建议中提出的量刑情节大部分是诸如自首、立功、累犯等法定量刑情节,而很少提供实际存在的大量的关于被告人与被害人情况的酌定量刑情节。

2. 量刑建议所含量刑情节缺乏全面性

毫无疑问,检察机关作为量刑建议的提出者,其在提出量刑建议的同时,还必须提出据以支持该量刑建议的相应的量刑情节。但是,在司法实践中,检察机关往往更为重视其所提出的量刑建议对于量刑裁判结论的直接制约作用,而忽视了作为该量刑建议提出的重要依据的量刑情节所具有的重要作用与价值。检察机关在提出量刑建议的过程中,对量刑情节的全面收集通常缺乏应有的积极性与能动性。检察机关疏于进行量刑情节的全面收集工作,其对量刑情节的收集与获取主要依赖于侦查机关向其提交的侦查案卷中所记载的相关信息。但是,侦查机关向检察机关移送的量刑情节本身是缺乏全面性的。虽然《量刑程序意见》第2条要求侦查机关收集各种能够证明被告人犯罪情节轻重以及其他与量刑有关的各种证据,但是,侦查机关因受自身工作角色的影响通常将侦破案件作为其侦查工作的主要目标,相对于对各种有利于和不利于犯罪嫌疑人的量刑事实(情节)的收集而言,侦查人员在侦查工作中势必更为重视对犯罪嫌疑人的犯罪事实的收集。可以说,侦查机关为了实现对犯罪嫌疑人的成功追诉和定罪的目标,其会竭尽全力去收集一切能够满足对犯罪嫌疑人定罪需要的犯罪事实,而对于那些关涉未来对确定有罪的被告人如何量刑的量刑情节,侦查机关根本没有在侦查工作中去专门调查和收集的动力与积极性。因此,不难想象,由于检察机关自身疏于进行量刑情节的收集工作,其所获得的量刑情节主要来自侦查机关,而侦查机关所收集的量刑情节本身具有天然的不完整性,势必导致检察机关最终所掌握的量刑情节不全面、不完整。这主要表现在:检察机关获得的量刑情节主要是对被告人不利的量刑情节,而那些对被告人有利的诸如自首、立功、从犯等量刑情节则通常被忽略;检察机关获得的量刑情节更多的是比较常见的法定量刑情节,而那些大量的诸如被告人的犯罪动机、被告人的认罪悔过、被害人的过错、被告人积极赔偿被害人等方面的酌定量刑情节经常被忽略。

3. 量刑建议所含量刑情节缺乏可靠性

检察机关在量刑建议中提供的量刑情节不仅在全面性、完整性上存在问题,在量刑情节的可靠性上也不无疑问。检察机关基于其追诉犯罪的特殊立场,其对于那些不利于被告人的能够说明被告人的主观恶性、社会危害性以及人身危险性程度较严重的量刑情节往往格外重视和强调。因此,就像在定罪裁判中检察机关为了实现对被告人的成功“定罪”而不遗余力地向法院提供各种“犯罪事实”一样,在量刑裁判中为了强调被告人具有程度严重的主观恶性、社会危害性以及人身危险性,检察机关也会不遗余力地向法院提出各种对被告人不利的“量刑事实(情节)”。但是,无论是检察机关提出的“犯罪事实”还是“量刑事实(情节)”,都是检察机关基于其特有的诉讼地位和诉讼目的而提出的,其真实性与可靠性实际上都是很难获得保证的。正如在定罪裁判中需要经过控辩双方激烈的相互对抗、质证与辩论,才能使检察机关提出的那些不可靠的“犯罪事实”得以被发现和舍弃一样,在量刑裁判中也需要经过控辩双方以及被害方适度的对抗、质证与辩论,才能使检察机关提出的那些被辩护方和被害方质疑的不可靠的“量刑事实(情节)”被发现和舍弃。在检察机关提出的量刑情节中,对于那些控辩双方持有不同意见的量刑情节,在没有经过控辩双方在法庭上的质证与辩论过程,其真实性与可靠性就无法得以审查和验证。而检察机关的量刑建议通常是在法庭审理之前就做出的,所以,应当承认,检察机关提出的量刑建议中包含的量刑情节具有一定程度的不可靠性,未经过控辩双方以及被害方在庭审中对这些量刑情节进行具有一定对抗性的检验过程,其并不具有绝对的可信性。

(四)正视检察机关量刑建议制度的局限性

量刑建议制度的积极意义固然毋庸置疑,但是,我们不能否认,量刑建议制度本身亦具有一定的局限性。因此,检察机关向法院提出的量刑建议只应作为法官进行量刑裁判时的参考。否则,如果检察机关向法院提供的量刑建议被法院在量刑裁判时全盘接受并予以采纳,就在相当的程度上表明辩护方量刑辩护的失败和法庭量刑裁判程序的形同虚设。但是,量刑建议制度在刑事司法实践中推行的现状却明确地告诉我们,不仅检察机关普遍追求量刑建议的高采纳率,甚至一些地方检察机关将量刑建议的采纳率纳入检察机关内部绩效考核的内容,而且法院在量刑裁判过程中对检察机关提出的量刑建议也较普遍地予以接受和采纳，使法院对量刑建议的采纳率一直保持在较高的水平。比如，2009 年至 2012 年 6 月，浙江省宁波市北仑区检察院提起公诉 3 907 人，提出量刑建议 3 753 人，量刑建议比率达到 96.06%。其中，量刑建议与判决完全一致的占 20.76%，建议基本准确（三年以下案件相差半年以内，二年以上案件相差一年以内）的占 73%。① 又如，截至 2011 年 6 月，福建省各级法院共适用量刑规范化审结一审案件共计 11 681 件，审结二审上诉、抗诉案件共计 1 667 件。福建省 9 个中级人民法院、84 个基层人民法院围绕最高人民法院确定试点的 15 个罪名全部开展试行工作；福建省检察机关共计向法院提出量刑建议案件 12 262 件，法院采纳率为 91%。② 又如，目前，广西壮族自治区 15 个中级人民法院、111 个基层人民法院全部开展了量刑规范化改革试行工作。2010 年 10 月 1 日至 2011 年 6 月 30 日，广西壮族自治区各级法院对于最高人民法院确定的 15 类案件全部适用量刑规范化进行量刑，总共审理 15 类刑事案件 15 593 件 23 388 人，检察机关提出的量刑建议被法院采纳率为 95%。③ 又如，直至 2012 年 4 月，贵州省已有 94% 的检察院开展了量刑建议工作，2011 年共对 18 767 名被告人提出量刑建议，一审法院采纳量刑建议 16 091 人，采纳率 86%。④ 又如，自从 2012 年以来，山东省冠县人民检察院通过建立综合评估、判决评析、沟通协调等机制对量刑建议工作加以规范。截至 2012 年 8 月，该检察院已向人民法院提出量刑建议共计 131 次，发出量刑建议书共计 82 份，且量刑建议全部被人民法院采纳。⑤ 再如，据统计，自 2009 年 3 月起到 2012 年 9 月，广东省深圳市罗湖区人民检察院共计向人民法院发出量刑建议书 10 916 份，其中 2009 年发出量刑建议案件占起诉案件的 64.9%，2010 年占 76.4%，2011 年占 79.8%，呈逐年上升趋势。据统计，上述

① 何南宁，屠春技，郑琳燕. 从两组数据看宁波北仑量刑程序规范化改革 9 年探索，量刑建议：更规范才能更准确[N]. 检察日报，2012-6-13(9).

② 赵阳. 福建 93 个中基层法院全部试行量刑规范化，量刑建议逾九成被法院采纳[N]. 法制日报，2011-8-17(5).

③ 李娜. 广西量刑规范化改革取得“五升三降”效果，检察机关量刑建议采纳率达 95%[N]. 法制日报，2011-8-18(5).

④ 周以明. 贵州量刑建议八成获采纳[N]. 检察日报，2012-4-4(1).

⑤ 张洪超，梁昭，张龙. 综合评估、判决评析、沟通协调，山东冠县 82 份量刑建议全部被法院采纳[N]. 检察日报，2012-8-8(1).

10 916份量刑建议书在人民法院的采纳率达 91% 。[①] 这些事实无疑表明了检察机关的量刑建议对法院的量刑裁判所具有的巨大影响力。可是,从保障法官在量刑程序中进行有效的证据调查的视角考量,我们就不会对司法实践中这种量刑建议的高采纳率怀有任何乐观的态度。因为量刑建议说到底只是一种带有诸多缺陷的“建议”,它的使命主要在于为法官在量刑裁判时提供有益的信息支持,而本不应奢求法院对其予以完全地接受与采纳。

值得欣慰的是,在中国的刑事司法实践中,为了弥补量刑建议的缺陷,一些地方检察机关创造出了一种“动态量刑建议”的量刑建议模式:人民检察院在依据犯罪事实和被告人的认罪、悔罪态度提出量刑建议的同时,还根据法庭审判阶段可能出现的各种不同情况,增加设置不同的量刑情节,并且有针对性地提出可供选择的较重的和较轻的两种量刑档次的量刑建议,供法院选择适用。比如,为了解决传统的量刑建议难以适应法庭审判阶段动态变化的缺陷,广州市黄埔区人民检察院自2010 年开始,不断进行大胆探索,终于首创了“动态量刑建议”的工作机制。该院办理的案件中有这样一宗案例:被告人史某在其经营的位于广州市黄埔区荔联街沧联社区榕北新街的一个无牌旅店内,通过电话联系的方式,容留、介绍卖淫人员杨某等人到该处进行卖淫活动,从中渔利,每次收取费用人民币 30 元,严重影响了社会管理秩序,损害了社会道德风尚。2011 年 5 月 9 日,史某被公安机关抓获归案后,拒不承认犯罪事实,认罪悔罪态度较差。广州市黄埔区检察院向法院提出了动态量刑建议,该建议根据史某的认罪态度制定了两种不同的量刑幅度:“如果史某拒不认罪,建议酌情从重处罚,判处一年六个月以上两年六个月以下有期徒刑,并处罚金。如果史某在审判阶段能够如实供述自己的犯罪行为,真诚悔罪,则建议法院对其从轻处罚,判处一年三个月以上两年三个月以下有期徒刑,并处罚金。”在庭审时,公诉人宣读了该动态量刑建议,最终成功促使史某认罪伏法,如实供述了自己的违法行为,当庭悔过。2011 年 10 月黄埔区法院判决史某犯容留、介绍卖淫罪,判处有期徒刑一年三个月,并处罚金一千元。根据《广州市黄埔区人民检察院量刑建议工作制度》中的规定,在具备下列情形的案件中均采用动态量刑建议的方式:对被告人认罪态度在庭审阶段可能发生变化的;被告人与被害人在庭审阶段可能

① 李恩树. 深圳量刑辩论纳入庭审防隐性腐败,一改一锤定音式量刑裁判增强公信力[N]. 法制日报,2012-9-19(5).

达成和解的;被告人有实际赔偿、退赃能力而尚未赔偿、退赃的;对未成年人犯罪进行考察帮教的;其他有利于教育挽救被告人、化解社会矛盾的情况。据统计,两年来,黄埔区检察院共计发出57份书面《动态量刑建议书》,对82名被告人提出不同量刑档次的"动态量刑建议",成功促成60名被告人当庭认罪、悔罪、退赃、退赔被害人的经济损失及对被害人进行经济赔偿,并因此获得了法院从轻或减轻处罚的被告人占全部"动态量刑建议"的73.1%。据统计,在该院发出的《动态量刑建议书》所涉及的案件中,成功促成被告人主动履行了赔偿义务的达到61%,赔偿总额143.5万余元,使得被害方及时获得救助补偿,实质弥补所受损害。至2012年5月,广州市黄埔区人民检察院制发"动态量刑建议"并最终促成认罪和退赃、赔偿的案件中,无一被告人提出上诉,也无一被害人提出抗诉申请,有效化解了社会矛盾、节约了司法资源,实现了案结事了,提高了司法机关的执法公信力。①又比如,四川省资阳市雁江区人民检察院自2012年5月至8月期间,对111件案件采取了量刑情节告知书与动态量刑建议书同时送达的方式,既提高了量刑建议采用率,也提升了检察机关执法公信力。② 可见,这种"动态量刑建议"模式拉开了刑事司法活动神秘的面纱,能够让被告人、被害人及普通群众看到不同认罪态度、有无退赃、赔偿等量刑情节对被告人最终量刑裁判结果的影响,有利于实现量刑裁判过程的公开、透明和增强量刑裁判的公信力。

二、提高辩护方量刑辩护效果

《量刑程序意见》不仅在中国正式确立了量刑建议制度,而且还确立了与量刑建议制度相对应的量刑意见制度。毕竟,基于控辩平衡、控辩双方平等武装的刑事诉讼理念,不应该单纯增加控诉方的诉讼力量,应使控辩双方的诉讼力量尽量保持平衡。《量刑程序意见》第4条规定,"在诉讼过程中,当事人和辩护人、诉讼代理人可以提出量刑意见,并说明理由。"据此,刑事公诉案件中的被告人在辩护人的帮助

---

① 邓新建,李卓佳,张羽. 广州黄埔区检察院首创"动态量刑建议"弥补传统量刑建议缺陷[EB/OL]. (2012-02-24)[2012-12-01] http://www.legaldaily.com.cn/zfb/content/2012－05/24/content_3595285.htm? node＝33970.

② 李祥,钟莉,刘德华. 四川资阳雁江:量刑情节告知书与动态量刑建议书同时送达,拒不认罪被告人当庭低头服判[N]. 检察日报,2012-8-15(2).

下,不仅要向法庭提出己方的诸如量刑的种类、量刑幅度等量刑意见与主张,而且还要提出据以支持其量刑意见与主张的量刑情节,同时还必须通过量刑证据来对己方提出的量刑情节的真实性、可靠性予以证明,从而在庭审中展开实质性的量刑辩护活动;而被害人在诉讼代理人的帮助下,也可以在向法庭提出己方的诸如量刑的种类、量刑幅度等量刑意见与主张、支持己方量刑意见的量刑情节以及用以证明量刑情节的证据。可见,量刑意见制度使法官在量刑裁判的过程中能够充分地获取到来自被告方和被害方关于量刑的信息,使法官的量刑裁判得以建立在充分的信息支持之下,有利于保障法官量刑裁判的公正与合理。而且,在刑事公诉案件中,一旦检察机关提出了量刑建议,被告方和被害方也都提出了各自的量刑意见,那么,整个量刑程序就呈现出一种由控诉方、辩护方和被害方三方独立参与的诉讼构造。在这种包括裁判方在内的四方诉讼构造之下,控诉方、辩护方和被害方三方通过分别行使诉权,对法官的量刑自由裁量权施加积极的影响,从而达到合理制约量刑裁判权的目的。

正如辩护方的无罪辩护活动是针对控诉方的起诉书而进行,辩护方的量刑辩护活动是针对控诉方提出的量刑建议而展开。针对检察机关的量刑建议而展开的量刑辩护,其主要目的在于否定或削弱检察机关提出的量刑诉讼主张,或者说明检察机关提出的量刑情节不成立,或者证明检察机关提供的量刑证据不可靠,从而尽力说服法官支持己方的量刑辩护意见,最终对被告人做出更加轻缓的刑罚裁判。因此,本篇所称的量刑辩护是指在刑事公诉案件中辩护方针对检察机关提出的量刑建议进行辩护的活动。为了讨论问题的方便,若没有特殊说明,下文所称的量刑辩护专指被告人的辩护律师进行的量刑辩护活动。

在美国,从 1963 年起,律师辩护权开始被认为是刑事司法中的基本权利。[①] 律师权以及无力支付律师费的人获得指定律师的权利适用于量刑。美国最高法院大法官乔治·萨瑟兰(Justice George Sutherland)在鲍威尔案(Powell V. Alabama)中充分阐释了被告人获得辩护律师帮助的必要性:“在许多情况下,如果不结合接受审判时获得辩护律师帮助的权利(the right to be heard by counsel),接受审判的权利

① Gideon V. Wainwright, 372 U. S. 335(1963).

(the right to be heard),将会变得毫无意义。”[①]而量刑辩护制度在中国的出现实际上是中国量刑程序改革的必然结果,而且,随着中国量刑程序改革的继续深化,量刑辩护制度还将不断健全与完善。比如,《量刑程序意见》第6条规定,“对于公诉案件,特别是被告人不认罪或者对量刑建议有争议的案件,被告人因经济困难或者其他原因没有委托辩护人的,人民法院可以通过法律援助机构指派律师为其提供辩护。”这体现了立法者对量刑辩护的支持态度。反过来,量刑辩护制度的逐渐完善对于量刑程序改革的发展、深化也将起到积极的促进作用。不难想象,在量刑程序中,如果没有完善的量刑辩护制度,就会导致在量刑裁判过程中失去对检察机关的量刑建议进行有效制衡的机制,就会使检察机关的量刑建议成为主导量刑裁判进程并足以对法官的量刑裁判产生绝对影响力的唯一力量。如果那样,量刑程序改革就会变得毫无意义。因此,量刑辩护制度的意义如何强调似乎也不为过。

从刑事诉讼理论上说,量刑辩护既有利于法官在量刑裁判过程中获取到充分、可靠的有关量刑的信息,又有利于实现对法官量刑自由裁量权的诉权制约,从而有利于法官做出公正、合理而适当的量刑裁判。但是,在目前的刑事司法实践中,量刑辩护的实际效果却十分不容乐观:辩护律师由于很少通过专门的庭外调查去收集和获取有利于被告人的量刑情节,所以,在量刑裁判过程中辩护律师掌握的有利于被告人的量刑情节极为有限,主要限于通过查阅、研读检察机关诉讼案卷而获得的量刑情节。这样,辩护律师凭借有限的而且主要源自检察机关诉讼案卷的量刑情节与检察机关进行所谓的“量刑辩护”,其实际效果可想而知。于是,由于辩护律师既提不出有利于被告人的新的量刑情节,又缺乏足够的证据对公诉方提出的量刑情节的真实性与可靠性进行反驳,既无法对检察机关的量刑意见予以针锋相对的质疑与反驳,也难以提出具有说服力的量刑意见。因此,检察机关的量刑建议自然就在法庭上占据主导地位,从而势必对法官的量刑裁判产生绝对的影响力。上述现象充分说明,在目前的刑事司法实践中量刑辩护的实际效果十分不尽如人意。

(一)重视发挥量刑辩护的作用

值得注意的是,在刑事辩护活动中,中国律师在辩护的观念上一直比较重视无

① 转引自[美]约书亚·德雷斯勒,[美]艾伦C迈克尔斯.美国刑事诉讼法精解(第二卷·刑事审判)[M].魏晓娜,译.北京:北京大学出版社,2009:53.

罪辩护,而普遍没有将量刑辩护放到重要的战略位置上,导致长期以来庭审中的量刑辩护流于形式,难以发挥应有的“辩护”作用。但是,中国刑事司法实践中极低的无罪判决率清楚地表明,在90%以上的刑事案件中,律师是没有进行所谓的无罪辩护的空间的,相反地,在这些大量的案件中,律师的量刑辩护则将大有用武之地。如果在这种情况下,辩护律师仍然固守传统的、教条的辩护观念,不认真地对待量刑辩护,势必令人怀疑其进行的所谓“辩护”工作的意义之所在。可见,无论是在主观方面还是在客观方面,我们都应该高度重视量刑辩护,使其在量刑程序中发挥应有的积极作用。

有学者认为,在量刑阶段,控辩双方并不需要像在定罪阶段一样进行对抗,而应该在一定程度上展开合作。控辩之间通过合作保障了披露信息的完整性,而并非要求双方针对对方提供的信息进行抗辩。[①] 但不可否认,在量刑程序中,强调控辩双方一定程度的对抗具有积极意义。控诉方和辩护方在一定程度的对抗,能够调动控辩双方的积极性,促使双方积极进行攻击和防御,收集有利于本方量刑诉讼主张的有关量刑事实(情节),这实际上就起到了扩大量刑事实(情节)的范围和程度的积极作用。这是因为,专门针对控诉方量刑建议的量刑辩护活动的一项重要内容就是调查收集有关的量刑事实(情节),从而为具体的辩护操作充实量刑事实(情节)的内容。充足的量刑事实(情节)是有效量刑辩护的重要前提,没有充分的量刑事实(情节),量刑辩护就失去了充足的事实依据。有效量刑辩护要求辩方去广泛收集量刑事实(情节),而且辩护方也更可能运用大批社区资源、富有创造性的处理方法对法官量刑提供有用的信息资料,这就进一步充实了整个量刑裁判活动的量刑事实(情节)。在量刑阶段,刑事诉讼活动需要解决的中心问题发生了从“定罪”到“量刑”的根本转变,应该以充分保障控辩双方以及被害方能够发表各自关于量刑的诉讼主张、提供各自掌握的量刑事实(情节)为基本原则。不可否认,在量刑阶段,从向法庭充分披露有关量刑的信息和有利于法官对这些信息加以获取的角度看,控辩双方之间那种类似在定罪阶段的绝对的对抗性的态势开始大大削减而呈现出一定程度的合作关系。但是,在量刑程序中,控辩双方适当的对抗化和辩论化是不可或缺的,因为对于控辩双方有较大争议的量刑诉讼主张和量刑事实(情节),只有通过控辩双方适度的对抗和辩论才能真正确保法官能够获取到真实、可

---

① 汪建成.量刑程序改革中需要转变的几个观念[J].政法论坛,2010(2):138.

靠的量刑方面的信息,从而才能最大限度地为法官的量刑裁判提供可靠的信息支持。比如,在2012年发生的"故宫盗窃案"的法庭审理中,辩护方对于检控方的量刑建议进行的针锋相对的反驳与辩论,势必有助于法官在对案件的具体情况进行全面考量与综合判断的基础上,最终做出公正与合理的量刑裁判。[①]

(二)量刑辩护的基本内容

作为一种独立的刑事辩护形态,律师的量刑辩护旨在说服法官接受辩护方提出的有关对被告人从轻、减轻或者免除刑事处罚的量刑意见。而欲达到这种效果,辩护律师在进行量刑辩护时起码应做好以下工作:通过查阅诉讼案卷掌握基本的案件事实,并从中获取各种诸如自首、立功、积极赔偿、初犯、认罪悔过、积极退赃等方面的法定的和酌定的对被告人有利的量刑情节;在庭审之前对被告人的个体情况进行专门的全面的社会调查,以收集那些对被告人有利的新的量刑事实(情节),同时对犯罪行为给被害人和社区乃至整个社会所造成的各种影响做出客观的评

① 备受关注的石柏魁故宫盗窃案,于2012年2月17日上午在北京市第二中级人民法院开庭。被告人石柏魁当庭翻供称,进故宫前并未想过盗窃,是在躲雨时才临时起意盗窃。公诉人代表检察机关向法院提出量刑建议,建议判处石柏魁十三年至十五年的有期徒刑。检察机关指控,2011年5月8日石柏魁来到故宫博物院内,后潜入斋宫,窃得香港两依藏博物馆在此展出的《交融——两依藏珍选粹展》展品金嵌钻石手袋、金錾花嵌钻石化妆盒等手袋及化妆盒共计9件。石柏魁在逃跑过程中,先后将所窃5件展品遗落或丢弃在故宫后宫围墙东北角等处。次日,石柏魁销赃未果,将手中4件展品丢弃在北京市海淀区颐和园路西侧的垃圾桶内等处。经核实,上述被盗9件物品香港两依藏博物馆投保金额共计41万元。此外,石柏魁还曾经窃得他人笔记本电脑及内有500余元的钱包、手机等款物。法庭上,公诉人讯问:"你什么时候产生盗窃的想法?"石柏魁回答:"当时下雨没走了,就……"公诉人接着问:"你今天的供述与之前的不一致,能做出合理的解释吗?"公诉人指出,石柏魁此前多次供述其去故宫前已有盗窃想法。庭审中,公诉人出示证据,被盗的9件展品购入价格为165万元。检察机关认为,石柏魁以非法占有为目的,在国家重点文物保护单位内实施盗窃犯罪,并有其他盗窃行为,情节特别严重,社会危害性极大,犯罪事实清楚,证据确实、充分,应以盗窃罪追究其刑事责任,建议法院在有期徒刑十三年至十五年间对石柏魁量刑。石柏魁的代理律师则辩称,两家鉴定机构对被盗展品出具的说明是"真假难辨、出处不详",检察机关按展品投保价值起诉,证据不足;石柏魁犯罪主观恶性不大,本案只是一件普通的盗窃案,唯一特别的是发生在故宫里;石柏魁完全是误打误撞,顺手牵羊,并没有身怀绝技,只是碰上了故宫的管理漏洞,其行为不符合犯罪情节特别严重。此案未当庭宣判。参见高鑫.故宫盗窃案开审,案值成控辩焦点[N].检察日报,2012-2-18(1).

估;在量刑程序中将所有已掌握的对被告人有利的量刑情节向法庭提出,并且根据案件实际情况对控诉方提交的不利于被告人的量刑情节进行反驳;根据案件的实际情况针对控诉方的量刑建议和被害方的量刑意见加以必要的反驳,并言之有据地向法庭阐明并论证辩护方的量刑意见。[①] 简而言之,在法官的量刑裁判过程中,律师进行量刑辩护活动主要围绕着以下两个方面的内容展开:首先,向法庭提供量刑情节,即向法庭提供有利于被告人的量刑情节,同时对检察机关提供的量刑情节进行反驳,而且无论是提出己方的量刑情节还是对检察机关的量刑情节进行反驳,都通过提供充分的量刑证据对这些量刑情节的可靠性进行证明;其次,向法庭提出量刑诉讼主张,即通过对己方向法庭提供的全部量刑情节依法进行综合考量和评价后,向法庭阐明并论证己方关于对被告人应当予以从轻、减轻或免除刑罚的最终量刑意见。

1. 向法庭提出量刑情节

为了支持辩护方提出的应当对被告人予以从轻、减轻或者免除刑罚的量刑意见,律师进行量刑辩护的一项重要工作就是要向法庭提供充足、可靠的能够说明被告人主观恶性较轻、社会危害性较小、人身危险性较低、认真悔罪以及通过真诚道歉已取得被害方的谅解等方面的量刑事实(情节),从而使法官能够基于其所获取到的上述信息做出公正、合理的量刑裁判。

但是,需要注意的是,为了真正达到有效的量刑辩护效果,律师在庭审前积极主动地去收集有利于被告人的量刑事实(情节)就显得尤为关键。这主要是因为:首先,单纯依靠从检察机关的诉讼案卷中获得的量刑情节进行量刑辩护,就会使量刑辩护失去应有的效果,检察机关提供的量刑建议势必会在庭审中居于主导地位,进而对法官的量刑裁判产生绝对的影响力。而且,虽然检察机关诉讼案卷中记载的量刑情节可能会包含一些有利于被告人的量刑情节,但是,这些有利于被告人的量刑情节往往都是一些诸如自首、立功、从犯等方面的法定量刑情节,而鲜有涉及有利于被告人的大量、丰富的酌定量刑情节。如果单纯依赖检察机关诉讼案卷中不全面、不完整的量刑情节进行量刑辩护,势必难以对法官的量刑裁判施加有效的积极影响,所谓的量刑辩护也必然会失去应有的意义。其次,律师在庭审前积极主动地去收集有利于被告人的量刑事实(情节),其所提出的量刑辩护意见才会有令

① 陈瑞华. 量刑程序中的理论问题[M]. 北京:北京大学出版社,2011:68.

法官信服的事实依据，而律师在量刑裁判过程中的有效量刑辩护也才能获得根本的保证。比如，关于被告人的家庭情况、被告人的平时表现、被告人的退赃情况、被告人的悔罪情况等酌定量刑情节，很难想象如果律师不去积极主动地收集而这些量刑情节会呈现在法庭上。又如，为了有力地对检察机关提供的对被告人不利的诸如累犯、主犯、不真诚悔罪等量刑情节的真实性、可靠性进行反驳，律师必须凭借自己收集的那些可靠的量刑情节向法庭说明予以反驳的理由，才可能使法官采信己方的主张。

2. 向法庭提出量刑诉讼主张

没有诉讼主张就没有事实根据。量刑事实（情节）在法庭上不可能脱离相应的量刑诉讼主张而独立存在。所以，律师在进行量刑辩护的过程中，除了要向法庭提出量刑情节，同时还必须向法庭提供相应的量刑诉讼主张。而律师在量刑辩护中无论是反驳检察机关的量刑建议，还是向法庭提出己方的量刑诉讼主张，都必须要通过其提出的量刑情节予以充分论证和说明理由。因此，律师对于己方的全部量刑情节都要进行仔细的考量，要对这些量刑情节对法官量刑裁判的影响做出合理的法律评价与价值评估。这样，律师在量刑辩护中提出的关于对被告人从轻、减轻或免除刑罚的量刑诉讼主张才会言之有据，才可能为法官所接受和信服，而律师的量刑辩护工作也才能真正收到实效。

（三）认识并突破量刑辩护效果的制约因素

在刑事司法实践中，一方面，量刑辩护的效果如果不能得到有效的保障，法官在量刑裁判过程中对关于量刑方面信息的获取效果也将大打折扣，不仅法官对信息获取的全面性、充分性会受到极大影响，而且法官对所获信息的真实性、可靠性也难以获得切实的保障。另一方面，量刑辩护的效果如果不能得到有效的保障，检察机关量刑建议制度不仅无法发挥应有的作用，甚至会适得其反，由于得不到有效的量刑辩护的制约，检察机关的量刑建议必将左右法官的量刑裁判，从而导致对被告人极为不利的后果。因此，我们应该找出量刑辩护效果的制约因素，然后采取措施尽力突破这些制约因素，这样才能真正使得量刑辩护制度发挥其应有的制度功能，并实现其保障法官量刑裁判公正与合理的价值目标。

1. 量刑辩护效果受制于律师辩护观念与敬业精神

量刑辩护的效果好坏，与辩护律师所持的刑事辩护观念和辩护律师在进行刑事辩护活动中的敬业精神都密切相关，辩护律师对量刑辩护的认识水平决定着其对量刑辩护活动的重视程度，辩护律师对待量刑辩护的认真态度和其在从事量刑辩护活动中所具有的敬业精神都将直接影响到量刑辩护的最终效果。正如有的美国学者所言，“基于审判程序中被告人具有称职律师帮助的假设，可以毫不夸张地说，美国刑事司法体系的正当性正是依赖于称职的、具有职业道德的辩护律师们的参与——他们勤勉地帮助当事人实现利益的最大化。”①

在中国的刑事诉讼活动中，一直存在着“重实体、轻程序”“重定罪，轻量刑”的根深蒂固的传统观念。受这一传统观念的影响，辩护律师在刑事诉讼活动中也程度不同地存在着“重结果，轻过程”的诉讼观念。表现在量刑领域，辩护律师对所谓的量刑辩护并未达到应有的重视程度。对辩护律师而言，在辩护活动中其通常将主要的精力放在“定罪”的问题上，而对于“量刑”的问题则相对缺乏“辩护”的意识。在量刑裁判过程中，为了说服法官接受自己的量刑意见，辩护律师通常也会提出一些诸如被告人社会危害性不大、被告人人身危险性不高、被告人主观恶性不深、被告人已经真诚悔罪、被告人不具有再犯的可能性等量刑情节，但辩护律师对于这些量刑情节的真实性、可靠性一般很少通过提供相应的证据予以证明，从而难以让法官真正信赖这些量刑情节的真实性与可靠性。而且辩护律师向法庭所提出的量刑辩护意见通常缺乏精心、严密的论证过程，比如，对于为什么要对被告人适用自由刑而不适用非监禁刑、为什么对被告人适用缓刑、为什么对被告人适用有期徒刑而不适用无期徒刑，辩护律师往往未能通过对量刑情节进行综合的价值考量与法律评价而得出令人信服的结论。

量刑辩护的实际效果不仅受到辩护律师在刑事诉讼活动中对待量刑辩护的观念、态度的影响，辩护律师对待量刑辩护活动的敬业程度、职业精神也是制约量刑辩护最终效果的重要因素。为了取得理想的量刑辩护效果，辩护律师应该像对待无罪辩护活动那样，积极主动地去收集、获取能够支持自己的诉讼主张或者能够推翻、削弱控诉方诉讼主张的各种事实、证据，并且通过真实、可靠的事实和证据得出令人信服的结论。这不仅体现了辩护律师对待辩护工作的认真态度，更充分体现

① ［美］约书亚·德雷斯勒，［美］艾伦 C 迈克尔斯. 美国刑事诉讼法精解（第二卷·刑事审判）［M］. 魏晓娜，译. 北京：北京大学出版社，2009：49.

了辩护律师在辩护工作中的敬业精神。然而,在中国当前的刑事审判实践中,辩护律师很少为了取得理想的量刑辩护效果而进行关于量刑事实(情节)、证据的专门的庭外调查活动,而只是简单地依赖通过查阅、研读检察机关的诉讼案卷而获得的有限的量刑事实(情节)、证据进行量刑辩护活动。以"芜湖模式"为样本的《隔离式量刑程序实验研究报告》中指出:"部分辩护律师在接受课题组访谈时坦言,在律师收费不变且没有外在辩护质量控制体系的情况下,指望律师承担额外的工作主要取决于律师本人的职业道德和素养这一相对不确定的因素。"[①]这样,由于从检察机关诉讼案卷中获得的量刑情节不够全面,而辩护律师自身又缺乏积极主动地去收集、获取量刑事实(情节)的能动性,就使得大量的有关被告人和被害人情况的各种酌定量刑情节被辩护律师所忽略,而这种不充分的量刑辩护势必会损害被告人正当的诉讼权益,从而也注定影响量刑裁判的公正性与合理性。

当然,导致辩护律师缺乏积极主动地通过庭外的专门调查活动去收集量刑事实(情节)、证据的状况,除了受辩护律师在量刑辩护活动中敬业精神的影响之外,刑事审判制度的实际状况也是一个不可忽视的影响因素。比如,在律师进行无罪辩护的案件中,即使是在"相对独立"的量刑程序中,由于定罪活动与量刑活动是在同一个法庭上、在同一次审判过程中、连续不断地进行的,因此,当律师在定罪阶段的无罪辩护活动失败之后,法庭审判程序将立即进入到量刑阶段,庭审活动要解决的中心问题也将由"定罪"转入"量刑"。然而,主张无罪辩护的律师在这种突如其来的量刑程序中势必将变得极为被动。因为,基于自身无罪辩护的主张,辩护律师必然将自己进行辩护防御的准备工作放在无罪辩护之上,而不可能也同时做好将来进行量刑辩护的充分防御准备,自然更不可能为了收集有利于被告人的酌定量刑事实(情节)而进行专门的庭审前的调查活动。

但是,实践证明,即使是在没有现行刑事审判制度的消极影响的情况下,辩护律师在量刑辩护活动中所表现出的职业态度与敬业精神也不容乐观。比如,对于进行无罪辩护的律师,现行的刑事审判制度的确容易导致辩护律师在量刑辩护中处于被动地位,因为即使辩护律师具有很高的敬业精神,其在定罪与量刑基本上一

① 陈卫东,程雷.隔离式量刑程序实验研究报告——以芜湖模式为样本[J].中国社会科学,2012(9):139.

体化的诉讼程序中,也难以获得专门去进行量刑事实(情节)、证据庭外调查的必要时间。然而,在那些被告人自愿认罪而律师放弃无罪辩护的案件中,辩护律师在量刑辩护活动中的敬业精神虽然不再会受到现行刑事审判制度的消极影响却也没有发生明显的变化。在这些案件中,包括法律援助律师在内的辩护律师,量刑辩护的积极性几乎都没有明显的提高。辩护律师在量刑情节的收集方面依然主要依赖公诉机关诉讼案卷中的记载,对于为公诉机关诉讼案卷所忽略的诸如被告人和被害人实际情况的各种酌定量刑情节,辩护律师亦没有去主动收集和获取。可见,辩护律师的敬业精神在一定程度的缺失,导致辩护律师在量刑辩护中处于被动的、消极防御的地位,势必制约量刑辩护的实际效果。

诚然,随着中国刑事司法改革的进一步深化,随着刑事审判制度的进一步完善,律师的量刑辩护效果也必将受到积极的影响。然而,律师量刑辩护效果的好坏从根本上还要取决于辩护律师"重定罪、轻量刑,重结果、轻过程"的刑事辩护观念的彻底转变和在量刑辩护工作中敬业精神的大大提高等内在因素。毕竟,有效的、令人信服的量刑辩护,从根本上要依赖具有正确职业态度和崇高职业精神的辩护律师,既要能够在庭审前进行积极的、充分的防御准备工作,又要能够在庭审中开展及时的、有针对性的攻击活动。

2. 量刑辩护效果受制于律师专业水平与刑辩技能

其实,仅从辩护律师自身的因素考量,量刑辩护的实际效果不仅受制于辩护律师的辩护观念与敬业精神,还要受制于辩护律师的专业水平与刑事辩护技能。辩护律师如果缺乏良好的专业素养与高超的刑事辩护技能,其无论是进行无罪辩护还是进行量刑辩护,都不可能取得理想的实际效果。如前所述,为了实现预期的量刑辩护效果,律师至少要做好以下几个方面的工作:通过查阅诉讼案卷掌握基本的案件事实,并从中获取各种诸如自首、立功、积极赔偿、初犯、认罪悔过、积极退赃等方面的法定的和酌定的对被告人有利的量刑情节;在庭审之前对被告人的个体情况进行专门的全面的社会调查,以收集那些对被告人有利的新的量刑事实(情节),同时对犯罪行为给被害人和社区乃至整个社会所造成的各种影响做出客观的评估;在量刑程序中将所有已掌握的对被告人有利的量刑情节向法庭提出,并且根据案件实际情况对控诉方提交的不利于被告人的量刑情节进行反驳;根据案件的实际情况针对控诉方的量刑建议和被害方的量刑意见加以必要的反驳,同时言之有据地向法庭阐明并论证辩护方的量刑意见。可见，辩护律师所进行的上述这些工作若想取得实效，将在相当大的程度上有赖于其扎实、深厚的专业素养和高超、娴熟的刑事辩护技能。比如，就对量刑事实（情节）的庭外调查而言，如果辩护律师缺乏较高的专业素养，在收集量刑证据时疏于对相关法律规范与程序的严格遵守，就很可能因存在证据收集上的随意与不规范问题而使所提出的量刑事实（情节）无法被有效地证明，而根据这些量刑事实（情节）提出的量刑辩护意见自然也就不会为法官所接受和信服。再比如，就对控诉方所提的量刑情节进行反驳而言，如果辩护律师既不具有较高的专业水平，也不具备一定的辩护技能，就极有可能在量刑辩护过程中难以对控诉方提供的据以支持某些量刑事实（情节）的量刑证据进行积极地应对和有力地辩驳，从而难以对控诉方提出的量刑建议予以有力地反驳，甚至都可能难以对控诉方的量刑建议提出令人信服地质疑。

令人欣喜的是，我国的律师界已经开始日益重视量刑辩护的问题，并且正在为了提高量刑辩护的专业性而努力。比如，2012 年 3 月 10 日，我国首个律师量刑辩护规范指导意见——《山东省东营市律师协会关于律师量刑辩护的规范指导意见》正式向社会发布。该规范指导意见是由长期关注和研究量刑规范化改革的北京大学法学院的陈瑞华教授和山东省东营市司法局、东营市律师协会共同组成的“量刑规范化与量刑辩护”课题组历时一年多的研究成果。该规范指导意见的最大特点是其中的每一个条文都有真实的案例予以支持。该规范指导意见是我国首次仅就量刑辩护的程序问题和实体问题出台的规范，其在制定过程中不仅多次征求专家学者和资深执业律师的意见，而且吸收了当地法院和检察院的意见，是司法实务经验和理论研究成果的共同结晶。该规范指导意见共分为 9 个部分 37 条，主要包括量刑辩护的一般规定、量刑情节、量刑证据的发现与收集、对公诉方量刑建议和被害方量刑意见的应对、量刑意见的形成、法庭上的量刑调查和量刑辩论、二审程序中的量刑辩护、死刑复核程序和再审程序中的量刑辩护等。该规范指导意见势必有助于引导律师的量刑辩护回归到专业化的道路上。[①] 我们有理由相信，随着广大从事刑事辩护律师的专业水平和刑辩技能的不断提高与增强，律师在刑事诉讼中

① 陈虹伟. 量刑辩护充满新的理念与生机，我国首个律师量刑辩护规范指导意见面世[N]. 法制日报，2012-3-14(9).

进行量刑辩护的效果也必将大大提高与增强。

3. 量刑辩护效果受制于量刑程序独立化程度

在量刑程序完全依附于定罪程序而没有任何独立性的传统的刑事审判制度下,控辩双方都被剥夺了参与量刑裁判过程的机会,量刑裁判问题完全成为法官垄断的事项。无论被告人是否进行无罪辩护,其都无法向法庭充分地提出对被告人有利的各种法定的和酌定的量刑情节,也没有机会向法庭充分阐明辩护方的量刑意见,更不可能就诸如量刑情节、量刑证据和量刑意见等问题与控诉方进行充分的质证与辩论。因此,所谓的量刑辩护是没有独立存在的空间与实际意义的。但是,随着量刑程序改革的不断推进,随着"相对独立"的量刑程序模式的确立,量刑辩护有了得以充分生长的空间。可以说,没有量刑程序独立化的改革运动,量刑辩护的重要性就不会得以凸显。而这也同时说明,量刑辩护的实际效果也必然要受到量刑程序的独立化程度的制约。

较之于传统的定罪与量刑一体化的量刑程序模式,中国在量刑程序改革中所确立的"相对独立"的量刑程序模式,使被告人在量刑问题上的辩护权获得了前所未有的保障,并在一定程度上有利于保障量刑辩护的应有效果。比如,在这种定罪程序与量刑程序交错设置的程序安排下,对于那些被告人自愿认罪而律师放弃无罪辩护的案件,法庭审判的中心问题是量刑问题,而辩护律师也会有机会针对量刑辩护问题在庭审前做好充分的防御准备,无论是在对被告人有利的量刑情节与证据的收集上,还是在具体量刑辩护意见的提出上,辩护律师都在相当程度上居于主动地位,从而有利于使量刑辩护活动达到预期的理想效果。但是,不可否认的是,由于这种"相对独立"的量刑程序模式,实际上仍然属于定罪与量刑一体化的量刑程序模式,并没有真正实现量刑程序的完全独立,即定罪程序与量刑程序并没有完全分离,因而导致量刑辩护依然没有获得充分的发育空间。简言之,在一定的意义上,这种"相对独立"的量刑程序模式依然没有完全解决使量刑辩护活动获得最佳的程序保障问题,而且在某种程度上仍然制约着理想的量刑辩护效果的实现。这种"相对独立"的量刑程序模式的局限性在那些被告人不认罪、辩护律师做无罪辩护的案件之中表现得尤为明显。在这种定罪程序与量刑程序交错设置的程序模式之下,辩护律师一旦选择了进行无罪辩护,其势必就会面临对无罪辩护和量刑辩护无法兼顾、难以两全的现实窘境。辩护律师若坚持将无罪辩护的立场坚持到最后,如果其关于被告人无罪的诉讼主张最终并没有获得法庭的认可,法庭审判将立即转入量刑环节,在这种几乎没有明显的时间间隔的转变过程中,原来在定罪程序中积极进行无罪辩护的律师根本就没有充分的时间去进行量刑辩护的防御准备,如果决定继续参加量刑的法庭审理过程,其将会处于十分尴尬的境地:辩护律师在定罪程序中关于被告人无罪的主张越坚决、无罪辩护的效果越明显,那么,其在量刑程序中所进行的与无罪辩护自相矛盾的量刑辩护就会使其无罪辩护的效果大大地被削弱,而令人质疑其关于被告无罪的辩护主张的可信性;在另一个方面,在量刑程序中,辩护律师的量刑辩护也会由于事前缺乏充分的防御准备而显得极为被动和不力,无论在对被告人有利的新的量刑事实(情节)的提供上,还是在与控诉方针对量刑事实(情节)、量刑意见等问题进行的辩驳上,辩护律师都会显得心有余而力不足,难以对控诉方的量刑建议提出强有力而又可信的反驳意见,从而难以对法官的量刑裁判施加应有的、有效的影响。

要真正确保量刑辩护能够达到作为一种独立的辩护形态应有的实际效果,客观上要求量刑程序本身具有独立的诉讼化结构,要求量刑程序彻底脱离定罪程序而实现完全的独立化。在英美国家的刑事审判中,实行的就是定罪程序与量刑程序完全分离的量刑程序模式,定罪裁判程序与量刑听证程序之间保留的一定间隔期为辩护律师提供了进行充分的量刑辩护防御准备的机会,独立的量刑听证程序为辩护律师提供了进行充分、有力辩护的广阔空间。正是这种具有诉讼化构造的完全独立的量刑程序,使辩护律师量刑辩护的效果得到了切实有效的制度保障。

因此,量刑辩护的效果与量刑程序的独立化程度是密切相关的。伴随着由最高人民法院推行的量刑规范化改革浪潮,中国量刑程序改革在实践中声势浩大地不断向前推进。改革的过程中,对如何将量刑纳入法庭审理这一问题,最高人民法院一直秉承量刑程序相对独立的观念,而我国理论界则更倾向于将量刑程序与定罪程序完全隔离,从而实现量刑程序完全独立的理念。中国刑事司法实践的经验表明,对于被告人不认罪而辩护律师进行无罪辩护的案件,只有在完全独立的量刑程序中,辩护律师才可能有时间和机会对有利于被告人的量刑事实(情节)进行专门的庭外调查、对控诉方的量刑证据与量刑事实(情节)进行细致核查与考量、对控诉方的量刑建议加以深入研究,从而为庭审中的量刑辩护活动做出充分的防御准备。这样,量刑辩护的实际效果才能获得真正切实的保证,被告人的合法权益也才不会受到不应有的损害。中国的量刑程序改革是一种历史的必然,既适应了中国本土司法实践的现实需要,又符合当今时代大陆法系国家量刑程序变革的国际潮流。[①] 从长远来看,中国的刑事审判程序中,尤其是对于被告人不认罪、辩护律师进行无罪辩护的刑事公诉案件,实有必要摒弃"相对独立"的量刑程序模式,而代之以完全独立的量刑程序模式。

4. 量刑辩护效果受制于量刑证据规则完善程度

量刑辩护的实际效果不仅与量刑程序的独立化程度有关,它还会受到相关证据规则的制约。由于量刑辩护旨在通过向法庭提供对被告人有利的各种法定的和酌定的量刑事实(情节),从而说服法官接受辩护方关于对被告人予以从轻、减轻或者免除刑事处罚的量刑辩护意见。但是,辩护律师对于己方向法庭提供的量刑事实(情节)必须通过相应的证据加以证明,以使法官能够对这些量刑事实(情节)予以采信并作为进行量刑裁判的事实基础。而辩护律师要运用量刑证据对其所提出的量刑事实(情节)进行证明,就势必要满足一定的证据规则关于证据能力、证明责任、证明标准等方面的要求,否则,其所谓的对量刑事实(情节)的证明活动就难以为法官所认可。在这种情况下,由于辩护律师所提出的量刑事实(情节)缺乏可信的、有说服力的量刑证据的支持,建立在量刑事实(情节)基础上的量刑辩护意见就不可能被法官所接受和采纳,并会导致法官在量刑证据的采纳和量刑事实(情节)的证明上享有不受限制的自由裁量权,从而势必导致量刑辩护的实际效果受到致命的和根本性的损害。

---

① 由于定罪与量刑一体化的程序模式无法适应当今刑事审判领域中日益盛行的量刑个别化原则的要求,也无法满足人们不断增加的对量刑公正的现实渴求。因此,在实行定罪与量刑一体化程序模式的大陆法系国家,比如德国、法国、日本以及我国台湾地区,很多学者都已经开始认识到这种程序模式的不足之处,并开始探索量刑程序的革新之道。具体可参见[美]弗洛伊德·菲尼,[德]约阿希姆·赫尔曼,岳礼玲.一个案例,两种制度:美德刑事司法比较[M].北京:中国法制出版社,2006:386;[德]克劳思·罗科信.刑事诉讼法(第24版)[M].吴丽琪,译.北京:法律出版社,2003:412;[法]贝尔纳·布洛克.法国刑事诉讼法[M].罗结珍,译.北京:中国政法大学出版社,2009:505;卢永红.国外刑事诉讼法通论[M].北京:中国人民公安大学出版社,2004:120;[日]田口守一.刑事诉讼法[M].刘迪,等译.北京:法律出版社,2000:164-165,210;彭勃.日本刑事诉讼法通论[M].北京:中国政法大学出版社,2002:345;王兆鹏.美国刑事诉讼法[M].北京:北京大学出版,2005:18-19.

假如传统的证据法上关于证据能力、证明对象、证明责任、证明标准方面的规则能够适用于量刑程序,那么,在量刑辩护中就不存在没有相应的证据规则予以遵循的问题。然而,实际上,建立在无罪推定、程序正义基础上的传统证据法中的证据规则无法满足量刑程序中对证据规则的特殊需求,量刑程序中必须要构建专门的证据规则。[①] 迄今为止,虽然中国量刑程序改革一直在如火如荼地进行,并且在量刑程序改革的过程中已经确立了"相对独立"的量刑程序模式,但是,那种专门适用于量刑程序的独立的证据规则依然没有确立。实际上,对于量刑程序中的控诉方、辩护方和被害人而言,他们在提出并论证各自的量刑建议和量刑意见时都应该遵循一定的关于证据能力、证明对象、证明责任、证明标准等的规则,只有在遵循统一的证据规则的前提下,诉讼各方对于各自提供的事实的证明才可能在法庭上受到真正有效的审查与检验。对于量刑辩护而言,相应证据规则的缺失势必导致量刑辩护的实际效果处于不确定的状态。进行量刑辩护的辩护律师只有在事先明确了量刑程序中的证据规则,其才会尽力在量刑辩护过程中使自己对于量刑事实(情节)的证明符合证据规则中关于证据能力、证明责任、证明标准等方面的要求,而法官在对辩护律师提出的量刑事实(情节)的审查、核实时也会有章可循、有法可依,从而避免法官在量刑事实(情节)的采纳上滥用自由裁量权,以使量刑辩护的实际效果得到应有的保障。

总而言之,辩护律师在量刑程序中进行有效的量刑辩护,能够最大限度地向法官传达对被告人有利且有充实、可靠的证据予以支持的量刑事实(情节)、量刑意见方面的信息,能够通过对公诉机关量刑建议的制衡来确保法官的量刑裁判不为公诉机关的量刑建议所左右,使法官的量刑裁判同时受到来自控辩双方的双重影响与制约。因此,如何确保量刑辩护的有效性是中国量刑程序改革中一项值得关注的重大问题。而只有明确了当前制约量刑辩护效果的主要因素,才可能进一步有的放矢地采取相应的措施逐渐削弱直至最终消除这些因素的消极影响,从而提高和增强辩护方量刑辩护的效果,使被告人真正实现在量刑程序中获得有效辩护的权利。

---

① 关于量刑程序中证据规则的构建问题,本篇将在第四章中专门予以讨论。

三、确保被害方充分表达量刑意见

为了拓宽量刑程序的证据调查过程中量刑证据的来源渠道,除了要通过确立检察机关量刑建议制度赋予检察机关在刑事公诉案件中的量刑建议权,还要提高辩护方量刑辩护的效果,以期保障量刑程序的证据调查中量刑证据的充分性。此外,确保有被害人的公诉案件中被害方在量刑程序中能够充分表达其量刑意见,对于拓宽量刑证据的来源渠道,保障证据调查中量刑证据的充分性也具有重要意义。

(一)确保被害方表达量刑意见的意义

在有被害人的刑事公诉案件中,确保被害方在量刑程序中充分表达自己的量刑意见,一方面使被害方能够充分地参与到法官的量刑裁判过程中来,通过向法庭提出有关自身情况的量刑情节以及用以证明量刑情节的各种证据,阐明己方对于量刑的意见与主张;另一方面,确保被害方充分表达量刑意见,使得法官能够有机会从被害方那里获取到有关量刑的诉讼主张、量刑情节等信息,有利于丰富和扩大法官据以做出量刑裁判的信息基础。具体而言,确保被害方在量刑程序中充分表达其量刑意见具有如下积极意义:

第一,有利于满足被害方在量刑裁判中的诉讼利益。实际上,虽然在定罪裁判过程中公诉方与被害方的诉讼利益是基本一致的,即都力求能够通过法庭审理程序使被告人最终被法院判定有罪,但是,在量刑裁判过程中,公诉方与被害方的诉讼利益则不尽一致。公诉方代表国家行使公诉权,其除了要依法完成对被告人的刑事追诉任务,还要恪守公诉方应有的客观公正义务,这就决定了公诉方在量刑阶段不应仅仅提出对被告人不利的量刑意见与主张,还应提出对被告人有利的量刑意见与主张。比如,公诉方在量刑裁判过程中既可向法庭提出对被告人不利的从重量刑情节,也可以同时向法庭提出对被告人有利的从轻量刑情节。与公诉方不同的是,被害方在整个刑事诉讼过程中都仅仅以实现自己的个体诉讼利益为目标。在量刑裁判过程中,被害方基于对被告方的仇视、敌对与报复心理,往往更倾向于向法庭提出对被告方从重量刑的意见与主张,有时甚至会提出某些非理性的不切实际的量刑意见。所以,在量刑裁判过程中,公诉方与被害方的诉讼利益在某些方面是有冲突的,因此,公诉方无法完全代表被害方提出相应的量刑意见,让被害方享有在量刑裁判过程中向法庭独立提出量刑意见的权利十分具有必要性。

第二,有利于被害人在刑事诉讼中当事人地位的真正回归。根据中国刑事诉讼法的规定,被害人在刑事诉讼中具有当事人的诉讼地位。作为刑事诉讼活动中的当事人,被害人就应该有权利在刑事诉讼中提出自己的诉讼主张以及据以提出该诉讼主张的事实依据,被害人在刑事诉讼活动中就应该具有独立于公诉方和被告方的独立的诉讼地位。在定罪裁判过程中,被害人主要作为公诉方进行刑事追诉活动的辅助者,其作为刑事诉讼活动中独立当事人的诉讼地位并未得以充分彰显。但是,在量刑裁判过程中,被害人具有与公诉方不同的诉讼利益,其并不依附于公诉方的独立的诉讼地位应该得到真正体现。确保被害方在量刑程序中充分表达自己的量刑意见,使被害人在量刑裁判过程中得以独立地发表自己的量刑意见,提出据以支持其诉讼主张的量刑情节以及相关证据,使法官的量刑裁判受到来自被害方量刑意见的积极有效的影响,是被害人在刑事诉讼中具有当事人诉讼地位的全面体现。

第三,有利于保障法官在量刑裁判中获取到更全面的信息。如前所述,确保被害方在量刑程序中充分表达自己的量刑意见,使被害方有机会充分地参与量刑裁判过程,独立地提出本方的量刑意见与量刑情节,有利于对法官的量刑裁判施加积极的影响。而从法官的角度看,确保被害方在量刑程序中充分表达量刑意见的积极作用在于其有利于保障法官在量刑裁判中获取到来自被害方的关于量刑诉讼主张与量刑情节方面的信息,比如有关下列量刑情节方面的信息:犯罪行为对被害方造成的伤害和精神损害;被害方的过错情况;犯罪行为给被害方的社会生活和家庭所造成的影响;被告人对被害方的赔偿情况;被害方对被告人的谅解情况,等等。这是因为,由于被害人是直接遭受犯罪行为侵害的人,所以,只有被害人能够直接感受到犯罪行为对其所造成的伤害,其所能提供的与量刑有关信息是控诉方和辩护方都无法提供的。在量刑裁判过程中,对于被害方因犯罪行为所受的精神损害、被害方因犯罪所受的物质损失、犯罪给被害方的社会生活造成的不利影响等量刑情节,无论是公诉方还是被告方,基于其各自诉讼立场与诉讼利益的考量通常都不会予以客观、全面地向法庭提出。公诉方向法庭提出的量刑情节大多是对被告人不利的从重量刑情节,而被告方向法庭提出的量刑情节则大多是诸如自首、立功、家庭情况、犯罪原因、平时表现等方面的对被告人有利的从轻量刑情节。

(二)客观看待被害方提出的量刑意见

被害方提出的量刑意见可以满足法官在量刑程序中获取来自被害方的关于量

刑诉讼主张与量刑情节的信息需求,大大有利于法官对量刑方面信息更全面的收集与获取,从而有利于法官在对全面、充分的信息加以考量的基础上做出公正、合理的量刑裁判。但是,不可否认的是,被害方基于自身特有的独立的诉讼利益考虑,其所提出的量刑意见也势必会偏向于自身诉讼利益的满足与实现,而往往会忽略被告人的正当的诉讼权益。比如,被害方有时会由于对被告人的强烈的仇视、敌对与报复心理,提出过于情绪化、感性化的非理性的量刑意见,而且其提出的据以说明其量刑意见的量刑情节也往往不具有客观性与可靠性。因此,与检察机关提出的量刑建议和被告方提出的量刑辩护意见一样,被害方提出的量刑意见也不宜被法官完全采信,其对量刑裁判并不应具有绝对的影响力,而只应作为法官在量刑裁判时的一个参考因素。对于是否采信被害方量刑意见中的特定内容,法官应在诉讼各方共同参加的量刑听证程序中做出自已最后的判断与选择。但是,尽管如此,在量刑程序中,被害方的量刑意见亦应被法官予以高度重视。毕竟,无论是公诉方的量刑建议还是辩护方的量刑意见都是其各自诉讼利益的集中体现,都无法完全体现被害方的诉讼利益,被害方的量刑意见在量刑程序中特有的独立价值是无法被代替的。

四、合理发挥量刑前调查报告的作用

如前所述,为了拓宽量刑程序的证据调查过程中量刑证据的来源渠道,应该通过确立检察机关量刑建议制度赋予检察机关在刑事公诉案件中的量刑建议权、提高辩护方量刑辩护的效果和确保有被害人的公诉案件中被害方在量刑程序中能够充分表达其量刑意见。此外,为了拓宽量刑证据的来源渠道,还要合理发挥量刑前调查报告的作用。

(一)合理借鉴英美法系国家量刑前调查报告制度的做法

英美法系国家的量刑前调查报告制度使英美法国家的法官较之于大陆法系国家的法官而言,在量刑裁判时能够获得更加全面、可靠的量刑事实(情节)。在英国,“在许多案件中,缓刑委员会将给出一个量刑前的报告。量刑前的报告是依据国家指导方针进行准备的,通常给出一个犯罪报告书,该犯罪报告书一部分是依据缓刑监督官与罪犯的会谈做出的。”[①]在美国，被告人被定罪后，法官会责成为法院工作的缓刑监督官准备一份量刑前调查报告(Pre-Sentencing Investigation Report)。缓刑监督官在这份报告中会写入有关该罪犯的一切情况，包括家庭、就业、教育程度、身体健康状况、心理健康状况、以前是否有犯罪纪录等。量刑前调查报告的目的是帮助法官对该罪犯有一全面的了解，使他能更好地决定应如何量刑。法官量刑时有一定的自由裁量权，为了能较好地行使自由裁量权，适当量刑，法官必须对罪犯的背景情况有一较全面的了解。刑法条文规定的刑罚一般都有一定的幅度，法官对罪犯的背景情况如一无所知，他就很难决定应如何给这名罪犯量刑。假如刑法对盗窃罪规定的刑罚为2年至10年监禁，法官如果只知道罪犯被判犯有盗窃罪，他将很难决定应如何在刑法条文的量刑幅度内给这名罪犯判刑。量刑前调查报告可帮助法官解决这一问题。在审阅量刑前调查报告时，法官如看到该罪犯在犯罪前一贯是守法公民，没有犯罪纪录，法官就可能对他从轻处罚。但法官如果在量刑前调查报中看到该罪犯为惯犯，屡教不改，法官就可能对他从重处罚。[②]“无论有罪判决是陪审团做出还是在辩诉交易过程中做出，也不管因法官接受辩诉交易请求并且诉讼双方已经就包括量刑在内的所有问题达成一致意见而放弃进行量刑前调查程序的情况是否发生，缓刑办公室都必须进行量刑前调查。”[③]判决前调查在美国许多法院已成为标准程序，目的是为法官提供有关罪行和罪犯更详细的信息资料。判决前调查涉及大量的各种信息材料。一些资料比较客观，然而另一些资料只是调查官员或被调查会见的一些人的主观印象。大多数判决前调查有对现行罪行的描述，其中包括对罪犯的有罪和悔恨的评估以及罪犯对被害人产生的经济和情感影响。判决前调查一般包括罪犯记录，其中包括先前罪行的处理结果。一些法院也要求调查员做出风险评估，衡量罪犯若被释放回社区犯新罪的可能性。判决前调查报告的另一部分描写罪犯的目前情况，包括受教育程度、目前的职业和就业条件、家庭状况和其他资料。进行调查的缓刑执行官员在决定该调查哪些情况、运用哪些资源收集资料和报告哪些信息材料方面具有大量的自由裁量权。最

---

① 麦高伟，杰弗里·威尔逊. 英国刑事司法程序[M]. 姚永吉，等译. 北京：法律出版社，2003：431.

② 马跃. 美国刑事司法制度[M]. 北京：中国政法大学出版社，2004：330－331.

③ 转引自陈卫东. 量刑程序改革理论研究[M]. 北京：中国法制出版社，2011：215.

后,一些判决前调查报告可能包括有关可适用的刑罚的信息资料。尽管在过去这种信息资料被限制,但现在对实施中级制裁和运用非监禁刑罚的强调使得判决前调查先考虑这种信息。对判决前调查报告如何影响实际科处的刑罚进行研究,表明法官倾向于遵从判决前调查报告提出的量刑建议。[①] 美国布莱克法官不仅认为科刑所需要的关涉被告人的信息要远比审判时所需要的信息宽泛,他还尤其强调量刑前调查报告在量刑程序中的重要作用,认为缓刑官员制作的量刑前调查报告并不是起诉的辅助而是对被告人的救助方式,量刑前调查报告对于那些希望公正量刑的法官而言具有极大的价值。[②]

可见,英美法系国家在刑事审判中实行的量刑前调查报告制度,确保法官能够获得量刑裁判所需要的全面、可靠的信息。在量刑前,由隶属于法院的调查官员(通称"缓刑官",Probation Officer)就被告人的前科劣迹、平常表现、家庭状况、学校教育情况、再犯罪的可能性等有关犯罪人的人格和人身危险性等情况进行社会调查,全面、系统地收集各种有利于和不利于犯罪人的量刑事实(情节),并制作和提交一份"量刑前报告"(Pre-Sentence Report)。由于这些作为法院司法行政官员的缓刑官在进行社会调查的时候要接受法官的具体指导,而且他们一般具有较丰富的法律从业经验和良好的职业道德操守,因此,其制作的调查报告通常具有较高的权威性与可信性。量刑法官一般会对该报告予以高度的重视,甚至有时会将其直接作为做出量刑裁判的基础与依据。特别是在美国的量刑程序中,其量刑听证程序是在诉讼各方查阅和研读"量刑前报告"的基础上进行的,诉讼各方在法庭上也主要是围绕着该报告所记载的量刑事实(情节)来展开质证与辩论。虽然控辩双方和被害方有时也会向法官提交一定的量刑事实(情节),但较之于缓刑官所提出的内容充实、丰富的"量刑前报告"而言,这些量刑事实(情节)通常只具有"查缺补漏"的补充意义。虽然缓刑官所作的"量刑前报告"对于法官的量刑裁判并不具有绝对的约束力,但该报告经法官、控辩双方以及被害方在开庭前阅读和了解之后,就成为诉讼各方得以共享有关量刑事实(情节)的重要来源,也是控辩双方以及被

---

① [美]爱伦·豪切斯泰勒·斯黛丽,南希·弗兰克.美国刑事法院诉讼程序[M].陈卫东,徐美君,译.北京:中国人民大学出版社,2002:517-519.

② [美]伟恩R拉费弗,杰罗德H伊斯雷尔,南西J金.刑事诉讼法(下册)[M].卞建林,沙丽金,等译.北京:中国政法大学出版社,2003:1344.

害方在法庭上就量刑争议事项展开质证和辩论的必要信息基础。这样，这种量刑前调查报告制度成为法官在法庭上获得全面、充分和真实、可靠的量刑事实（情节）的重要制度保障。

可见，英美法系国家的量刑前调查报告制度在确保量刑事实（情节）的全面性和可靠性方面具有独特的优势。缓刑官相对于控辩双方的独立地位，使其中立性和超然性可以得到保障；缓刑官作为司法调查官的职业素养和工作经验，保证了该报告足以给法官提供大量有用的量刑事实（情节）；缓刑官作为法院司法行政官员的身份以及与法官的工作关系，其报告的真实性更容易获得法官的信任；缓刑官认真细致的调查工作，保证了其能够对各种量刑事实（情节）进行全面的搜集和记录。①

（二）总结少年司法中量刑前社会调查报告制度的经验

如前所述，在英美法系国家的量刑程序中实行量刑前调查报告制度，缓刑官进行专门的量刑前调查工作后向法庭提交的量刑前调查报告，已经成为法官获取量刑事实（情节）方面信息的重要途径，也是法官形成量刑裁判的重要事实基础。在我国的刑事审判中，目前还没有普遍确立类似英美法系国家的量刑前调查报告制度。但是，在我国的少年司法改革中已经建立了与之相类似的量刑前社会调查报告制度，其标志着我国少年司法改革取得重要进展。根据《量刑程序意见》第 11 条的规定，人民法院、人民检察院、侦查机关或者辩护人委托有关方面制作涉及未成年人的社会调查报告的，调查报告应当在法庭上宣读，并接受质证。这就意味着在审前阶段，侦查机关、公诉机关和辩护方都可以针对未成年被告人的情况，委托有关机构进行专门的社会调查，以获取关于未成年被告人的家庭情况、社会关系情况、受教育情况、成长经历情况、犯罪的原因情况、前科劣迹情况、生理和心理健康状况等等方面的量刑事实（情节）。并且，《量刑程序意见》要求上述社会调查报告必须在法庭上宣读，并接受质证和辩论。这样，就既能够使法院从控辩双方获取全面的有关量刑事实（情节）的信息，防止偏听偏信，而且通过对各种社会调查报告抗辩式的审查程序，还能够在相当程度上确保法官获得的量刑事实（情节）的可靠性和真实性，从而有利于法官在综合地参酌考量所获取的全部信息基础上，做出公

---

① 陈瑞华. 量刑程序中的理论问题[M]. 北京：北京大学出版社，2011：136.

正、合理的量刑裁判。总结我国少年司法中量刑前社会调查报告制度的有益经验,对于合理构建适合我国成年人刑事司法量刑程序的量刑前调查报告制度无疑具有重要意义。

然而,也应该看到,这种由社会组织作为基本调查主体的社会调查报告制度在司法实践中仍然具有一定的局限性。那些接受委托从事社会调查工作的主体,其职业素质与调查能力参差不齐,不仅通常缺乏一定的法律从业经验和必要的社会调查手段,而且由于其大多隶属于不同的机构或组织,导致对其从事的社会调查活动进行指导与监督极为不便。被委托从事社会调查的人员,似乎普遍对社会调查报告的性质与功能缺乏深刻的认识。经过快速而又短暂的走访与会谈,调查人员简单甚至敷衍地填写完一张格式化的表格,其调查工作便随即告一段落。[①] 这样,这些调查主体制作的社会调查报告在全面性与可靠性、权威性与可信性上较之于英美法系国家缓刑官制作的量刑前调查报告无疑会大打折扣,其对于量刑程序中诉讼各方在共享量刑事实(情节)上的价值较为有限,也难以成为法官直接据以做出量刑裁判的重要基础和可靠依据。可见,如何真正确保调查主体的客观与中立,是量刑前社会调查报告制度亟待解决的关键问题。有学者认为,“社会调查机构对被调查人个人背景、社会环境、改造前景的考核与评估与取保候审的风险评估工作、社区矫正中的社会调查与风险评估机制在工作内容上十分相近,完全可以在司法体制改革过程中进行资源整合,相应机构与人员的一次建设可以多头利用。”[②]这不失为一种解决问题的现实出路。

只有确保全面、充分的量刑信息的供应,独立的量刑听证程序的存在才有意义。然而,从各地法院的实践来看,法院尽管组织了量刑答辩程序,但总体上仍然没有超出传统的“法庭辩论”的形式,只是给予诉讼各方就量刑建议进行简单辩论的机会。与中国少年司法改革所取得的成果相比,当下试点的量刑答辩程序还没有引入社会调查报告制度,无法在法庭上就这类社会调查报告或者被告人人格调查报告展开有针对性的法庭调查。这就使得包括被告人个体情况在内的大量量刑信息难以全面展示在法庭上,法庭更无法就某一量刑在遏制犯罪、阻止被告人重新犯罪、确保被告人回归社会等方面展开科学的评估。特别是在科处缓刑方面,目前

① 陈瑞华.量刑程序中的理论问题[M].北京:北京大学出版社,2011:136-137.

② 陈卫东.量刑程序改革理论研究[M].北京:中国法制出版社,2011:14,153-196.

试验的量刑答辩程序更是无法保证法庭对被告人是否具备“帮教条件”、被告人逃避缓刑考验义务的可能性、被告人再犯新罪的风险等问题,做出专门的审查和评判。传统刑事审判所具有的那种对量刑信息的草率审查和片面采纳问题,即使在那些推行量刑建议制度的法院仍然明显地存在着。[①] 因此,为了保障量刑证据法庭调查中量刑证据的充分性,应该合理发挥量刑前调查报告的作用。在积极借鉴英美法系国家量刑前调查报告制度的成功做法和全面总结我国少年司法中量刑前社会调查报告制度的有益经验基础上,适合我国成年人刑事司法量刑程序的量刑前调查报告制度的最终确立必将为时不远。

---

① 陈瑞华. 量刑程序中的理论问题[M]. 北京:北京大学出版社,2011:65.

第八章　保障机制之二：构建量刑证据运用规则

在中国确立了“相对独立”的量刑程序模式以后，量刑证据规则问题日益引起理论界的关注。[①] 但是，由最高人民法院、最高人民检察院、公安部、国家安全部和司法部联合发布并于2010年7月1日正式实施的《关于办理刑事案件排除非法证据若干问题的规定》（以下简称《非法证据排除规定》）与《办理死刑案件证据规定》依然属于“定罪证据法”，尚难以对量刑事实的认定过程起到足够的规范作用。而2012年对《刑事诉讼法》的修订，也没有使量刑证据规则问题得以解决。[②] 中国的量刑程序改革旨在规范法官的量刑自由裁量权，而“在众多约束法官心证的制度当中，证据规则是一种最优的方案”。[③]

虽然在“相对独立”的量刑程序模式下，量刑程序只是具有“相对”的独立性，但是，这也意味着在这种“独立”的量刑程序下，适用于量刑证据举证、质证和认证的规则应该与以定罪为中心的庭审程序中所适用的证据规则有所区别。这是因为，量刑程序一旦“独立”（“相对”独立或“完全”独立），在逻辑上就意味着定罪问题已经得以解决，“独立”的量刑程序只用来解决量刑问题。这样，基于无罪推定和严格证明等理念构建的那一套刑事证据规则，在这种“独立”的量刑程序中注定会失去

---

① 从国内现有的研究成果来看，量刑证据规则问题是一个比较新的研究领域，学者们已经取得了一些令人欣喜的研究成果，具体可参见樊崇义. 量刑程序与证据[J]. 南都学坛（人文社会科学学报），2009（4）；陈卫东，张佳华. 量刑程序改革语境中的量刑证据初探[J]. 证据科学，2009（1）；陈瑞华. 量刑程序中的证据规则[J]. 吉林大学社会科学学报，2011（1）；闵春雷. 论量刑证明[J]. 吉林大学社会科学学报，2011（1）；李玉萍. 量刑事实证明初论[J]. 证据科学，2009（1）.

② 需要注意的是，《办理死刑案件证据规定》第39条和第40条对证明自首、立功、检举揭发他人犯罪、累犯、被告人实施犯罪时的年龄等量刑情节的证据的证据能力问题做了规定。

③ 易延友. 证据法的体系与精神——以英美法为特别参照[M]. 北京：北京大学出版社，2010：87.

用武之地。

“刑罚的裁量是以多数复合的因子(情节)为对象所进行的裁量性判断。”①由于审判“只关注被告人是否犯下特定的罪行”,因此,在运用证据规则时,将它设计成对事实探究者的“精密限制”,以保证证据材料能够与争议事实具有“实质性的”、“严格的相关性”,而科刑法官不必受此限制,与科刑法官职责最相关的应该是“尽可能地获得与被告人有关的生活或者性格特征材料”。② 所以,为保证量刑证据的充分性,有必要按照自由证明的理念构建量刑证据规则,以使量刑程序中的证据能力、证明责任和证明标准等规则都与定罪程序中的相关规则有所区别。首先,虽然“证据法则的保护功能,关键在于证据能力之限制”,③但一般来讲,在定罪程序中被严格禁止出现在法庭上的证据,如品格证据、意见证据、传闻证据等,都允许出现在量刑程序中,并可以作为量刑裁判的依据。而非法证据排除规则在量刑程序中也通常不发生作用,只有那些通过刑讯逼供以及其他严重侵犯公民宪法权利的方式所获取的非法证据,才会在量刑程序中被法官排除。其次,定罪程序中的证明责任分配规则在量刑程序中亦不再完全适用,量刑程序中通常适用“谁主张,谁举证”的证明责任分配规则,无论是控诉方还是被告方对于各自提出的量刑事实(情节)都要承担证明责任。④ “这种证明责任分配的机制主要是考虑到举证的便利以及量刑过程中所获信息的最大化,而不再是定罪阶段证明责任分配时所主要考虑的无罪推定原则与反对强迫自证其罪原则。”⑤再次,在量刑程序中,各方对量刑事实(情节)予以证明的证明标准,并不需要达到“事实清楚,证据确凿充分”或者“排除合理怀疑”的程度,对于有利于被告人从轻、减轻或免除处罚的量刑证据,一般只需达到

---

① [日]松尾浩也.日本刑事诉讼法(下卷)[M].张凌,译.北京:中国人民大学出版社,2005:13.

② [美]伟恩 R 拉费弗,杰罗德 H 伊斯雷尔,南西 J 金.刑事诉讼法(下册)[M].卞建林,沙丽金,等译.北京:中国政法大学出版社,2003:1343.

③ 林钰雄.刑事诉讼法(上册)[M].北京:中国人民大学出版社,2005:361.

④ 在美国最高法院的认可下,量刑法庭传统上聆讯证据和认定事实时根本没有任何关于证明责任的规定。参见 McMillan v. Pennsylvania,477U. S. 79,91(1986)(citing Williams,337 U. S. 241).转引自[美]约书亚·德雷斯勒,[美]艾伦 C 迈克尔斯.美国刑事诉讼法精解(第二卷·刑事审判)[M].魏晓娜,译.北京:北京大学出版社,2009:331.

⑤ 陈卫东.量刑程序改革理论研究[M].北京:中国法制出版社,2011:14.

民事诉讼上的"优势证据"证明标准即可，即存在的可能性大于不存在的可能性。[①]最后，在自由证明的理念下，量刑证据的法庭调查可以采取相对自由的方式，并且应该主要针对那些诉讼各方存有争议的量刑证据进行。

一、建构量刑程序中证据规则的必要性

在中国确立了"相对独立"的量刑程序模式以后，量刑证据规则问题才真正引起理论界与实务部门的关注。然而，如前所述，《非法证据排除规定》与《办理死刑案件证据规定》依然属于"定罪证据法"，尚难以对量刑事实的认定过程起到足够的规范作用。而2012年《中华人民共和国刑事诉讼法》的修订，也没有使量刑证据规则问题得以解决。但是，正如前文所述，中国目前量刑程序中证据规则的缺失，使辩护方的量刑辩护效果受到了一定程度的制约。法官在量刑裁判过程中，主要通过控辩双方和被害方向法庭提出各自的量刑建议与量刑意见来实现其对量刑事实(情节)、量刑主张等方面信息的获取，但控辩双方和被害方在提出量刑建议和量刑意见时只有在遵循统一的证据规则的情况下，才能真正使法官有效地获取相关的信息。在量刑程序中，有关量刑证据的证据能力、证明对象、证明责任以及证明标准等证据规则的确立与完善，使量刑程序中的证据调查获得证据制度的保障，既是诉讼各方提出量刑建议和量刑意见的诉讼活动有效开展的需要，也是法官对从诉讼各方获取信息的真实性与可靠性进行审查、判断的必然要求。

(一)刑事证据法的主要规则体系

一般说来，刑事证据法所规范的主体内容是有关证据能力的规则和司法证明的规则，这两类证据规则构成了刑事证据法的主要规则体系。[②]

"证据能力"，又可以称作证据的法庭准入资格或者证据的可容许性，是指证据

---

① 所谓"优势证据"的证明标准，又可称作"高度的可能性"的证明标准，原是英美民事诉讼法中确立的一种证明标准，是指在证明事实成立的两种可能性中，只要其中的一种可能性相比于另一种可能性在证据上具有相对优势，那么，法官即应确信这种可能性成立并将其作为裁判的依据。

② 这种分类将那些涉及"证据调查方法"的规则略而不问。证据法应当是对发现事实真相的活动做出规范和限制的法律，其主要是以规范和限制单个证据的证明力和证据能力为宗旨的法律，它无需将全部运用证据的活动都纳入调整对象之内。诸如"取证""举证""质证"之类的证据运用活动，更应被纳入程序法的调整范围，而没有必要为证据法所规范。参见陈瑞华. 刑事证据法学[M]. 北京：北京大学出版社，2012：17.

被允许出现在法庭上的资格与条件，主要与证据的合法性密切相关。在刑事诉讼活动中，证据必须要满足法律对其所规定的一定条件和资格的限制才能够作为合法的证据为法庭所接受。而证据能力规则，即是证据法中有关证据的法庭准入资格方面的规则。一般来讲，证据能力规则与证据排除规则的关系十分紧密。对证据的法庭准入资格进行限制，通常都需要确立相应的证据排除规则。证据排除规则有广义和狭义之分，广义的证据排除规则，是指一切关于授权法院将那些不具备证据能力的证据予以排除法庭之外的规则。比如，根据证人出庭规则，对那些无法辨明真伪的"证言笔录"排除法庭之外。又如，根据被告人口供自愿性规则，将那些违反自愿性的被告人口供排除法庭之外。这里的证人证言规则、被告人口供自愿性规则都可以看作是广义上的排除规则。狭义的证据排除规则，其实主要是指非法证据排除规则，即有关旨在限制侦查机关的工作人员以非法的手段所获得的证据的证据能力的规则。法庭对于侦查机关的工作人员通过违反法定的程序或者严重侵犯被告人的某一重要合法权益而获取的证据，不仅有权通过宣告其为"非法证据"而否定其证据能力，还有权将其直接排除于法庭之外。

"司法证明"，是指在法庭审判的过程中，由承担证明责任的一方通过证据对各项待证事实进行证明的活动。按照证据法中的证据裁判原则的基本要求，法官进行司法裁判的时候，必须以通过充足的证据加以证明的事实为基础，而绝对不能是随意为之。因此，作为法官司法裁判的根据和基础的事实，必须是有充足的证据予以证明而且为法官所认可和接受的事实。而刑事证据法中的证据能力规则，只能保证出现在法庭上的证据具有相应的法律资格，但是，对于出现在法庭上的证据如何进行举证、质证和辩论，如何确定证明对象，如何分配证明责任，如何确定证明标准等问题，则需要所谓的"司法证明规则"来加以保障和实施。刑事证据法既要规范和限制所有证据的证据能力，又要对控辩双方以及被害方的司法证明活动加以有效的规范和控制。否则，缺少了关于司法证明活动的统一的游戏规则，就很有可能在控辩双方以及被害方的举证、质证和辩论的过程中出现无序和混乱的现象，也很可能会造成法官对自由裁量权的滥用。

一般而言，司法证明的规则主要是关于证明对象、证明责任和证明标准的规则。首先，任何司法证明活动必须有明确的范围和对象，即证明对象。在诉讼活动中，虽然有一些事实可能无需司法证明活动即可成立，比如那些通过推定和司法认知即可成立的事实，但是，对于绝大多数的事实来说，无论是属于实体上的事实，还是属于程序上的事实,都必须通过司法证明活动予以证明,因此,对于司法证明活动首先必须确立关于证明对象的规则;其次,司法证明活动不仅需要有明确的证明对象规则,还需要有关于证明责任的分配和证明标准的确定的相关规则。证明责任规则是指关于由哪一方提出证据来证明某一事实成立,否则将承担消极的法律后果的规则。证明标准规则是指关于为了达到成功地说服法庭确信某项事实的成立的目的,负有证明责任的一方对待证事实的证明需要达到何种程度的规则。显然,在司法证明活动中,证明对象的不同会导致证明责任和证明标准也产生相应的差异。

(二)建构量刑证据规则的必要性

传统的刑事证据法主要是针对定罪的问题,即对法官的定罪活动进行约束与限制的法律规范,而相应的刑事证据法理论也主要是围绕着对法官的定罪控制问题而展开。为了避免错误地、没有根据地、不公正地、任意地对被告人进行定罪,刑事证据法中不仅要确立无罪推定、证据裁判、程序正义、直接和言词原则等基本原则,而且还要建立一套包含证据能力规则与司法证明规则在内的刑事证据规则体系。这些诸如证据能力、证明对象、证明责任、证明标准的刑事证据规则,最大限度地避免了被告人被错误地定罪,有效地保障了被告人的人权。比如,为了通过设置必要的法律障碍来避免司法机关随意地对被告人定罪,刑事证据法赋予公诉机关承担证明被告人有罪的责任,并要求其所进行的证明要达到最高的证明标准。可以说,中国现行的刑事诉讼法中的绝大多数刑事证据规则都旨在避免法官错误的、不公正的定罪,而很少涉及量刑问题。

《办理死刑案件证据规定》和《非法证据排除规定》分别对办理死刑案件中审查判断证据的问题和办理刑事案件中非法证据排除的问题确立了相关的法律规范。虽然《办理死刑案件证据规定》和《非法证据排除规定》中确立了一些关于量刑的证据的审查判断问题,但是其绝大部分内容都是关于定罪控制的传统刑事证据法中的内容。比如,《办理死刑案件证据规定》和《非法证据排除规定》中关于非法证据排除的范围、模式、程序以及证明责任的规定,关于"事实清楚,证据确凿充分"证明标准的界定,关于物证、书证、被告人供述等各种证据材料的法庭准入资格的规定,都是为了避免公安司法机关对被告人随意地、错误地、不公正地定罪。可见,《办理死刑案件证据规定》和《非法证据排除规定》并没有解决有关量刑程序中证据调查的证据规则问题。

实际上,刑事证据法中的这种“重定罪、轻量刑”的证据规则布局状况,与定罪与量刑一体化的量刑程序模式有着紧密的联系。由于我国长期以来一直实行的是定罪与量刑一体化的量刑程序模式,在整个刑事审判过程中,在同一个法庭审理程序下,既要解决对被告人的定罪问题,又要解决对被告人的量刑问题,而对被告人的量刑问题的解决依附于对其定罪问题的解决,量刑程序不具有任何的独立性。虽然从理论上说,所有的刑事证据规则既适用于定罪裁判也适用于量刑裁判,但是,由于量刑程序不具有基本的独立性,量刑裁判问题依附于定罪裁判而解决,而且量刑问题的解决主要由法官以“办公室作业”的方式秘密地完成,对于量刑问题不举行任何形式的听证程序,量刑问题难以被纳入到司法证明轨道而受到诸如证明对象、证明责任、证明标准等刑事司法证明规则的规范。在这种情形下,法官的量刑裁判过程既不吸收控辩双方的参与,也不接受刑事司法证明规则的规范,导致法官在量刑裁判过程中不必遵守任何刑事证据规则而享有极大的量刑自由裁量权。

如前所述,在定罪与量刑一体化的量刑程序模式下,有关量刑证据的采纳问题和量刑事实(情节)的司法证明问题方面的刑事证据规则一直处于缺失的状态,从而导致无论是对于量刑证据的法庭准入资格,还是对于量刑事实(情节)的证明责任、证明标准等问题,法官由于没有受到相关证据规则的有效约束,都在客观上享有较大的自由裁量权。《量刑程序意见》中确立了所谓“相对独立”的量刑程序模式,改变了传统上的量刑裁判完全依附于定罪裁判的局面,使量刑程序具有“相对”的独立性。在这一背景下,适用于“相对”独立的量刑程序的有关对量刑事实(情节)的认定过程加以规范的证据规则就更加具有确立的必要性、可能性与适当空间,量刑证据规则的确立自然就被提上了日程。

总之,如前所述,在中国业已确立了“相对独立”的量刑程序模式的背景下,法庭审理的定罪程序与量刑程序出现了相对的分离。然而,包括由最高人民法院主导通过的《办理死刑案件证据规定》和《非法证据排除规定》在内的中国目前的刑事证据规则,主要适用于定罪裁判程序,而对于量刑裁判程序中有关量刑证据的审查判断问题和量刑事实(情节)的司法证明问题等均缺乏有效的规范。这就导致无论是在量刑证据的审查判断上,还是在具体量刑事实(情节)的认定上,都存在着法官滥用自由裁量权的较大可能性。因此,为了切实保障法官在量刑程序中的证据调查达到理想的效果,为了实现对法官量刑自由裁量权的有效规制,为了从根本上保障量刑裁判的公正与合理,在中国的刑事证据法中尽早确立有关量刑程序中的证据规则是极具必要性的。

二、量刑程序中证据规则建构的理念与原则

由于适用于定罪程序中的证据规则无法适用于量刑程序,适用于量刑程序中的证据规则就需要专门地进行构建,而要构建量刑程序中的证据规则,势必要遵循一定的理念与原则。实际上,传统刑事证据法中严格证明的理念和诸如证据裁判原则、无罪推定原则、直接和言词原则等基本原则在量刑程序中都很难予以普遍地适用和遵循,因此,在构建量刑程序中的证据规则时,有必要遵循一些特殊的理念与原则。

(一)量刑程序中证据规则的建构遵循的基本理念

1. 刑事证据法中的严格证明与自由证明理念

严格证明与自由证明的概念源自德国证据法,它们是德国证据法中的基础性概念。根据德国证据法,法官认定案件事实可以通过"证明"和"释明"两种方式,其中的"证明"是指当事人通过向法庭提出证据来说服法官以使法官对其所主张的事实形成内心确信的活动;而"释明"则是指当事人通过简单的解释、说明以使法官对其所主张的事实的可能性产生内心确信的活动。比如,对于申请法官回避、拒绝作证、申请恢复原状等事由,只需要通过简单的"释明"使法官相信这些事由具有存在的可能性即可,而无需通过司法"证明"过程即可对这些事由予以认定。而对于司法"证明"活动而言,在刑事证据法的理念上则有"严格证明"的理念和"自由证明"的理念之分。"严格证明"是指法律要求对于诸如犯罪行为、犯罪对象、犯罪结果以及犯罪行为与犯罪结果之间的因果关系等事实,采取较为严格的方式予以证明;而"自由证明"是指法律对于各类程序性争议事实(如涉及宣誓资格的证人年龄等)以及法官做出除判决之外的各类程序性裁决所依据的事实(如羁押命令的裁判依据、开启审判程序的裁判依据等),适用较为自由的方式进行证明。[①]

① [德]克劳思·罗科信. 刑事诉讼法(第24版)[M]. 吴丽琪,译. 北京:法律出版社,2003:207.

严格证明和自由证明的差异主要体现在所运用的证据方法、使法官所达到的确信程度和采用的证明方法等方面。首先,在使用的证据方法方面,严格证明要求适用最严格的证据能力规则,要求在法庭审理过程中只能使用诸如被告人供述、被害人陈述、证人证言等法律明确规定的证据种类,并且要严格适用各种证据排除规则;而自由证明原则上对于在法庭上使用的证据的种类并没有特殊的、严格的限制,几乎所有的证据方法都可以在庭审中使用,并且一般不受证据排除规则的限制。其次,在使法官所达到的确信程度,即证明的程度方面,严格证明要求对于某事项的证明,只有达到使法官形成内心确信无疑的时候才可称得上完成了该事项的证明;而自由证明并不要求对某一事项的证明必须达到使法官产生内心确信无疑的程度,而最多要求达到使法官形成某事项具有高度可能性的程度即可。再次,在证明的方法方面,严格证明贯彻直接和言词的原则而适用最严格方法;而自由证明则可以采用诸如查阅案卷笔录和电话询问等非正式的证明方法。

虽然在理论上说,司法证明活动的过程越严格,就越有利于保证司法证明结论的准确性与可靠性,从而避免因发生证明的错误而导致错案的发生。但是,司法证明的实际却清楚地证明,在刑事司法证明活动中做严格证明与自由证明的区分,具有极大的可行性与必要性。首先,对于刑事诉讼活动中所要证明的各种事实,不加区分地要求统一进行严格证明,就会忽略了对各种事项的证明的重要性程度与证明的难易程度之间的差异,不仅没有必要,而且也势必会造成诉讼程序的拖延和司法资源的浪费。比如,相对于实体法上的事实而言,程序法上的事实的证明在重要性上、证明的难易程度上就不可同日而语。又比如,相对于犯罪事实的证明而言,量刑事实的证明在重要性上、证明的难易程度上也具有较明显的差异。其次,在刑事诉讼活动中,为了实现控辩双方的平等对抗和平等武装,本着天平倾向弱者的原则,对控辩双方进行司法证明的方法也应做出严格与自由的区分。对于强大的掌握国家机器的刑事案件的公诉机关而言,一般要求其采用严格证明的方法来证明有关犯罪事实,有利于防止其滥用国家公权力损害被告人的合法权益;而对于处于弱者地位的被告方而言,基于其掌握的诉讼资源和证明能力的有限性,对于一些特定事项的证明允许其采用相对灵活、自由的证明方式,有利于实现控辩平衡和对被告方诉讼利益的保护。

因此,相对于实体事实而言,对刑事诉讼过程中的诸如程序性争议或程序性申请等的程序事实的证明,不管是公诉机关还是被告方都不必遵循严格证明的要求,

当然,在量刑程序中非法证据排除规则也并不是绝对地不予适用。对于控诉方提出的量刑证据,如果的确属于通过严重地侵犯犯罪嫌疑人、被告人人权的手段而获取的证据,即使在民事诉讼程序中这种证据也将被排除于法庭之外,那它也将被排除于量刑程序。

如前所述,传统的刑事证据法要求证据必须要经过严格的举证、质证的法庭调查程序,才可能具有证据能力。但是,在遵循自由证明的证据法理念下,量刑程序中的证据规则对量刑证据的法庭调查方式的规定应该更加灵活、简单、宽松。正如英美的刑事证据法虽然通常规定诸如品格证据规则、意见证据规则、传闻证据规则、最佳证据规则等证据规则在陪审团的定罪程序中予以严格适用而不适用于量刑程序一样,中国的刑事证据法也不必对量刑证据的法庭调查程序一律做出较严格的规定。法官在量刑裁判程序中对量刑证据的采纳,没有必要一律经过严格的举证、质证程序。法官可以通过庭前的证据展示程序使控辩双方以及被害方对各方提出的量刑证据的审核尽可能在庭外完成。如果控辩双方以及被害方对有关量刑证据的真实性不存在争议而又明确表示放弃当庭质证的机会,法官就可以直接确认这些量刑证据具有证据能力并将其采纳为定案的根据。

迄今为止,在我国的刑事证据法中,量刑证据的证据能力规则主要在2010年颁布实施的“刑事证据《两规定》”中的《办理死刑案件证据规定》中有一些体现。[①]《办理死刑案件证据规定》对与自首、立功、累犯、检举揭发、被告人犯罪时的年龄等量刑情节有关的量刑证据的证据能力问题做了一些规定。根据《办理死刑案件证据规定》第39条的规定,对于存有争议的自首、立功等量刑情节,法院可以要求有关机关(一般是负有侦查和监管职责的公安机关)提供证明材料(通常是“破案经过”“抓捕经过”“情况说明”等书面材料),或者要求相关人员(通常是公安机关内部的侦查人员或监管人员)出庭作证,并结合其他证据来判断自首、立功等量刑情节是否成立。侦查机关出具的“情况说明”“破案经过”“抓捕经过”等书面证明材料,必须有办案人员的签名或盖章,否则,一般不能作为证据使用。对于被告人犯罪时的年龄是否年满18周岁的量刑情节存有争议的,根据《办理死刑案件证据规

---

① 《办理死刑案件证据规定》虽然属于专门针对在办理死刑案件中审查判断证据的问题而制定的司法解释,但实际上,在司法实践中该司法解释对于在办理非死刑案件中审查判断证据的问题具有“参照”的效力。

定》第40条的规定，原则上，对于被告人犯罪时的年龄的认定以公安机关户籍证明为依据，这实际上是承认了户籍证明的证据能力。在此基础上，《办理死刑案件证据规定》还规定，对于公安机关户籍证明存有异议的，法官还可以根据“出生证明文件”和“无利害关系人的证言”，来对被告人犯罪时的年龄予以认定。若被告人没有公安机关户籍证明和出生证明文件，法院则可以根据“人口普查登记”和“无利害关系人的证言”加以综合判断，必要时可以参考对被告人所做的“骨龄鉴定”。可见，《办理死刑案件证据规定》对于“户籍证明”“出生证明文件”“人口普查登记”“无利害关系人的证言”“骨龄鉴定”等量刑证据的证据能力并未加以明确的限制，体现了一种自由证明的证据法理念。

除了《办理死刑案件证据规定》对关于自首、立功、累犯等个别量刑情节的量刑证据的证据能力做出了一些规定外，《量刑程序意见》对少年司法程序中广为使用的关于未成年被告人的犯罪原因、成长经历、家庭情况、接受教育情况、前科劣迹等方面的量刑情节的“社会调查报告”的证据能力问题做出了规定。根据该司法解释的规定，法院、检察院、侦查机关、辩护方都可以委托有关机构、人员制作关于未成年被告人个人情况的“社会调查报告”，但该报告必须在法庭上进行宣读，并且要接受控辩双方的当庭质证。但是，该司法解释并未对社会调查员的出庭作证做出强制性的要求。这也说明，《量刑程序意见》在对少年司法程序中的社会调查报告这一量刑证据形式加以明确肯定的基础上，对其证据能力并未做出过于严格的限制。

通过上面的分析可以看出，尽管我国已经在有关司法解释中对个别量刑证据的证据能力问题做出了一些限制性的规定，但总体而言，在我国目前的刑事证据法中，有关量刑程序中量刑证据的证据能力规则几乎处于缺失状态。毋庸讳言，量刑证据的证据能力规则的缺失必将导致“相对独立”的量刑程序无法充分发挥作用，因此，这一问题如果不能尽快得到真正的解决，势必会影响中国量刑程序改革的成效与进程。

（二）量刑程序的司法证明规则

司法证明与一般的证明活动不同，其主要存在于法庭审判过程之中，其与以发现事实真相为根本目标的侦查活动有着本质的区别。法官在司法证明活动中的角色是裁判者，而不是承担证明责任的主体。所谓“司法证明”，是指负有证明责任的一方向法庭证明所主张的事实成立的活动，对方有可能同时就该案件事实的真实性进行证伪活动,法官则作为裁判者,对所要证明的案件事实是否存在进行权威的验证和裁断。[①]

一项比较完整的司法证明活动主要由以下几个方面的要素构成:其一,是证明对象,即控辩双方需要用证据加以证明的旨在支持各自的诉讼主张成立的待证事实。其二,是证明责任,即控辩双方通过证据来证明各自提出的待证事实的法律义务,如果无法证明待证事实还将承担相应的法律后果。实际上,负有证明责任的主体就是负责进行司法证明的主体。其三,是证明标准,即承担证明责任的主体提出证据用以证明待证事实的真实性所达到的可信程度。其四,是证明程序,即司法证明活动所需遵循的法律程序。由于司法证明的程序与法庭审判的程序基本上是一致的,因此,司法证明程序问题实际上主要由刑事程序法加以规范。所以说,与上述司法证明活动的基本要素相一致,司法证明的规则主要是指证明对象、证明责任和证明标准方面的规则,量刑程序中的司法证明规则也是如此。

1. 量刑程序中的证明对象

司法证明中的证明对象,又称作“待证事实”,是指提出诉讼主张的一方需要证明的据以支持其诉讼主张成立的案件事实。[②] 在刑事诉讼中,根据法院所要裁判的诉讼主张不同,司法证明的对象大体分为三种:一是犯罪事实,也就是支持被告人构成某一罪名(诉讼主张)的案件事实;二是量刑事实,亦即支持对被告人予以从重、从轻、减轻或免除处罚(诉讼主张)的量刑情节;三是程序争议事实,是指支持对某一侦查或审判行为宣告无效(诉讼主张)的程序事实。[③]

案件事实、犯罪事实、定罪事实和量刑事实这几个概念在刑事诉讼活动中被广泛地使用,有必要明确它们各自的内涵与外延,以免在实践中造成不必要的混乱。刑事诉讼中的案件事实是指在刑事诉讼过程中需要加以证明的所有事实,既包括

---

① 陈瑞华. 刑事证据法学[M]. 北京:北京大学出版社,2012:205.

② 根据最高人民法院《关于适用〈中华人民共和国刑事诉讼法〉的解释》第64条的规定,需要运用证据证明的案件事实包括:(一)被告人、被害人的身份;(二)被指控的犯罪是否存在;(三)被指控的犯罪是否为被告人所实施;(四)被告人有无刑事责任能力,有无罪过,实施犯罪的动机、目的;(五)实施犯罪的时间、地点、手段、后果以及案件起因等;(六)被告人在共同犯罪中的地位、作用;(七)被告人有无从重、从轻、减轻、免除处罚情节;(八)有关附带民事诉讼、涉案财物处理的事实;(九)有关管辖、回避、延期审理等的程序事实;(十)与定罪量刑有关的其他事实。

③ 陈瑞华. 刑事证据法学[M]. 北京:北京大学出版社,2012:209.

诸如犯罪行为是否发生、被告人是否构成犯罪、被告人构成何种犯罪以及应当如何进行刑事处罚等实体法方面的事实，也包括诸如法官是否应该回避、合议庭成员组成是否合法、侦查取证程序是否违法等程序法方面的事实。实体法方面的事实又可以分为定罪事实与量刑事实两大部分。定罪事实是指某种行为构成犯罪所必须具备的基本要件，具体包括犯罪主体方面的要件、犯罪主观方面的要件和犯罪客观方面的要件；而量刑事实是指包括诸如被告人的平时表现、前科劣迹、犯罪手段、自首、立功、积极赔偿被害人、认罪悔过等方面的法定或者酌定的从重、从轻、减轻或者免除处罚的事实。定罪事实主要属于罪中事实，而量刑事实中则既包括罪前事实（如被告人的平时表现、前科），也包括罪中事实（如犯罪的动机、手段），还包括罪后事实（如自首、立功）。比如，在故意伤害案件中，定罪事实主要包括实施伤害行为的主体、主体实施伤害行为的故意以及被告人如何实施伤害行为等事实，至于行为主体实施伤害行为的动机、实施伤害行为的手段等事实，虽然属于犯罪事实的构成部分，但其与被告人是否构成故意伤害罪并没有直接的关系，而仅仅与量刑有关系，故其属于广义上的量刑事实。而犯罪事实是指与犯罪有关的诸如犯罪的动机、目的、时间、地点、手段、情节和后果等方面的事实。犯罪事实既包括定罪事实（符合刑法中基本犯罪构成要件的事实），也包括一部分量刑事实（发生在犯罪过程中的不属于刑法中基本犯罪构成要件但影响量刑的事实）。[①] 但是，量刑事实不仅包括一部分犯罪事实（发生在犯罪过程中的不属于刑法中基本犯罪构成要件但影响量刑的事实），还包括诸如被告人的家庭情况、被告人的受教育情况、被告人的前科劣迹、被告人是否自愿认罪、被告人是否对被害人积极赔偿、被害人对被告人是否表示谅解、被害人是否有过错等虽与定罪无关但关涉量刑的事实。这表明，在量刑裁判程序中，法官可以采纳的事实范围和种类较之于定罪裁判程序要更为宽泛。正如美国法典（U. S. C. A）第 18 章第 3 661 节中所言，“对与被告人背景、个性以及美国的法院可以接受并基于科处适当刑罚的目的而加以考量的罪犯行为有关的信息不得施加任何限制。”总而言之，刑事诉讼中的案件事实由定罪事实和量刑事实构成。犯罪事实是案件事实的一部分，由定罪事实和一部分与定罪无关的事实组成。定罪事实仅指犯罪事实中的基本犯罪构成要件事实，而量刑事实则既包括一部分犯罪事实（基本犯罪构成要件事实以外的犯罪事实），也包括犯罪事实之外的

---

① 李玉萍. 程序正义视野中的量刑活动研究[M]. 北京：中国法制出版社，2010：106.

与犯罪无关的能够反映被告人人身危险性或主观恶性的事实。

就量刑程序中的证明对象而言,即便在中国所确立的“相对独立”的量刑程序中,无论是检察机关所提出的作为一种诉讼主张的量刑建议,还是被告方和被害方所提出的作为一种诉讼主张的量刑意见,其中都会包含有助于支持其诉讼主张成立的量刑事实(情节),这些量刑事实(情节)都属于量刑程序中的证明对象。比如,检察机关所提出的量刑建议中所包含的诸如自首、立功、主犯、累犯等法定量刑情节和被告方所提出的量刑意见中所包含的诸如从犯、犯罪原因、被害人过错、认罪悔罪、平常表现、社会评价、赔偿被害方并取得谅解、积极退赃等法定量刑情节或酌定量刑情节,都属于量刑程序中的证明对象。《量刑程序意见》规定,法院在法庭调查过程中应当查明各种从重、从轻、减轻或免除处罚的法定量刑情节和酌定量刑情节。《办理死刑案件证据规定》也规定,法院在审查法定量刑情节以外,还应对以下酌定量刑情节加强审查:案件起因、被害人过错、被告人家属是否协助抓获被告人、被告人平时表现及其悔罪态度、被害人获得赔偿的情况、被告人是否取得被害方的谅解,等等。可见,量刑程序中的证明对象主要是各种法定量刑情节和酌定量刑情节。

量刑程序中的法定量刑情节包括法定从重量刑情节和法定从轻量刑情节。大量的、各种各样的法定量刑情节主要规定在我国刑法的分则中,但在刑法总则中也确立了比较典型的法定量刑情节。刑法总则中不仅规定了累犯、教唆犯等法定从重量刑情节,也规定了诸如未成年人犯罪、又聋又哑的人犯罪、盲人犯罪、精神病人犯罪、预备犯、未遂犯、中止犯、防卫过当、避险过当、自首、立功、从犯、胁从犯等从轻、减轻、免除处罚的法定量刑情节。在刑事审判实践中,在量刑裁判过程中,公诉机关往往更为重视对于法定量刑情节的提出与证明,而且主要重视对那些诸如主犯、累犯、教唆犯等不利于被告人的各种法定从重量刑情节的提出与证明;而辩护方则往往更为重视对那些诸如自首、立功、从犯、胁从犯等有利于被告人的法定从轻量刑情节的提出与证明。

量刑程序中的酌定量刑情节是在法律中未作明确规定而可以由法官在量刑裁判过程中加以自由裁量的量刑情节。对于酌定量刑情节,法官有权决定是否予以采纳,并且有权决定在采纳之后是否据此对被告人做出从重、从轻、减轻或免除处罚的量刑裁判。一般而言,酌定量刑情节主要体现在那些大量的诸如自愿认罪、积极赔偿、主动退赃等等对被告人有利的从轻量刑情节之中。而法官据以做出从重处罚的酌定量刑情节通常是被告人认罪态度不好、被告人具有前科劣迹、犯罪对象为老幼病残等弱势人群,被告人在重大灾害期间犯罪等量刑情节。在刑事审判实践中,在量刑裁判过程中,公诉机关对于酌定量刑情节,尤其是对于那些有利于被告人的酌定量刑情节往往不会积极主动地提出并予以证明;被害方则往往更为注重对于那些诸如被害人因犯罪所受的伤害的严重程度、被告人拒绝赔礼道歉、被告人拒绝赔偿、被告人平时表现不好、被告人有前科劣迹等不利于被告人的能够据以对被告人做出从重处罚的酌定量刑情节的提出与证明;而只有被告方才会专门积极主动地对于那些有利于被告人的能够据以对被告人做出从轻、减轻或免除处罚的酌定量刑情节向法庭提出与证明。

当然,在刑事司法证明过程中,并非所有的证明对象都需要进行司法证明,有些证明对象可以通过司法认知和法律推定加以确认。因此,在量刑程序中,如果有些量刑事实(情节)的真实性通过司法认知或法律推定即可得到确认,则这些量刑事实(情节)即为免征量刑事实(情节),但其依然可以作为法官进行量刑裁判的依据。

2. 量刑程序中的证明责任

司法证明中的证明责任,不仅含有通过提出证据论证待证事实成立的义务,也含有在无法举证或者难以对待证事实进行证明的情况下承担败诉风险的责任。在包括控、辩、审三方在内的司法证明活动中,法官作为中立的裁判者,在司法证明活动中充当裁断者的角色,其不提出任何诉讼主张,自然也不可能去承担任何形式的证明责任。[①] 因此,需要承担对待证事实的证明责任的主体只能是控辩双方。而在控辩双方之间进行证明责任的分配,必须遵循一些合理的分配原则。一般而言,刑事证据法针对证明对象的不同来确定相应的证明责任分配原则。比如,对于犯罪事实的证明,刑事证据法根据无罪推定的原则,要求公诉机关对其所提出的犯罪构

---

① 根据《量刑程序意见》第12条的规定,"在法庭审理过程中,审判人员对量刑证据有疑问的,可以宣布休庭,对证据进行调查核实,必要时也可以要求人民检察院补充调查核实。"但是,这并不意味着法官承担对量刑事实(情节)的证明责任,而是法官为了确保量刑证据的真实性和履行其司法裁判职的需要而进行的司法调查活动。

成要件事实承担证明责任,而不要求被告方承担对该事实的证明责任。[①] 又如,对于被告方提出的侦查人员刑讯逼供的事实,刑事证据法根据证明责任倒置的原则,要求公诉机关在被告方提出一定的证据线索之后承担证明刑讯逼供的事实不存在的证明责任,而不要求被告方对其所提出的刑讯逼供事实承担证明责任。

在刑事诉讼中,基于无罪推定原则的要求,公诉方对于其所提出的犯罪事实不仅要承担证明责任,而且要达到最高的证明标准,而且公诉方对于犯罪事实的证明责任通常是不可转移的。比如,根据美国宪法第五和第十四修正案中的正当程序条款,控方要排除合理怀疑地证明构成指控犯罪所必要的每一个事实。按照美国联邦最高法院的说法,这一规则在给一条核心的宪法原则——一个人被推定无罪,直到被证明有罪——提供具体内容方面,发挥了"非常重要的作用"。[②] 而且,在美国的刑事诉讼中,被告人的沉默权和伴随的不将沉默用于反对他的权利适用于量刑。[③] 这意味着被告人可以在自己的量刑诉讼中拒绝作证,即使他有与量刑相关的证据,量刑的法官也不能根据沉默对于案件事实做出不利于他的推论。按照联邦最高法院的说法,"这一基本宪法原则的实质是'要求想要给被告人定罪和惩罚的政府方通过自己执法人员的勤勉的劳动获得不利于被告人的证据,而不是简单地、残酷地从被告人自己的嘴巴挤出来。'"[④]但由于无罪推定原则在独立的量刑程序中已经不再完全发挥作用,因此,在这一程序中可以将"谁主张,谁举证"作为分配证明责任的基本原则。在独立的量刑程序中,无论是公诉方提出量刑建议,还是被告方和被害方提出量刑意见,他们都不仅需要向法庭提出据以支持其量刑建议或量刑意见的量刑事实(情节),而且还必须要通过提出有关量刑证据对其所提出的量刑事实(情节)予以证明。否则,公诉方、被告方和被害方所提出的量刑建议和量刑

---

① 中国2012年新《刑事诉讼法》第49条规定,"公诉案件中被告人有罪的举证责任由人民检察院承担,自诉案件中被告人有罪的举证责任由自诉人承担。"从而明确了检察机关在公诉案件中对被告人的犯罪事实承担"举证责任"。

② 转引自[美]约书亚·德雷斯勒,[美]艾伦C迈克尔斯.美国刑事诉讼法精解(第二卷·刑事审判)[M].魏晓娜,译.北京:北京大学出版社,2009:267.

③ See Mitchell V. United States,526 U.S.314(1999).

④ Id. at 326[quoting Estelle V. Smith, 451U.S.454,462(1981)]参见[美]约书亚·德雷斯勒,[美]艾伦C迈克尔斯.美国刑事诉讼法精解(第二卷·刑事审判)[M].魏晓娜,译.北京:北京大学出版社,2009:334-335.

意见将不可能被法官予以采纳。在那种以定罪裁判为中心的、定罪与量刑一体化的刑事诉讼程序模式下,被告方和被害方虽然都具有刑事诉讼中的当事人和具体刑事案件的证人的双重角色,但是,他们在诉讼活动中的当事人角色往往更为凸显,而他们作为了解案件情况的证人的角色则极大地被忽略。然而,在定罪程序与量刑程序发生分离的情况下,在独立的量刑程序中,被告方和被害方的当事人角色与他们作为证据之源的证人角色之间的矛盾与冲突得到了彻底的消解而呈现出高度一致的状态。为了向法官证明本方提供的量刑事实(情节)的成立,被告方和被害方都需要向法庭提出各自的量刑证据,这不仅意味着他们承担着对其所提出的量刑事实(情节)的证明责任,而且也是他们在刑事诉讼活动中充分地行使其作为当事人的诉讼权利的体现。在独立的量刑程序中,传统刑事诉讼法中的所谓"禁止强迫自证其罪"原则不再有完全适用的前提与条件。在独立的量刑程序中,无论是被告方还是被害方,都可以向法庭提出本方的量刑意见,同时提出有关的量刑事实(情节)并且以相关的证据对该量刑事实(情节)予以证明,以说服法官将该量刑事实(情节)作为其做出量刑裁判的依据。总之,在独立的量刑程序中,公诉方、被告方以及被害方都不仅获得了充分表达其量刑建议或量刑意见和提出有关量刑事实(情节)的权利,也同时承担了对各自所提出的量刑事实(情节)的证明责任。据此,一种类似于民事诉讼中"谁主张、谁举证"的证明责任分配原则在独立的量刑程序中得以确立。比如,美国一些法院在检察官首先提供证据证明其主张可靠之后,将反驳量刑事实的证明责任转移,对可能会导致更轻量刑的事实的证明责任经常分配给被告人。①

如前所述,量刑事实(情节)可以分为与犯罪事实重合的量刑事实(情节)和独立于犯罪事实的量刑事实(情节)。由于公诉方在刑事诉讼中对于犯罪事实承担不可转移的证明责任,公诉方自然对于那些与犯罪事实重合的量刑事实(情节)承担证明则责任。也就是说,对于那些包含在犯罪构成要件事实中的量刑事实(情节),随同公诉方对被告人构成犯罪的证明过程一并得到证明,而在量刑程序中公诉方通常不再承担对这些事实的证明责任。而对于那些独立于犯罪事实的量刑事实(情节),无论是诸如被告人系累犯、主犯、认罪态度不好、前科劣迹、犯罪后逃逸、社

① [美]伟恩 R 拉费弗,杰罗德 H 伊斯雷尔,南西 J 金. 刑事诉讼法(下册)[M]. 卞建林,沙丽金,等译. 北京:中国政法大学出版社,2003:1363.

会影响恶劣、拒绝赔偿等方面的从重量刑事实(情节),还是诸如自首、立功、认罪悔罪、如实供述、取得被害方的谅解、积极退赃退赔等方面的有利于被告人的量刑事实(情节),只要这些量刑事实(情节)是公诉方用以支持其量刑建议的事实基础,公诉方就应当承担证明责任。对于被告方而言,由于其受到无罪推定原则的特别保护,其对于公诉方提出的犯罪事实不承担证明责任,自然对于那些与犯罪事实重合的量刑事实(情节)也不承担证明责任。但是,在量刑程序中,被告方无论是对于其所提出的诸如自首、立功、从犯等有利于被告人的法定量刑情节,还是对于其所提出的那些经常为公诉方所忽略的诸如被害人对激化矛盾负有责任、被害人存在明显过错、被告人犯罪后积极救助被害人、被告人平常表现良好、被告人有老人或孩子需要赡养等有利于被告人的酌定量刑情节,被告方都要承担证明责任。但是,由于辩护方只承担辩护职能,只能提出被告人无罪、从轻、减轻处罚的意见,这就决定了辩护方承担证明责任的量刑事实,只能是有利于被告人的量刑情节,对于不利于被告人的量刑事实,辩护方不能也不需要进行证明。[1] 在有被害人的刑事案件中,对于被害方提出的用以支持其量刑意见的量刑事实(情节),无论这些量刑事实(情节)是否对被告人有利,根据“谁主张,谁举证”的原则,被害方应当承担证明这些量刑事实(情节)成立的证明责任。

如前所述,在独立的量刑程序中,证明责任分配的基本原则是“谁主张、谁举证”原则,哪一方提出量刑主张,哪一方就要承担证明责任,即控诉方、辩护方以及被害方对各自提出的量刑主张分别承担证明责任。但在独立的量刑程序中,“谁主张、谁举证”的证明责任分配原则并不是完全绝对的,对于被告方提出的诸如自首、立功这一类量刑事实(情节)的证明,则应适用其他特殊的原则。通常情况下,能够证明有关自首、立功这类对被告人有利的从轻量刑事实(情节)的证据多由公诉机关保存,相对于控诉方而言,辩护方在量刑程序中收集和获取这类量刑证据的能力明显有限甚至不足。所以,基于控辩平衡的考量,对于被告方提出的有关自首、立功等有利于被告人的量刑事实(情节)的证明,不能再适用“谁主张”的原则,而适用

① 房保国.论辩护方的证明责任[J].政法论坛,2012(6):35.

“证明责任倒置”的原则,[①]即将对该类量刑事实(情节)的证明责任倒置给控诉方。当被告方以自首、立功这类量刑事实(情节)提出其量刑主张时,其只需要提供有关该量刑事实(情节)的诸如发生的时间、发生的地点、相关人员等方面情况的相关线索或者证据,并且其对相关情况的证明只要达到优势证据的程度,则要由控诉方承担对被告方所提出量刑事实(情节)不成立的证明责任。

3.量刑程序中的证明标准

在刑事司法证明活动中,与证明对象和证明责任问题密不可分的是证明标准问题。所谓证明标准,一般是指承担证明责任的主体提出证据证明待证事实成立所应达到的可信程度,实际上就是通过证明主体的证明活动而使法官对待证事实的真实性与可靠性所达到的内心确信程度。墨菲认为,证明标准是指证据对于事实裁判者所能产生的对法庭事实上的主观印象所必须达到的确定性或可能性程度,是承担证明责任的当事人为赢得案件,或者为获得某一特定事项的有利裁决,而必须对事实裁判者说服的程度。[②] 因此,证明标准就是承担证明责任的主体为了完成其所承担的证明责任、避免承担其主张的事实不能成立的后果而对其主张的事实应当予以证明,从而使法官对其主张的事实产生确信的程度。

在刑事证据法中,证明标准问题是复杂而且蕴涵着丰富的理论和实践争议的问题。虽然从证明标准的可操作性而言,法律很难确立具有完全确定含义而且具有可操作性的证明标准。“但是,控诉方需要有一个标准来衡量自己的举证义务是否履行,法律需要有一个标准来评价案件的证明程度并据此做出有罪或者无罪的裁判。法律试图在证明标准问题上有所作为,刑事证明标准与民事证明标准的区分、刑事诉讼中不同层次的证明标准的划分均可视为法律在试图建立具有可操作性的证明标准问题上所做出的努力。”[③]

① 证明责任倒置是指提出积极诉讼主张的一方不需要承担提出证据进行论证的义务,而对方则需要承担证明前者所主张的待证事实不存在的义务,否则,对方就要承担败诉后果。根据中国2012年新《刑事诉讼法》,被告方有权向法院申请对侦查机关以非法的方法收集的证据依法予以排除,被告方只需提供相关线索或证据,而检察机关对于证据收集的合法性要承担证明责任,如果不能排除侦查机关以非法的方法搜集证据的可能性,法院应当将该证据排除。这是中国刑事诉讼法中一种典型的证明责任倒置的规定。

② Peter Murphy. Murphy on evidence[M]. 7th Editon. New York. Blackstone Press Limited, 2000:119.

③ 熊秋红.转变中的刑事诉讼法学[M].北京:北京大学出版社,2004:322.

在美国法上经常提到的有关证明标准的表述主要有三种：优势证明、清晰可信的证明和排除合理怀疑的证明。[①]其中，"排除合理怀疑"产生于十八、十九世纪英美国家的刑事审判实践中，并分别为英美国家的最高司法机关的判例所确认，成为英美国家普遍通行的刑事诉讼证明标准。排除合理怀疑（beyond a reasonable doubt）是对证明的程度要求最高的证明标准。优势证据（preponderance of evidence），又称为"更有力的证据（greater weight of the evidence）"或"更可能的证明（more likely than not）"，通常属于最低限度的证明标准，适用于大多数民事诉讼。[②] 民事诉讼中要求的证明标准通常是优势的盖然性，也就是说，如果在审判结束时，法官仍然不能决断争议事实究竟为何，则承担说服责任的一方应当败诉。但是有必要指出的是，当法官在评价证据、衡量事实时，并不是在原告方主张的事实更有可能还是被告方主张的事实更有可能之间进行衡量，而是在原告的主张更有可能为真还是更不可能为真之间进行衡量。换句话说，对原告关于事实的主张应当通过一个客观的盖然性标准来加以衡量。[③] 介于优势证据和排除合理怀疑之间的证明标准是清晰和有说服力的证据（clear and convincing evidence）或"直白、清晰和有说服力的证据（plain, clear and convincing evidence）"。该证明标准仅适用于民事诉讼，在美国很多州用于审理欺诈案件或者那些当事人试图寻求惩罚性赔偿的案件。[④] 在美国的刑事审判中，有罪裁判必须建立在排除合理怀疑的证明基础上。但离开了阿布伦蒂诉新泽西案[⑤]（Apprendi V. New Jersey）的特定背景，该责任并不适用于量刑。在联邦最高法院的认可下，"量刑法庭传统上聆讯证据和认定事实时根本没有任何

---

① Kevin M. Clermont. Standards of proof revisited[J]. Vermont Law Review, 2009(Spring): 469.

② David P. Leonard, Victor J. Gold. Evidence: a structured approach[M]. New York: Aspen Publishers, 2004: 603.

③ Peter Murphy. Murphy on evidence[M]. 7th Edition. New York: Blackstone Press Limited, 2000: 107.

④ David P. Leonard, Victor J. Gold, supra note 6: 604.

⑤ 阿布伦蒂案及其派生判例的一般规则可做如下描述："任何将犯罪的刑罚提高到超出成文法规定的最高刑的事实必须提交陪审团，并且被排除合理怀疑地证明。"因此，只要适用阿布伦蒂规则，法官就不能认定争议事实，事实认定者也不能使用量刑诉讼中常见的更低的优势证据标准。

关于证明责任的规定。"[①]联邦最高法院曾明确地说,仅要求以优势证据(即可能性大于不可能性)证明量刑方面的事实的量刑制度符合正当程序。[②]

一般而言,主要是由于证明对象和证明责任承担者的不同,刑事证据法才确立了相应的不同的证明标准。首先,由于不同的证明对象往往涉及不同的诉讼利益,基于对不同诉讼利益的价值与重要性的考量,要对不同证明对象的证明标准加以区别对待。比如,与程序性事实相比较,实体性事实由于关乎可能影响被告人的人身、财产、自由乃至生命的定罪与量刑问题,因此,对于实体性事实通常需要确立比程序性事实更高的证明标准,从而更有效地保障国家司法机关不会对被告人进行随意的、不公正的、错误的定罪与量刑,保障被告人的权益不受非法的侵犯。又比如,与有期徒刑、无期徒刑等自由刑相比较,关乎人的生命的死刑一旦发生适用的不当或者错误,就可能剥夺被告人的生命,造成无可挽回的恶劣后果。所以,基于有效保护被告人生命权的考量,必须对死刑案件确立高于其他案件的证明标准,以限制国家司法机关对被告人乃至任何公民生命权的任意剥夺。其次,由于控辩双方作为证明责任承担者在司法证明活动中的诉讼力量与诉讼能力有显著差异,所以,在通常情况下,证据法会对承担证明责任的公诉机关确立较高的证明标准,而对承担证明责任的被告人则确立相对较低的证明标准。比如,证据法通常会要求检察机关对于其提出的犯罪事实的证明要达到最高的排除合理怀疑的证明标准,而在被告人承担证明责任的场合,证据法大多只要求被告人对其所提供的事实的证明达到高度可能性标准即可。刑事证据法之所以对国家公诉机关和被告人在承担证明责任时的证明标准予以差别对待,其主要原因在于,掌握国家大量司法资源、拥有强大取证能力的国家公诉机关与作为普通公民的被告人在司法证明活动中的诉讼力量与诉讼能力相去甚远而不可同日而语。因此,基于"控辩平衡""平等武装""平等对抗""天平倾向弱者"等程序理念,有必要对承担证明责任的国家公诉机关确立高于承担证明责任的被告人的证明标准。

迄今为止,对于刑事司法证明活动中的证明标准问题,中国刑事诉讼法仅仅在定罪裁判程序中确立了对于检察机关对被告人的犯罪事实的证明所应达到的"事实清楚,证据确凿、充分"的证明标准。根据2012年新《刑事诉讼法》第53条的规

① McMillan V. Pennsylvania,477U. S. 79,91(1986)(citing williams,337U. S. 241).

② [美]约书亚·德雷斯勒,[美]艾伦 C 迈克尔斯. 美国刑事诉讼法精解(第二卷·刑事审判)[M]. 魏晓娜,译. 北京:北京大学出版社,2009:331.

定,“证据确凿、充分”应当符合以下条件:其一,定罪量刑的事实都有证据证明;其二,据以定案的证据均经法定程序查证属实;其三,综合全案证据,对所认定事实已排除合理怀疑。然而,对于被告人在定罪裁判程序中承担证明责任的情形,刑事证据法尚未确立相应的证明标准。在中国业已确立了“相对独立”的量刑程序的背景下,有关在量刑裁判程序中诉讼各方证明量刑事实(情节)成立所需达到的证明标准问题亟待解决。否则,量刑程序中具体的证明标准的缺失,势必会导致刑事审判实践中法律适用的混乱,甚至难免造成法官对量刑自由裁量权的滥用,从而对量刑公正的实现带来危害。因此,有必要在中国刑事证据法中尽快确立有别于定罪裁判程序而专门适用于量刑裁判程序的证明标准。

如前所述,在刑事司法证明活动中,刑事证据法对于证明标准的确定要受到证明对象和证明责任承担者的双重影响。相对于关涉到被告人罪与非罪和生死前途的犯罪事实(情节)的证明而言,对量刑事实(情节)的证明最多只关乎在法定的量刑种类和量刑幅度内量刑裁判的畸轻畸重。所以,总体而言,量刑裁判程序中对量刑事实(情节)证明的证明标准应该相对低于定罪裁判程序中对犯罪事实证明的证明标准;而被告方在量刑裁判程序中对量刑事实(情节)证明的证明标准应该低于公诉机关在量刑裁判程序中对量刑事实(情节)证明的证明标准。由于那些与犯罪事实重合的量刑事实(情节)的证明责任只能由公诉机关承担,因此,公诉机关对于这些量刑事实(情节)的证明要达到最高的证明标准,即“事实清楚,证据确凿、充分”的标准。正如美国法中对这类量刑事实的证明所确立的“排除合理怀疑”标准。[①] 而由于那些独立于犯罪事实的量刑事实(情节),既可以由公诉机关提出,也可以由被告方提出,还可以由被害方提出,加之在这些量刑事实(情节)中既有对被告人有利的也有对被告人不利的,所以,对于公诉机关、被告方以及被害方对本方提出的独立于犯罪事实的量刑事实(情节)的证明所应达到的证明标准该如何确定就要分别予以讨论。基于有效防范和限制国家追诉机关滥用公权力和实现控辩平衡的需要,公诉机关对于其提出的不利于被告人的独立于犯罪事实的量刑事实(情

① 美国宪法上要求必须被排除合理怀疑地证明是犯罪的“要素”,但是有这样一种情形:与指控犯罪相关事实的出现,可能会将对该犯罪的刑罚提高到超出成文法规定的最高刑,这样的事实必须排除合理怀疑地予以证明,而无论立法机关是否把它称为“要素”。参见[美]约书亚·德雷斯勒,[美]艾伦·C·迈克尔斯.美国刑事诉讼法精解(第二卷·刑事审判)[M].魏晓娜,译.北京:北京大学出版社,2009:269.

节）的证明应达到“事实清楚，证据确凿、充分”的最高证明标准。而无论是公诉机关、被告方还是被害方，对于各自提出的那些有利于被告人的独立于犯罪事实的量刑事实（情节）的证明，只需要达到类似民事诉讼中“优势证据”的证明标准即可。这是因为，刑事证据法对于任何证明主体对其所提出的那些有利于被告人的从轻、减轻或者免除刑事处罚的量刑事实（情节）的证明，设立相对较低的“优势证据”的证明标准，是出于对被告人诉讼利益予以最大限度的特别保护的需要，因为如果对这些量刑事实（情节）承担证明责任的主体连较低的“优势证据”的证明标准都达不到，那么势必能够充分说明没有任何理由应该对这些量刑事实（情节）予以认定。当然，对于被害方提出的不利于被告人的独立于犯罪事实的量刑事实（情节）的证明，也只需达到“优势证据”的证明标准即可。

量刑能否公正在相当大的程度上取决于法官做出裁判所依据的量刑事实（情节）是否充分、可靠，所以，量刑程序改革最根本、最关键的问题是如何保障法官能够获得量刑裁判所需的充分、可靠的量刑事实（情节）。量刑程序中证据调查的保障机制问题是量刑程序改革过程中必须解决的理论和现实问题，对这一问题的研究不仅具有重大的理论意义，也具有深远的实践意义。在量刑程序的证据调查过程中，法庭要调查的证据都是伴随着诉讼各方提出的量刑主张和量刑事实（情节）而提出的，并且诉讼各方还必须对其所提出的量刑事实（情节）通过证据予以证明。因此，在量刑程序中，欲使量刑证据调查活动真正富有成效，就需要建立相应的保障机制。本篇认为，量刑程序中的证据调查需要两方面的保障机制，即量刑证据充分性的保障机制和量刑证据调查活动规范化的保障机制。具体而言，在量刑程序的证据调查活动中，为了保障量刑证据的充分性，就需要建立拓宽量刑证据来源渠道的保障机制，具体包括确立检察机关量刑建议制度、提高辩护方量刑辩护效果、确保被害方充分表达量刑意见、合理发挥量刑前调查报告的作用等机制；为了保障量刑证据调查活动的规范化，就需要构建专门适用于量刑程序的量刑证据运用规则，具体包括量刑证据的证据能力规则和量刑程序中的司法证明规则，其中司法证明规则主要包括证明对象、证明责任和证明标准方面的规则。为保障量刑程序中证据调查活动的规范化和保证量刑证据的充分性，有必要按照自由证明的理念构建量刑证据规则，以使量刑程序中的证据能力、证明责任和证明标准等规则都与定罪程序中的相关规则有所区别。首先，在定罪程序中被严格禁止出现在法庭上的证据，如品格证据、意见证据、传闻证据等，一般都允许出现在量刑程序中，并可以作为量刑裁判的依据。而非法证据排除规则在量刑程序中亦通常不发生作用，只有那些通过刑讯逼供以及其他严重侵犯公民宪法权利的方式所获取的非法证据,才会在量刑程序中被法官排除;其次,定罪程序中的证明责任分配规则在量刑程序中亦不再完全适用,量刑程序中通常适用"谁主张,谁举证"的证明责任分配规则,无论是控诉方还是被告方对于各自提出的量刑事实(情节)都要承担证明责任;再次,在量刑程序中,各方对量刑事实(情节)予以证明的证明标准,并不需要达到"事实清楚,证据确凿充分"或者"排除合理怀疑"的程度,对于有利于被告人从轻、减轻或免除处罚的量刑证据,一般只需达到民事诉讼上的"优势证据"证明标准即可,即存在的可能性大于不存在的可能性;最后,在自由证明的理念下,量刑证据的法庭调查可以采取相对自由的方式,并且应该主要针对那些诉讼各方存有争议的量刑证据进行。

最后需要说明的是,量刑证据的法庭调查与定罪证据的法庭调查一样,其实际成效虽然要受制于中国的刑事司法体制、刑事诉讼模式以及刑事诉讼制度的实际状况,但其最终还要有赖于中国刑事法官职业伦理的真正养成。因为,从长远看来,也许"除了法官的人格外,没有其他东西可以保证实现正义"。[①] 本篇对于量刑程序中证据调查保障机制问题的研究只是进行了初步探索,对这一问题的研究还有待进一步加强和深入。

---

① [美]本杰明·卡多佐.司法过程的性质[M].苏力,译.北京:商务印书馆,2005:6.

实证案例

“被告人闫某某、余某某贩卖毒品案”庭审实录节选①

案由:贩卖毒品

开庭时间:2009年9月26日上午9时

开庭地点:芜湖市中院中法庭

是否公开审理:公开

审判长:陈某某

审判员:张某某

人民陪审员:沈某某

书记员:王某

(书记员宣读法庭纪律略)

书:报告审判长,法庭准备工作就绪,现在可以开庭。

审判长:(敲法槌)现在开庭。传被告人闫某某、余某某到庭。

芜湖市鸠江区人民法院刑事审判一庭,根据芜湖市中级人民法院的指定,今天在芜湖市中级人民法院中法庭公开审理由芜湖市鸠江区人民检察院提起公诉的被告人闫某某、余某某贩卖毒品一案。

(定罪事实的法庭调查与法庭辩论程序略)

审:经过两轮辩论,控辩双方充分发表了各自的意见。合议庭将会结合全案证据认真进行评议。

审:下面由被告人就是否有罪问题做最后陈述。

被(闫某某):我没有贩卖毒品。

被(余某某):我有罪。

审:休庭十分钟,合议庭对定罪事实部分的证据进行评议,将两被告人带出法庭候审(敲法槌)。

书:请各就各位,准备继续开庭。

审:(敲法槌)现在继续开庭。传两被告人到庭。

经合议庭评议,本院认为,公诉机关指控被告人闫某某、余某某犯贩卖毒品罪,

---

① 陈卫东.量刑程序改革理论研究[M].北京:中国法制出版社,2011:153-196.

当庭提交了被告人佘某某、闫某某的供述与辩解，吸毒人员王某某、倪某、秦某、时某的证言，辨认笔录，证人钟某某证言，以及扣押物品清单，抓获经过，户籍证明，通话记录等证据。以上证据来源合法、内容客观真实、证据间相互关联，能够证明被告人闫某某9次贩卖毒品冰毒总计约4克，被告佘某某10次贩卖毒品K粉约1.5克，冰毒约3.2克的事实。闫某某的辩护人认为通话记录电信部门没有确认，不能作为定案依据，本院认为，该通话记录系公安机关依照法定程序提取的，其内容客观，与本案具有关联性，可作为定案依据，故对该辩护意见不予采纳。

被告人闫某某辩解其无罪，其辩护人认为第一笔犯罪事实不能成立。本院认为，关于第一笔犯罪事实，有从其处购买毒品吸食的王某某的证言及同案人佘某某的指证予以证明，同时还有闫某某与王某某的通话记录及辨认笔录予以印证，鉴于两人认识不到一个月，既非亲非故，又无生意上和经济上的交往，其主动无偿提供毒品给王某某吸食，不具有使其行为得到排除合理怀疑的程度。关于第二笔犯罪事实，有佘某某的供述以及证人王某某等人的证词及辨认笔录、通话记录予以证实，证据间能够相互印证。故上述辩解以及辩护意见因与事实不符，本院不予采纳。

根据上述查明的事实，足以认定被告人闫某某、佘某某的行为构成贩卖毒品罪，公诉机关指控成立。

审：现在就量刑问题进行审理。

被告人闫某某，你对起诉书指控你的行为构成贩卖毒品罪提出了异议，你有权在闭庭后依法提起上诉。你当庭提出的异议不影响本案下面量刑程序审理的正常进行。你仍然可以在法庭上发表对自己有利的意见，你的态度将是合议庭评议时的评议情节之一，你听清楚了没有？

被（闫某某）：听清了。

审：经过定罪程序的审理，既属定罪又属量刑的事实有：被告人闫某某、佘某某均属多次贩卖毒品，其中被告人闫某某9次贩卖毒品冰毒总计约4克，被告佘某某10次贩卖毒品K粉约1.5克、冰毒约3.2克，以及两被告人在共同贩卖毒品过程中各自的行为事实与证据和认罪态度。以上事实均在定罪程序中已予以解决，对此不再讯问与举证。

下面就两被告人所具有的法定或酌定的量刑情节进行法庭调查。首先由公诉人宣读量刑建议书。

公：被告人闫某某、余某某，经本院起诉书指控其犯贩卖毒品罪，已交付法庭审判。现有证据充分证实被告人的行为符合贩卖毒品罪的构成要件，应依法追究其刑事责任。为了维护法律的尊严，严惩刑事犯罪活动，维护社会管理秩序，对被告人闫某某、余某某正确量刑，现就被告人闫某某、余某某犯贩卖毒品罪一案提出如下量刑建议：

一、被告人闫某某、余某某贩卖毒品属情节严重。根据我国《刑法》第347条的规定，贩卖毒品无论数量多少，都应当追究刑事责任，予以刑事处罚。本案中被告人闫某某、余某某多次贩卖毒品，属情节严重，根据我国《刑法》第347条第4款的规定，应处3年以上7年以下有期徒刑，并处罚金。

二、本案中，被告人闫某某在共同犯罪中起主要作用，是主犯，应当适用《中华人民共和国刑法》第26条之规定处罚；被告人余某某在共同犯罪中起次要作用，是从犯，应当适用《中华人民共和国刑法》第27条之规定处罚。被告人余某某归案后能如实供述自己的犯罪事实，认罪态度较好，请合议庭量刑时对其酌情从轻处罚；被告人闫某某拒不供认自己的犯罪事实，认罪态度恶劣，请合议庭量刑时对其酌情从重处罚。

根据《中华人民共和国刑法》第347条、第61条之规定，本院建议对被告人闫某某判处有期徒刑4～6年，并处以一定数额的罚金；对被告人余某某判处有期徒刑3～4年，并处以一定数额的罚金。

审：被告人闫某某可以就公诉机关的量刑建议书发表自己的量刑意见。

被（闫某某）：我贩卖毒品的数量不是这么多，我没有给王某某贩卖毒品。我对自己没有量刑意见。

审：被告人余某某可以就公诉机关的量刑建议书发表自己的量刑意见。

被（余某某）：希望对我减轻处罚。

审：闫某某的辩护人发表量刑意见。

辩（闫某某）：在发表量刑意见前，我要说明一下，被告人闫某某，我作为你的辩护人尊重你的无罪辩解，但根据庭审，从我的职业角度出发，给你做了有罪辩护。你现在可以考虑认罪。

被（闫某某）：我认罪。

审：下面由辩护人发表意见。

辩（闫某某）：第一，辩护人认为，《起诉书》关于被告人闫某某与余某某系共同犯罪且被告人闫某某是主犯的指控缺乏必要的证据支持,依法不能成立。本案认定被告人闫某某要求另一被告人余某某帮助其贩卖毒品的犯罪事实的证据主要是被告人余某某的供述,而证人钟某某的证言也只是证明被告人闫某某与余某某就毒品交易进行过联系,并没有参与双方的交谈,对于余某某卖了毒品再交赃款给闫某某并拿回扣的情况也是听余某某说的,钟某某并没有亲眼看见。本案被告人余某某在认识被告人闫某某之前就已经贩卖毒品,被告人闫某某在将毒品卖给被告人余某某之后,对其再转卖他人的行为根本没有组织、指挥和控制,被告人闫某某根本不知道被告人余某某贩卖毒品给谁,两人仅仅是毒品买卖的上下线关系或是相互利用的关系,究竟是赚取差价,还是拿回扣,事实并不确定。根据《全国法院审理毒品犯罪案件工作座谈会纪要》规定:"毒品共同犯罪是指二人以上共同故意实施走私、贩卖、运输、制造毒品等犯罪行为。仅在客观上相互关联的毒品犯罪行为,如买卖毒品的双方,不一定构成共犯。"因此,本案被告人闫某某与余某某并不构成共同犯罪,进而关于被告人闫某某是主犯的指控依法也就不能成立。

第二,被告人闫某某贩卖毒品的数量不大,贩毒的对象仅仅是第二被告余某某一人,贩毒次数刚刚达到 3 次,社会危害性相对较小。本案公诉机关提供的证据,能予以证明被告人闫某某贩卖的冰毒,也只是贩卖给被告人余某某的 6 包共计大约 2.4 克。虽然本案认定"情节严重"并不是依据贩卖毒品的数量,但是 2.4 克毒品与 7 克、10 克相比其数量是比较小的,其流于社会所产生的危害性显然也比较小。

第三,被告闫某某存在"以贩养吸"的情形。通过法庭调查,我们可以相信被告人闫某某的犯罪动机是"以贩养吸",其以前做过个体,承包过采石场、工地,赚过钱,但是在过去的一年之内,由于吸毒,花费巨大,加之上有 80 多岁的父母,下有四个子女,最小的才 1 岁多,其经济上难以承受,因此被告人闫某某通过贩卖少量毒品来维持自己吸毒的事实是客观存在的,其行为与那些自己不吸食毒品纯粹以牟利为目的贩卖毒品的犯罪分子的主观恶性是有区别的。

那么,根据《刑法》第 347 条的规定,"走私、贩卖、运输、制造鸦片不满 200 克、海洛因或者甲基苯丙胺不满 10 克或者其他少量毒品的,处三年以下有期徒刑、拘役或者管制,并处罚金;情节严重的,处三年以上七年以下有期徒刑,并处罚金。"也就是说,是否"情节严重"涉及不同的法定刑。最高人民法院《关于审理毒品案件定罪量刑标准有关问题的解释》第 3 条第 4 项将"向多人贩毒或者多次贩毒的"规定为

"情节严重",该司法解释一共有5条,但只是第3条也是唯一的一条,使用了"可以认定"四个字,很明显是与"应当认定"有严格区别的。我国《刑法》第64条规定,"对于犯罪分子决定刑罚的时候,应当根据犯罪的事实、犯罪的性质、情节和对于社会的危害程度,依照本法的有关规定判处",也就是说具体量刑时,应根据具体案件依照法律进行具体分析。辩护人认为,本案被告人闫某某的"多次贩毒"存在"极其少量"情形。这可比照最高人民法院《关于审理毒品案件定罪量刑标准有关问题的解释》第3条第1项规定可知。该条第1项明确规定"甲基苯丙胺七克以上不满十克或者其他数量相当毒品的"可以认定为"情节严重"。也就是说,比照该解释,从数量角度讲,本案2.4克与此种情形最低要求的7克进行比较,作为"可以认定情节严重"底线的7克是本案2.4克的近3倍,足可以看出在"可以认定"的逻辑前提下,数量是极其少的。同时,辩护人认为,被告以贩养吸,自己也有瘾,也是毒品的受害者,且其上有80多岁的父母,下有4个子女,最小的才1岁多,为了利于被告人改过自新,履行抚养义务,对其从轻处理,既符合法理,也符合情理。

综上所述,综合本案各方面的情形,被告人闫某某的犯罪行为可以认定为没有达到"情节严重"的程度,故辩护人建议合议庭在刑法第347条第4款贩卖甲基苯丙胺不满10克或者其他少量毒品的,以处3年以下有徒期刑、拘役或者管制,并处罚金的幅度内去量刑,具体可以对被告人闫某某判处有期徒刑2至3年,并处以一定数额罚金。这样既能体现罪责刑相适应原则,也更能体现以人为本、惩教结合的原则,符合构建和谐社会的要求。以上辩护意见,恳请法庭采纳。

审:余某某的辩护人发表量刑意见。

辩(余某某):尊敬的审判长、审判员、人民陪审员:安徽仝人律师事务所接受被告人余某某的委托,指派我担任其辩护人,依法出庭为余某某辩护,现就本案提出辩护意见如下:

第一,被告人余某某在本案中实施的行为虽已构成贩卖毒品罪,但在共同犯罪中起次要作用,依法应当减轻处罚。通过庭审调查,被告人余某某在共同犯罪中是为第一被告人跑腿的"马仔",毒品由第一被告提供,犯罪所得亦交给第一被告,其行为明显处于从犯地位,公诉机关也予以认同。因此,依据刑法第27条之规定,对被告人余某某应当减轻处罚。

第二,被告人余某某如实供述司法机关尚未掌握的同种较重罪行,依法应当从轻处罚。被告人余某某于2009年3月6日归案后,除如实交代了侦查机关已掌握的其贩卖K粉给吸毒人员时某的犯罪事实外,还主动如实供述了司法机关尚未掌握的其帮助被告人闫某某贩卖冰毒的犯罪事实。根据《最高人民法院关于处理自首和立功具体应用法律若干问题的解释》第4条之规定,对被告人余某某应当减轻处罚。

第三,被告人余某某无前科,系初犯,并且在归案后能如实供述犯罪事实,认罪态度很好并表示自愿认罪。辩护人请求法庭在量刑时充分考虑余某某在本案中所具有的以上法定和酌定从轻、减轻处罚情节,本着惩罚与教育、挽救相结合的精神,给余某某减轻处罚,给予判处有期徒刑二年。

审:法庭补充发问。被告人闫某某,你认为你犯了什么罪?

被(闫某某):我犯了非法持有毒品罪。

审:公诉人就量刑问题可以对两被告人发问。

公:讯问被告人闫某某,你有无受过公安机关处理?

被(闫某某):劳教过一次。2003年因为寻衅滋事。

公:被告人余某某,你有无受过公安机关处理?

被(余某某):没有。

公:案发后有无退回全部赃款?

被(余某某):不清楚。

公:卷宗材料显示你没有退回全部赃款。

审:辩护人就量刑问题可以对两被告人发问。

辩:没有问题发问。

审:下面由公诉人就两被告人闫某某、余某某的量刑情节进行当庭举证。

公:下面出示被告人闫某某、余某某量刑情节方面的证据。

1. 江苏省徐州市公安局江庄镇派出所证明。证实被告人闫某某于2003年曾因寻衅滋事被劳动教养一年。

2. 江苏省徐州市贾汪区江庄镇江庄村委会证明。证实被告人闫某某在居住地表现尚可。

3. 芜湖市关工委社会调查报告。证实被告人余某某平时一贯表现良好,建议对其从轻处罚。

审:被告人闫某某,你对上述证据的真实性有无异议?

被(闫某某):无异议。

审:有无量刑证据向法庭提交?

被(闫某某):没有。

审:被告人余某某,你对上述证据的真实性有无异议?

被(余某某):无异议。

审:有无量刑证据向法庭提交?

被(余某某):没有。

审:闫某某的辩护人对上述证据的真实性有无异议?

辩(闫某某):无异议。

审:有无量刑证据向法庭提交?

辩(闫某某):提交闫某某所在的村民委员会出具的证明,证明被告人闫某某平时一贯表现良好。

公:真实性无异议。

被(闫某某):无异议。

审:余某某的辩护人对上述证据的真实性有无异议?

辩(余某某):无异议。

审:有无量刑证据向法庭提交?

辩(余某某):没有。

审:下面由社会调查员宣读调查报告。

社会调查员:2009 年 9 月 22 日,镜湖区关工委接受鸠江区人民法院的委托,安排汪某某、郭某某同志,对涉嫌贩卖毒品的被告人余某某的社会背景情况,向其父亲、邻居、金马门社居委、就读的小学、中学进行了调查了解,现将调查情况报告如下:

被告人余某某,男,汉族,现年 19 岁(1990 年 6 月 7 日出生),小学文化,犯罪前是英皇 KTV 服务生,该被告从 2008 年 11 月至 2009 年 2 月期间,分别向吸毒人员贩卖毒品冰毒 10 次共 11 包,涉案 3 700 元。于 2009 年 3 月 7 日因涉嫌贩卖毒品罪被刑事拘留,4 月 9 日被依法逮捕。

被告人余某某父亲余甲系原市麻纺厂工人,现失业在家,生母昂某于 2001 年 11 月因意外车祸与其姐姐同时伤亡。父亲于 2003 年再婚,后母周某系原市粮食局工人,现也失业在家,还有五岁的小弟弟,家庭无固定收入,生活十分困难。

爷爷余乙,原麻纺厂工人,奶奶安某原煤建公司工人,现均已退休,两人退休工资1 800元,余某某从小一直跟随爷爷奶奶一起生活。

被告人余某某从罗家闸小学毕业后分配至第二中学时,因母亲和姐姐意外车祸死亡,家庭的突然变故,使他无法接受,为此精神恍惚,不能正常上学,因而辍学,据了解,该生在小学学习阶段表现良好,为人比较老实,性格有些孤僻,未发现不良行为。初中辍学后一直在家,因思念亲人经常一人躲在房间看电视,偶尔出去上网。2007年从网上认识唐山市乐清县一个女朋友后,便离家去乐清打工,2008年10月回芜湖应聘到英皇KTV当服务生,在此期间通过别人介绍认识了闫某某,由于自己不学法也不懂法,是个法盲,为了急于多赚钱,经不起别人的引诱和金钱的诱惑,走上了贩卖毒品的犯罪道路。

关于余某某自己交代的偷过东西,打过架的情况,经了解是在6~7岁时,因爷爷奶奶要让子女顶职,很早就退职在家,为了谋生在自家开设了棋牌室,余某某曾在家中拿过几次钱,被发现后经父亲批评教育就再也没有拿过。2006年下半年为了女友和几名男生发生冲突,被绑架到八角店,后由父亲报警将其领回。据其父说,孩子身体很瘦弱,不可能和别人打架,平时很通情达理,尊敬长辈,和后母关系相处也很好。因为家庭生活一直很困难,奶奶身体又不好,孩子为了尽快挣些钱去孝敬奶奶。对于他的无知、不懂法导致走上了犯罪道路,作为父亲的感到十分痛心,觉得自己对孩子教育、关心不够,十分内疚,并表示今后一定把孩子带在身边,加倍地关爱他、教育他,安排好他的学习和生活,让他好好劳动,好好做人。

根据以上的调查了解,因余某某从小跟随爷爷奶奶一起生活,两位老人为了让子女顶职很早就退职,为了谋生也顾不上对他的管教,特别是母亲和姐姐的突然死亡,对他的打击很大。由于平时缺乏母爱,缺少家庭的管教和督促,加之自己不愿学习,不求上进,放松对自己的约束,结识社会上一些不良人员导致走上犯罪道路。但余某某在犯罪之前表现尚可,无不良行为,家长也有信心和决心帮助他悔改,让他重新做人。我们建议法庭给予从轻判处,以观后效。

最后希望余某某今后要刻苦学习文化科学知识,学好技术,要学法、知法、守法、不违法,要学会做人,学会关爱社会,关爱他人,要积极参加劳动改造,脱胎换骨,重新做人,并要树立正确的世界观、人生观、价值观,做一个浪子回头金不换的人,做个有益于社会,有益于他人的人。

审:被告人余某某,你对调查报告的真实性有无异议?

被(余某某):无异议。

审:余某某的辩护人对调查报告的真实性有无异议?

辩(余某某):无异议。

审:下面由公诉人就量刑问题发表总结陈词。

公:第一,没有证据证明双方是上下线关系。第二,被告人余某某和王某某、钟某某的证词证明在共同犯罪中闫某某是主犯。第三,对余某某辩护人提出的其向公安机关交代尚未掌握的较重的犯罪事实无异议。第四,对被告人余某某应从轻处罚。第五,量刑意见:对被告人闫某某判处4~6年有期徒刑。

审:被告人闫某某就量刑问题发表总结陈词。

被(闫某某):希望能够从轻处罚。

审:被告人余某某就量刑问题发表总结陈词。

被(余某某):希望从轻处罚。

审:闫某某的辩护人就量刑问题发表总结陈词。

辩(闫某某):起诉书指控被告人闫某某构成主犯证据不足,公诉人主要依据余某某的供述来认定被告人闫某某是本案的主犯,但本案的毒品来源并非全部是闫某某提供。第一,毒品的犯意不是被告人闫某某提起。第二,被告人闫某某贩卖毒品数量不大,也只贩卖给两人,与超过7克以上相比,社会危害性较小。第三,被告人闫某某无前科,存在以贩养吸的情况。第四,对被告人闫某某可以从轻处罚。综上,给被告人闫某某判处2~3年有期徒刑。

审:余某某的辩护人就量刑问题发表总结陈词。

辩(余某某):尊敬的审判长、审判员、人民陪审员,本辩护人认真听取了控方当庭发表的量刑意见后,颇受启发与感触。辩护人结合本案事实,发表以下总结陈词,希望法庭在合议时参考:

第一,为什么一个原来遵纪守法的青年会沦为被告人呢?关于这点,被告人所在街道办事处的社会调查员当庭宣读了社会调查报告予以证实:首先,被告人余某某在本案发生前一贯表现良好,能遵纪守法。今天我们探究其犯罪成因,公正地说其目的虽纯正,愿望虽良好,但手段却违法。其中主要原因是因其家庭贫困,外祖母年老多病,自母亲和姐姐意外车祸去世以后,余某某为了能担负起母亲对外祖母的孝敬,想以年幼的身躯承担起家庭责任,茫茫然不知所措,错误地选择了帮助他人贩卖毒品的方法。其次,被告人余某某交友不慎。法制观念淡薄,缺乏应有的辨别能力。最后,被告人余某某是初次犯罪,今天的庭审对他教育、震动很大,其追悔莫及。鉴于其犯罪原因情况特殊,应该情有可原。像这样一个犯罪主观恶性不深的青年,我们应当重在教育、重在感化、更重在挽救,不能让他自暴自弃。这是社会的责任,也是我们司法的责任。

第二,余某某归案后能如实供述犯罪事实,这在客观上加速了办案进程,为及时抓捕同案人,告破此案发挥了积极作用,给办案机关节约了司法资源。因此辩护人建议对被告人余某某适用减轻处罚,以体现"宽严相济"的刑事政策。最后请合议庭考虑余某某在本案的犯罪情节等方面因素,本辩护人建议对被告人余某某在法定刑以下判处有期徒刑2年。

审:下面恢复法庭调查。讯问被告人闫某某,请确认你到底犯了什么罪?

被(闫某某):贩卖毒品罪。

审:你现在对起诉书的指控有无意见?

被(闫某某):没有。

审:被告人闫某某刚才在最后陈述中对所犯罪行予以承认,合议庭注意到了该事实,本院对该事实予以确认,在对被告人闫某某量刑时将会充分考虑这一情节。

审:根据《中华人民共和国刑事诉讼法》第160条的规定由被告人做最后陈述。被告人闫某某、余某某最后有什么要说的?有何要求?

被(闫某某):我也是毒品的受害者,家庭条件不好,家里父母年龄较大,请法庭对我减轻处罚。

被(余某某):我年少无知触犯了法律,现在很后悔,我给国家和人民带来了危害。希望法庭念在我是初犯,给我一次重新做人的机会,对我减轻处罚。

审:休庭10分钟,合议庭进行评议,本案当庭宣判。将两被告人带出法庭候审(敲法槌)。

审:(敲法槌)现在继续开庭。传两被告人到庭。

经合议庭评议,本院认为,公诉机关提交的关于量刑情节方面的证据以及调查报告均可以作为量刑证据予以采纳。

审:下面进行当庭宣判。根据定罪阶段审理查明的事实,本院认为,被告人闫某某、余某某多次贩卖毒品,情节严重,其行为已构成贩卖毒品罪。

被告人闫某某的量刑情节包括:

1. 多次贩卖毒品,情节严重,并在犯意的提起、毒品的提供、毒资的收取等方面均起主要作用,系主犯,按照《人民法院量刑指导意见(试行)》,其基准刑应确定为有期徒刑5年。

2.被告人闫某某曾因寻衅滋事被劳教1年,案发后,包括在今天的庭审中一直拒不认罪,说明其主观恶意较深,可酌情从重处罚,故增加有期徒刑6个月。(虽然其案发后一直拒不认罪,但在今天的庭审中能够主动认罪,有一定的悔罪表现,可酌情从轻处罚,故减少其刑期6个月)

被告人余某某的量刑情节包括:

1.多次贩卖毒品,情节严重,按照《人民法院量刑指导意见(试行)》,其基准刑应确定为有期徒刑5年。

2.在共同犯罪中起次要作用,系从犯,依法应从轻处罚,故减少其刑期1年2个月。

3.主动交代司法机关尚未掌握的同种罪行较重的,依法应从轻处罚。

4.案发后认罪态度较好并当庭自愿认罪,可酌情从轻处罚。

5.案发前一贯表现较好。

根据3,4,5点量刑从轻处罚情节,综合减少其刑期10个月。

根据上述量刑情节,本院认为,公诉机关对被告人闫某某、余某某的量刑建议较为恰当,均可采纳;被告人闫某某的量刑意见,被告人余某某的量刑意见,闫某某以及余某某的辩护人提出的量刑意见均偏轻,本院不予采纳。

据此,对被告人闫某某依照《中华人民共和国刑法》第347条第4款、第25条第1款、第26条第1款;对被告人余某某依照《中华人民共和国刑法》第347条第4款、第25条第1款、第27条、《最高人民法院关于处理自首和立功具体应用法律若干问题的解释》第4条之规定,判决如下:(全体起立)

一、被告人闫某某犯贩卖毒品罪,判处有期徒刑4年6个月,并处罚金人民币10 000元;

二、被告人余某某犯贩卖毒品罪,判处有期徒刑3年,并处罚金5 000元。

审:被告人闫某某,以上判决内容是否听清?

被(闫某某):听清了。

审:是否服刑? 是否上诉?

被(闫某某):服判,不上诉。

审:被告人余某某,以上判决内容是否听清?

被(余某某):听清了。

审:是否服刑?是否上诉?

被(余某某):服判,不上诉。

审:以上系口头判决,书面判决书将在5日内送达。如不服本判决,可在接到判决书的第2日起10日内,通过本院或者直接向安徽省芜湖市中级人民法院提出上诉。书面上诉的,应当提交上诉状,正本1份,副本1份。

审:本案审理至此已终结。(将两被告人带出法庭送往原看守所继续羁押)

下篇　刑事程序若干新问题研究

本篇主要针对刑事诉讼法中的若干新问题进行了初步研究，主要涉及非法证据排除规则、公安机关遏制刑讯逼供、未成年人前科消灭制度、刑事和解制度、量刑程序等问题。笔者在对上述问题的研究中，本着“中国的问题，世界的眼光”的研究理念，尝试运用了经济分析、实证分析等研究方法，并在深入分析的基础上提出了自己独到的观点。比如，笔者以中美非法证据排除规则的比较为视角，考察我国《非法证据排除规定》中关于证据排除的适用阶段、启动程序、证明责任与证明标准以及救济程序等程序性规定的立法内容，以期对我国《非法证据排除规定》相关内容进行准确认识和解读，并探求我国语境下应然的非法证据排除规则，进而谋求对其改进与完善之道。又如，笔者通过对 1979 年以来公安部遏制刑讯逼供内部规范性文件进行系统梳理和考察之后得出“公安机关遏制刑讯逼供，既要有规训，又要有惩罚”的初步结论。规训与惩罚，是公安机关遏制刑讯逼供的必由路径。对于公安机关来说，在遏制刑讯逼供问题上，其自身作为力度之大小，直接关乎遏制刑讯逼供目标的最终实现。又如，笔者认为，从未成年人最佳利益原则考量，我国目前法学理论与司法实践中出现的“未成年人前科消灭制度”或“未成年人前科封存制度”等提法均欠科学性与合理性，宜加以修正和改造，并建立相应的制度，以真正实现对特定未成年犯罪人利益的有效保护。我国应借鉴国际相关立法并及时总结少年司法改革中的有益经验，且至少应该从价值取向、功能定位、适用对象、适用条件、实施程序、法律效果、救济措施等方面入手，本着既有利于保护未成年犯罪人又有利于维护社会稳定的原则，合理构建适合我国国情的未成年人前科消除制度。又如，笔者认为，刑事和解制度在中国的正式确立，对于提高诉讼效率、化解社会矛盾和促进社会和谐都将起到积极的进步作用。然而，理论上的分析和实践上的观察都说明：中国刑事和解制度在运作过程中有异化的巨大危险，如果运作不当，既会损害刑事司法的实体公正，又将背离刑事司法的程序公正。而要防止中国刑事和解制度在运作过程中发生异化，就必须在其运作过程中坚守刑事司法公正的底线，这是中国刑事和解制度运作的必由之路。又如，笔者认为，量刑信息是参加量刑程序各主体量刑利益的外在体现和应有表达。缺乏关于量刑信息的传递与共享的有效机制，是造成法官量刑失范和量刑裁判公信力低的重要根源。为了有效规制法官量刑自由裁量权和提高量刑裁判公信力，需要在法官、控辩双方、被害方以及社会方之间建立有效的信息传递与共享机制，即在独立的量刑程序框架下建立一套包括量刑调查、量刑听证和量刑说理等制度在内的信息机制体系。量刑程序的信息机制是量刑程序制度功能的内在蕴涵,它以刑罚个别化原则为理论基础,以协同合作思想为运作理念,以独立的量刑程序模式为功效保障。再如,笔者认为,量刑个别化原则是量刑程序走向独立化,即从定罪程序中完全分离出来的根本动因,它在相当大的程度上推动了量刑程序独立化的国际潮流。在刑事审判中实行定罪与量刑一体化程序模式的大陆法系国家,对该模式的弊端日益达成共识,都在探寻量刑程序改革的正道。实践表明,中国量刑程序改革确立的"相对独立"的量刑程序模式仍然具有相当大的局限性。完全独立的量刑程序模式是中国量刑程序模式的应然选择,它既有利于实现量刑个别化原则,亦顺应了量刑程序独立化的国际潮流。

第九章　从中美比较法视角检视《非法证据排除规定》的程序性规定

非法证据排除规则发源于美国法制，我国新近《非法证据排除规定》的立法难免受美国非法证据排除规则的影响。本文以中美非法证据排除规则的比较为视角，考察我国《非法证据排除规定》中关于证据排除的适用阶段、启动程序、证明责任与证明标准以及救济程序等程序性规定的立法内容，以期对我国《非法证据排除规定》相关内容进行准确认识和解读，并探求我国语境下应然的非法证据排除规则，进而谋求对其改进与完善之道。

非法证据排除规则肇始于美国刑事诉讼法，是美国刑事审判中极为重要的证据法则。[①] 在刑事诉讼法宪法化的国际潮流下，基于保障人权与控制犯罪的平衡考虑，美国非法证据排除及其例外法则，为越来越多的国家在刑事诉讼立法中所借鉴、吸收和改造。2010 年 6 月最高人民法院、最高人民检察院、公安部、国家安全部和司法部联合发布了《关于办理刑事案件排除非法证据若干问题的规定》（以下简称《非法证据排除规定》）和《关于办理死刑案件审查判断证据若干问题的规定》（以下简称为《办理死刑案件证据规定》），并已于 2010 年 7 月 1 日生效实施。其中，《非法证据排除规定》对排除非法证据的问题做出了系统的规定，《办理死刑案件证据规定》主要涉及在死刑案件中审判判断证据的规则，但也包含着不少排除非法证据的内容。这两部具有司法解释效力的法律文件的颁行，标志着我国非法证

---

① 为了遏制侦查实务中屡禁不止的执法人员非法搜集证据、严重侵犯人权的现象，美国审判实务通过司法裁判自行创设了证据排除法则，将执法人员使用非法方法取得的证据予以排除使用。美国证据排除法则经过审判实务长期以来不断的衍绎发展，终于建立了一套严谨而兼顾现实的证据排除及其例外法则。

据排除规则的框架结构已经初步形成。[①]《非法证据排除规定》的出台是我国刑事司法制度改革中的一件大事，是我国刑事诉讼制度进一步民主化、法治化的重要标志。这两部具有司法解释效力的法律文件的颁行，标志着我国非法证据排除规则的框架结构已经初步形成。"与原来最高人民法院和最高人民检察院司法解释的有关规定相比，此规定不仅扩大了非法证据排除的范围，而且建立了排除非法证据的程序和举证责任规则，使非法证据排除在实践中能得以有效地实现。这是我国健全证据规则方面的飞跃性进步。"[②]2012 年 3 月 14 日，第十一届全国人民代表大会第五次会议通过的《中华人民共和国刑事诉讼法修正案》，吸收上述两个《规定》的内容，完善了非法证据排除规则，首次将非法证据排除原则与制度写入《中华人民共和国刑事诉讼法》中。[③] 非法证据排除规则正式入律，是《中华人民共和国刑事诉讼法修正案》的又一亮点，它弥补了 1996 年《中华人民共和国刑事诉讼法》修订的一大缺憾。同最高人民法院《关于执行〈中华人民共和国刑事诉讼法若干问题的解释〉》相比，不仅在本体制度安排上更为科学，而且在程序构建上更加完善。《中华人民共和国刑事诉讼法修正案》关于非法证据排除规则的全面规定，使静态的规则与动态的程序紧密结合，必将对遏制刑讯逼供等暴力取证行为、充分保障人权发挥重大作用。但是，非法证据排除规则毕竟是一个舶来品，如何真正在我国的司法实践中实现其功能和价值，还有一系列问题需要进一步研讨。[④] 这些规定对于排除非法证据能起到多大的作用，其能否在一定程度遏制非法取证、尤其是减少刑讯逼供行为的发生，还有待实践的进一步检验。因此，对作为证据排除规则始祖——美国的非法证据排除法制进行考察，探究其制度背景、设立依据，并将其与我国目前的《非法证据排除规定》相关内容做一比较和分析，探求我国语境下应然的非法证据排除规则，进而找出我国《非法证据排除规定》在立法上的疏漏，将对其进一步完善大有裨益。

---

① 陈瑞华. 非法证据排除规则的中国模式[J]. 中国法学，2010(6)：33.

② 陈光中. 改革完善刑事证据制度的重大成就[N]. 检察日报，2010-6-1.

③ 由于 2012 年《中华人民共和国刑事诉讼法修正案》关于非法证据排除的规定基本没有突破《非法证据排除规定》的范围与内容，因此，本文仅以《非法证据排除规定》中的内容为研究对象。

④ 汪建成. 刑事证据制度的重大变革及其展开[J]. 中国法学，2011(6)：57－58.

一、非法证据排除规定探源

非法证据排除规则起源于美国。美国承继英国习惯法的传统法则,[①]一直认为凡有关联性的证据,即使以非法方法取得也具有证据能力。直至1914年,美国联邦最高法院在Weeks V. U.S.一案中,将违反宪法第四增修条款规定的搜索、扣押所取得的证据予以排除,正式宣示实行非法证据排除规则。[②] 非法证据排除规则在实体适用范围上,经历了一个不断扩张和充实的过程。"排除规则的历史发展是与第四修正案有关禁止无理搜查和扣押的条款密切联系在一起的。但是,排除非法搜查和扣押所得的证据,不过是排除规则的最初基本内容,也可以称为狭义上的非法证据排除规则。20世纪60年代以来,联邦最高法院通过一系列逐渐累积起来的判例,将排除非法证据这一救济手段适用到其他宪法权利上面。目前,第五修正案有关禁止自证其罪的宪法权利,第六修正案有关获得律师帮助的权利,以及第五和第十四修正案有关正当法律程序的权利,都是法院适用排除规则的直接违背联邦宪法,却为美国国会1934年通过的联邦通讯法案所禁止。因此,警察以非法窃听手段获得的证据也在排除规则的适用范围之内。"[③]非法证据排除规则原本只适用于联邦最高法院,直到1961年,在著名的Mapp V. Ohio案中,联邦最高法院才将证据排除规则的适用范围扩及适用于州法院管辖的刑事案件。[④] 而且,在非法证据排除规则确立后的较长时间里,排除的非法证据的范围不断扩大。1966年Miranda V. Arizona案创立了"米兰达警告(Miranda Warnings)"或称为"米兰达规则(Miranda Rules)",确认了非法证据排除规则适用于言词证据。[⑤]

美国联邦最高法院创设证据排除规则时,并未提出或援引任何深奥的法理作

① 虽然早在1886年,美国联邦最高法院之判决中曾约略提及违反宪法规定为搜索所得证据之排除法则,但直到1961年末,全美约有半数州仍遵循英国习惯法之证据法则,亦即,凡与系争待证事实具有关联性(relevant)与重要性(material)之证据,均认为具有证据能力,纵使该证据之取得系出于不正之方法,或有违宪法之规范者,仍无碍其证据能力。参见林辉煌.论证据排除——美国法之理论与实务[M].台湾:元照出版有限公司,2003:15.

② Weeks V. United States, 232 U.S. 383(1914).

③ 陈瑞华.比较刑事诉讼法[M].北京:中国人民大学出版社,2010:95.

④ Mapp V. Ohio,367 U.S. 643(1961).

⑤ Miranda V. Arizona,384 U.S.436(1966).

为其论据。“美国证据排除规则,可视为该国司法审判实务期能彻底遏制执法人员不法搜证之乱象,除仍因循英国传统法制所采取之救济方法,特别创设之另一种形式的法律救济手段,其终极目的乃在透过排除违法取得证据之手段,促使执法人员更能严守宪法程序搜集证据,以落实宪法保障人权之宗旨。”①可以说,美国非法证据排除规则产生的最根本原因就是要阻遏警察滥用权力、非法取证、侵犯人权的行为。

就我国而言,长期以来,公安司法机关的办案人员证据法制意识淡漠,刑讯逼供等非法取证行为屡禁不止。而我国的刑事证据制度存在着诸多弊端,缺乏系统性和完整性,难以满足刑事司法实践的需要。“佘祥林案”“杜培武案”“聂树斌案”一次又一次无情地拷问我国的刑事证据制度,而2010年的“赵作海冤案”直接催生了《非法证据排除规定》的出台。立法者和公众都期待《非法证据排除规定》既能有助于惩罚犯罪,又能有利于切实地保障人权、维护司法公正、最大限度地避免冤假错案的发生。

二、从中美法制比较的视角检视《非法证据排除规定》的若干程序性规定

《非法证据排除规定》主要包括实体性规定和程序性规定两方面内容:实体性规定主要是对非法证据特别是非法言词证据的内涵和外延进行界定;而程序性规定,主要是对排除非法证据的具体操作规程加以规定。其中,程序性规定是该规定的主要内容,对于避免因为采纳非法证据而导致冤假错案的发生将起到非常重要的作用。因此,本文略去对实体性规定的分析和评述,仅将《非法证据排除规定》中的几个程序性规定作为研究对象。从中美非法证据排除规则比较的视角审视我国《非法证据排除规定》中诸如排除非法证据的适用阶段、启动程序、排除程序、证明责任以及证明标准、救济措施等程序性规定,通过对比分析,以期窥探出我国《非法证据排除规定》的立法瑕疵,进而对其予以完善。

(一)适用阶段

1.《非法证据排除规定》的规定

《非法证据排除规定》第3条规定:“人民检察院在审查批准逮捕、审查起诉中,对于非法言词证据应当依法予以排除,不能作为批准逮捕、提起公诉的根据。”《非

① 林辉煌.论证据排除——美国法之理论与实务[M].台湾:元照出版有限公司,2003:15.

法证据排除规定》第4条规定："起诉书副本送达后开庭审判前，被告人提出其审判前供述是非法取得的，应当向人民法院提交书面意见。"《非法证据排除规定》第5条规定："被告人及其辩护人在开庭审理前或者庭审中，提出被告人审判前供述是非法取得的，法庭在公诉人宣读起诉书之后，应当先行当庭调查。法庭辩论结束前，被告人及其辩护人提出被告人审判前供述是非法取得的，法庭也应当进行调查。"

2. 美国法的考察

美国非法证据的排除阶段主要是在庭审中和审判前阶段，而法官是非法证据排除的唯一裁判主体。美国的刑事诉讼在庭审之前有诸多审前程序，如由治安法官主持的预审听证程序，主要决定逮捕、搜查和扣押是否合法；审前证据开示程序，由控辩双方向对方展示本方证据；非法证据排除程序，由法院主持听审，被告人提出排除非法证据的动议，等等。在美国，大部分州都已经摒弃了传统的被告人在审判期间提出非法证据的规则，而采用由被告人在审前提出动议的排除方式。

3. 比较与评析

比较中美两国的非法证据排除规则，美国的排除规则由法官做唯一的裁判主体，而且主要适用于开庭审判前和庭审中阶段；而根据中国的《非法证据排除规定》，非法证据排除规则既适用于审查批准逮捕、审查起诉阶段，又适用于法院开庭审判前和庭审中阶段，检察官和法官都可能成为裁判的主体。需要注意的是，在2013年1月1日开始实施的新修订的《中华人民共和国刑事诉讼法》，规定在侦查、审查起诉和审判阶段都可以排除非法证据。[①]

《非法证据排除规定》第4条借鉴美国法制，确立了审前的非法证据排除程序，保障了被告人在开庭审判之前有机会向人民法院提出排除非法证据的要求，有利于节约司法资源，节约控辩双方的资源，促进诉讼活动快速有效进行。而根据《非法证据排除规定》第5条，不管庭审前还是在庭审过程中，只要被告人及其辩护人提出了取证合法性问题，法庭就要对该问题进行调查。设置这样一个既在庭审的法庭调查当中，又相对独立于法庭对指控的犯罪事实进行调查的专门程序，对证据

① 根据2012年3月14日第十一届全国人民代表大会第五次会议通过的《中华人民共和国刑事诉讼法修正案》第18条的规定，我国2012年《刑事诉讼法》第54条明确了非法证据的排除阶段，即"……在侦查、审查起诉、审判时发现有应当排除的证据的，应当依法予以排除，不得作为起诉意见、起诉决定和判决的依据。"

的合法性进行审查，有利于规范非法取证行为，避免因为采纳非法证据而导致冤假错案的发生。

《非法证据排除规定》第3条确定了审查批捕和审查起诉过程中人民检察院应对非法言词证据进行排除。这缘于我国检察机关负有法律监督职能。然而，由于检察机关与侦查机关都履行控诉的基本职能，两者具有一致的目标，再加之权力之间本来就具有天然的亲和性，以及辩护人在侦查阶段和审查起诉阶段均不能实质性地参与非法证据的审查程序，导致司法实践中在这两个阶段罕有非法证据得以排除的个案。反观美国法制，对于非法证据的排除，无论是在审前还是审中阶段，都只由法官来裁定，且都要经过严格的控辩双方对抗、质证的程序。这种司法裁判的方式，势必有利于使真正非法的证据被排除掉，有利于保障被告人的人权。因此，我国《非法证据排除规定》关于人民检察院在审查批准逮捕、审查起诉阶段应对非法言词证据排除的规定，可能难以达到预期目的。反而可能会导致这样一个结果：当一个进入审判阶段的被告人在庭审前或审中提出排除非法证据的申请，审查法官势必对被告人提出申请的正当动机有怀疑之心。因为根据法律规定，检察官在审查批准逮捕或审查起诉阶段已经对证据进行了审查，如果有非法证据，也应该早都被排除掉了。这显然容易导致法官有先入为主的倾向，不利于对被告人的申请进行公正的审查。所以，这一规定应该进行调整，应建立有关配套措施，对检察官在审查批准逮捕或审查起诉阶段排除证据的权力加以严格规制，以确保能真正达到排除非法证据的目的。[①]

（二）启动程序

1.《非法证据排除规定》的规定

《非法证据排除规定》的第4条规定，"起诉书副本送达后开庭审判前，被告人提出其审判前供述是非法取得的，应当向人民法院提交书面意见。"

2. 美国法的考察

美国非法证据排除规则中有权要求排除非法证据的人只能是权利受到侵犯的人，在刑事诉讼中主要是指被告人。根据美国的非法证据排除规则，"欲主张证据

① 笔者认为，2012年新《刑事诉讼法》赋予侦查机关在侦查阶段排除非法证据的权力，也容易导致权力滥用，不利于对辩方权利的保护，应该严格加以限制。限于本文的研究范围，对此问题暂不于此讨论。

排除者,须具有主张排除法则之当事人适格。被告不能主张排除一切不法取得之证据,被告只能主张排除以侵害其宪法上权利之方法而取得之证据,对于侵害他人权利而取得之证据,被告不具主张证据排除之当事人适格。”①

3. 比较与评析

中美两国的非法证据排除规则,都将被告人作为申请排除非法证据、启动证据审查程序的主体。但是,较之美国法,《非法证据排除规定》显得笼统,没有对共同犯罪案件中被告人可否申请排除侵犯同案被告人权利获得的于己不利的证据做出明确规定,势必带来实践操作上的混乱,应加以改善。

(三)证明责任与证明标准

1.《非法证据排除规定》的规定

《非法证据排除规定》的第 6 条规定:“被告人及其辩护人提出被告人审判前供述是非法取得的,法庭应当要求其提供涉嫌非法取证的人员、时间、地点、方式、内容等相关线索或者证据。”《非法证据排除规定》的第 7 条规定:“经审查,法庭对被告人审判前供述取得的合法性有疑问的,公诉人应当向法庭提供讯问笔录、原始的讯问过程录音录像或者其他证据,提请法庭通知讯问时其他在场人员或者其他证人出庭作证,仍不能排除刑讯逼供嫌疑的,提请法庭通知讯问人员出庭作证,对该供述取得的合法性予以证明。公诉人当庭不能举证的,……控辩双方可以就被告人审判前供述取得的合法性问题进行质证、辩论。”《非法证据排除规定》第 11 条规定:“对被告人审判前供述的合法性,公诉人不提供证据加以证明,或者已提供的证据不够确实、充分的,该供述不能作为定案的根据。”

2. 美国法的考察

如果被告人以供述属于非自愿为由提出排除证据的动议,则检控方应承担证明该供述为自愿供述的责任。这是联邦法院和大多数州法院所确立的证明责任分配原则。但是,在少数州法院,提出排除动议的被告人则需要对供述的非自愿性承担证明责任。

1972 年,最高法院在 Lego V. Twomey 一案的判决中对于上述后一种做法的合宪

① 林辉煌. 论证据排除——美国法之理论与实务[M]. 台湾:元照出版有限公司,2003:195.

性提出了强烈的质疑。在该法院看来，检控方证明被告人供述的自愿性，这是一项宪法责任，而且这种对被告人供述自愿性的证明必须至少达到“优势证据”的证明程度。

如果被告人供述本身成为其他非法证据的“毒树之果”，或者某一派生证据业已受到非法供述的“污染”，则被告人都需要对其所申请排除的证据与警察的某一宪法性侵权行为之间的联系承担证明责任。但是，被告人一旦承担了这种证明责任，检控方就需要对适用“毒树之果”的例外承担证明责任。换言之，检察官需要证明该派生证据所受的非法“污染”已经消失，该证据有合法的独立来源，或者即使警察采取合法的调查方式，该证据最终也会被获取。

3. 比较与评析

纵观中美两国的非法证据排除规则，都规定由检控方承担非法言词证据排除中的证明责任。但美国法规定检控方的证明必须至少达到“优势证据”的证明程度，而我国《非法证据排除规定》则规定了更为严格的证明标准，即证明要达到“确实、充分”的程度。而且，我国《非法证据排除规定》还规定了被告人启动排除非法证据程序的初步证明责任，这是我国法律的特色之处。

首先，《非法证据排除规定》第7条，首次明确规定由检控方承担非法言词证据排除规则中的证明责任，具有特别重要的意义，是一个重大的历史突破。然而，通过仔细考量该条的规定，让人对其能否真正排除非法证据不无疑问。“很难想象，控方提供的讯问笔录中会记载刑讯的有关内容；也很难想象，在看守所不能中立的前提下，有刑讯、威胁内容的录音、录像会提交法庭，讯问时在场人员（很有可能是看守人员）会证明公安机关非法取证；更难想象，侦查人员到庭会承认自己实施刑讯的事实。”[①]因此，要真正保障这些规定或做法的实现，还需要建立和各种配套措施，如从体制上将看守所与侦查机关分离，明确拘留后将犯罪嫌疑人移交看守所的期限，完善法律援助制度，明确讯问时的律师在场权和录音、录像制度等。

其次，《非法证据排除规定》第6条，规定了被告人启动排除非法证据程序的初步证明责任，以防止被告人和辩护人对程序的随意启动。当被告人及其辩护人提出排除非法证据的要求时，应对其要求进行证明，即应当提供“涉嫌非法取证的人员、时间、地点、方式、内容等相关线索或者证据”。这种证明标准只需要达到“存在

① 汪海燕. 评关于非法证据排除的两个《规定》[J]. 政法论坛，2011(1)：103.

合理怀疑”的程度就可以了，即被告人及其辩护人需要提供证明非法行为存在的信息。① 但是，由于非法取证一般在封闭的环境下进行，再加之法律对于犯罪嫌疑人被羁押后多长时间移送看守所没有明确规定，而且侦查机关讯问时律师没有在场权，在一般情形下，被告人或者辩护人很难提供非法取证人员的具体名单，具体的时间、地点等；而对于非法取证的方式和内容，除特殊情形下，如被告人有可能留下伤疤或残疾等外，被告人和辩护人更难提供相应的证据。因此，《非法证据排除规定》要求被告人及其辩护人提供涉嫌非法取证的人员、时间、地点、方式、内容等相关证据，对于辩方而言，要求过高。加之其对辩方提供初步证明责任的证明标准没有做出具体的规定，导致法官在是否受理辩方排除非法证据申请问题上拥有较大的自由裁量权。在我国当前的司法环境和刑事诉讼模式下，很容易出现法官对辩方排除非法证据的申请，应该受理而拒不受理、拒不启动排除程序的情况。因此，《非法证据排除规定》应当对辩方初步证明责任的证明标准做出明确、具体的规定，以有利于法官进行公正裁断，维护辩方合法的诉讼权利。其实，如果被告人及其辩护人能够提供相关线索，比如说明有几个人对其刑讯逼供，刑讯逼供的大致时间、地点、方式和内容，能够让法官产生侦查机关有实施刑讯逼供和非法取证的可能性，就应当启动非法证据排除程序。如果被告人及其辩护人能够提供侦查机关刑讯逼供和非法取证的具体证据，法庭就更应当启动非法证据排除程序。

（四）救济程序

1.《非法证据排除规定》的规定

《非法证据排除规定》第 12 条规定：“对于被告人及其辩护人提出的被告人审判前供述是非法取得的意见，第一审人民法院没有审查，并以被告人审判前供述作为定案根据的，第二审人民法院应当对被告人审判前供述取得的合法性进行审查。检察人员不提供证据加以证明，或者已提供的证据不够确实、充分的，被告人该供述不能作为定案的根据。”

2. 美国法的考察

在申请排除非法证据问题上，被告人固然可以在审判前提出有关的动议，并可以在审判过程中重新提出这一方面的动议，但是，这些动议一旦被法官拒绝，那些

① 杨宇冠. 非法证据排除规则研究[M]. 北京：中国人民大学出版社，2002：291.

有争议的证据就有可能被初审法院采纳为定罪的根据。在这种情况下,被告人还能否获得其他的救济呢?另一方面,如果对于检控方提交给法庭的某一证据,被告人在审判前和审判过程中都没有提出有关证据禁止的动议,但在自己被定罪之后,却发现被初审法院作为判决基础的某一证据属于非法所得的证据,那么,被告人还能否以法庭错误地采纳了非法证据为由,获得上级法院的救济呢?在美国刑事诉讼中,被告人是有机会获得这方面的救济的。这是因为,初审法院无论是在审判中侵犯被告人的宪法权利,还是错误地采纳了某一非法证据,也就是对于警察侵犯被告人宪法权利的行为没有给予任何制裁,其审判过程都被认为存在着法律错误。只要初审法院的审判存在这种法律错误,被告人就可以以此为依据,向上级法院提起上诉。为与作为特别救济程序的"间接复审"相区别,美国法往往将上诉称为"直接上诉"。

在美国,直接上诉基本上被设计成被告人就有罪裁决向上级法院寻求司法救济的制度。但后来,直接上诉程序有了内在的限制,只有初审法院对检控方某一非法证据的采纳,对案件的裁决结果造成直接影响时,上诉法院才会将原有罪裁决予以推翻。不仅如此,如果被告人在审判前和审判过程中都没有提出有关证据禁止的动议,也没有取得过法官有关排除非法证据问题的裁定,那么,被告人在是否排除非法证据问题上就丧失了上诉权。

3. 比较与评析

《非法证据排除规定》第 12 条是关于二审法院对被告人审判前供述审查的程序规则。如果被告人及其辩护人在一审期间提出的非法证据排除意见得不到审查,本条明确了该情况的救济程序,以保证非法证据排除规则的适用。根据美国非法证据排除规则:"如果被告人没有提出排除申请或者没有在规定的时间内提出申请,控诉方原则上可以使用非法证据,而且事后被告人也不得再行争辩;如果被告人在开庭前提出排除申请,而法官却没有排除非法证据的,被告人在法庭审理过程中可以再次提出申请,如果仍未获得批准,因而被判决有罪时,被告人可以提出上诉。"①

有学者从程序和实体的角度论证了本条的疏漏之处,认为"如果一审法院审查

① 宋英辉,孙长永,刘新魁. 外国刑事诉讼法[M]. 北京:法律出版社,2006:213.

了审判前供述的合法性，或者即使没有审查被告方提出的非法证据排除主张，但没有依据审判前供述作为定案根据的，二审法院都不需要对审判前供述的合法性进行审查。"这种规定不妥，并提出完善建议："在庭前审查中，如果被告方对于一审法院关于审前供述合法性相关认定不服，包括一审法院没有审查，或者即使审查但没有认定审判前供述的合法性，被告人就此问题有权提出上诉，上级法院应当受理并做出相应的裁定。对此裁定，被告人不服可以提出上诉。如果一审判决后，被告人仅就审判前供述合法性问题上诉，或者作为上诉理由一部分的，二审法院不再审理该部分。这样既可以彻底贯彻两审终审制，保障了被告人的诉权，又可以避免由于审前供述是否可采用影响整个案件的审理或者防止启动不必要的二审程序。"①可见，与美国非法证据排除规则中的"直接上诉"程序相比，虽然《非法证据排除规定》明确了二审程序也能适用非法证据排除规则，但是并没有细化该规则在二审程序中的适用，没有明确第二审人民法院适用非法证据排除规则应否以被告人及其辩护人在第二审程序中向法院提出为前提。而且，对于一审中被告人及其辩护人没有提出非法证据排除意见的，没有明确这种情况下在第二审程序能否提出。因此，应当对这些问题进一步细化，使该规则更具可操作性。②

既要研究中国的问题，又要有世界的眼光。需要指出的是，本文将美国的非法证据排除规则与中国的《非法证据排除规定》的上述程序性规定进行比较与分析，目的不在于希求我国的《非法证据排除规则》照搬美国法制，而是试图通过对两者的对比，使我们对非法证据排除相关规则的立法理念、目的与意义更加明晰。如前所述，我国《非法证据排除规定》在若干程序性规定上存在诸多立法瑕疵，并都将在不同程度上影响它的实际运行效果，甚至会在某些情况下阻碍其立法目标的真正实现，但它的颁行，无疑是我国刑事执法走向法制化、规范化的集中表现。正如美国非法证据排除规则所经历的过程一样，它也有一个从不完善到逐步完善以至完美的过程。"作为刑事证据中一种有争议的规则，非法证据排除规则已经在各个层次的刑事司法职业者中展开一场争论。没有其他证据规则能够对刑事案件产生如

① 汪海燕. 评关于非法证据排除的两个《规定》[J]. 政法论坛，2011(1)：102.

② 刑事证据规则运用手册编委会. 刑事证据规则运用手册[M]. 北京：法律出版社，2010：277.

此重大的影响。这个规则由法院适用，并且对日复一日的执法产生直接影响。在联邦最高法院的判决中，这个规则继续经历着修正和改良，但是无法预言未来究竟如何变化。”[①]毋庸置疑，在我国《非法证据排除规定》处于萌芽之时，对之加以正确的认识、评价，再合理地加以完善、改进，将对推进我国刑事司法领域的程序法治与人权保障进程具有重大意义。

① [美]罗纳尔多 V 戴尔卡门. 美国刑事诉讼——法律和实践[M]. 张鸿巍，等译. 武汉：武汉大学出版社，2006：107.

第十章　规训与惩罚：公安机关遏制刑讯逼供的必由路径

公安机关遏制刑讯逼供，既要有规训，又要有惩罚。这是通过对1979年以来公安部遏制刑讯逼供内部规范性文件进行系统梳理和考察之后得出的初步结论。规训与惩罚，是公安机关遏制刑讯逼供的必由路径。对于公安机关来说，在遏制刑讯逼供问题上，其自身作为力度之大小，直接关乎遏制刑讯逼供目标的最终实现。

"刑讯，是程序上最大的不公，它使犯罪嫌疑人、被告人在诉讼中、定罪前便受到残酷的肉体或精神折磨。刑讯，也是造成实体不公的重要原由，我国司法实践中的冤假错案，绝大多数都与刑讯逼供有很大的关系，或者直白地说，就是根据刑讯逼供得来的口供定案而造成的。"①从刑讯逼供行为的实施主体、实施对象与实施目的上看，这种行为具有特定性，它是掌握刑事讯问权的国家机关工作人员为了逼取口供而对犯罪嫌疑人、被告人实施的一种特殊犯罪行为。而从我国刑事诉讼的实践来看，刑讯逼供犯罪行为主要发生在刑事诉讼的侦查阶段，因此，本文所言的刑讯逼供，主要是指公安机关侦查人员对犯罪嫌疑人、被告人实施的刑讯逼供行为。

实施刑讯逼供行为，要求一个人既是控告者，同时又是被告人，这就是想混淆一切关系；是想让痛苦成为真相的熔炼炉，似乎不幸者的筋骨和皮肉中蕴藏着检验真相的尺度。② 而对于这种严重侵犯犯罪嫌疑人、被告人人权的行为，早已为我国《刑法》《刑事诉讼法》等法律以"严禁刑讯逼供"的方式明文禁止。同时，"尊重和保障人权"——包括犯罪嫌疑人、被告人的人权，也已经被写入2012年3月14日第十一届全国人民代表大会第五次会议通过的《中华人民共和国刑事诉讼法修正

---

① 卞建林. 论我国刑事证据制度的立法完善[J]. 甘肃政法学院学报，2011(6)：9.

② [意]贝卡里亚. 论犯罪与刑罚[M]. 黄风，译. 北京：中国大百科全书出版社，1993：32.

案》,这标志着我国已经迈入刑事法治文明发展的新阶段。但是,徒法不能以自行,而且我国遏制刑讯逼供的法律机制还不够完善,因此,作为刑讯逼供行为主要实施者的公安机关,其对遏制刑讯逼供的态度与措施如何,直接关系到遏制刑讯逼供最终能否富有成效。

一、规训:公安机关遏制刑讯逼供的基本方式

从 1979 年以来,公安部自身不断加大内部规范、训诫的力度,并发布了一系列有关遏制刑讯逼供的规范性文件,以杜绝刑讯逼供现象的发生。可以说,规训(规范与训诫)是公安机关遏制刑讯逼供的基本方式。对公安部遏制刑讯逼供的内部管理文件进行系统梳理,并加以深入剖析,不仅可以彰显公安部遏制刑讯逼供的态度与措施,而且对于进一步从全方位、多角度、更有力地遏制公安机关的刑讯逼供行为大有裨益。故此,本文拟对我国 1979 年以来公安部内部发布的各种有关遏制刑讯逼供的规定、决定、通知、办法等管理文件进行全面、系统的梳理,并对其进行细致、深入的剖析,以求探寻公安机关遏制刑讯逼供的必由路径。

通过对 1979 年以来公安部发布的各种通知、决定、解释、答复、通报、规定、意见、纲要、规划、办法等文件进行全面、系统的梳理,笔者共整理出 36 个遏制刑讯逼供的相关文件。为了便于分析,将这些文件分为两大类:第一大类是公安部专门针对遏制刑讯逼供而发布的文件(见表 10.1),共有 6 个,占全部文件数的 16.7%;第二大类是公安部非专门针对遏制刑讯逼供但内容涉及遏制刑讯逼供的文件,共有 30 个,占全部文件数的 83.3%。同时通过进一步对第二大类文件进行梳理和分析,又将其中那些仅属于宣示性规定而没有具体操作和处理措施的文件进行归纳整理(见表 10.2),共有 15 个,占第二大类文件总数的 50%;而其余 15 个文件中的内容则有对遏制刑讯逼供相对具体化的要求和措施(见表 10.3),较具有可操作性。因此,全部 36 个文件中,相对具有实际可操作性的文件是 21 个(即表 10.1 和表10.3 中的文件之和),占全部文件的 58%。

表 10.1　1979 年以来公安部专门针对刑讯逼供发布的相关文件一览表

	发布时间	文件名称	遏制刑讯逼供的基本态度
1	1992.1.6	《公安部关于坚决制止公安干警刑讯逼供的决定》	1. 重视通过思想教育、培训和整顿活动来遏制刑讯逼供 2. 规定了纪检、监察部门查处刑讯逼供的职责，表明了加强监督，严肃查处刑讯逼供案件的态度 3. 表明了接受群众监督，严禁对检举人打击报复的态度 4. 表明了对刑讯逼供的坚决打击、严惩，尤其是对于领导人员规定了严格的奖惩措施 5. 力争不发生因刑讯逼供致死致残的恶性事故
2	1993.1.6	《最高检、公安部关于加强检察 公安机关在查办刑讯逼供案件中密切配合的通知》	1. 公安、检察机关在办理刑讯逼供案件中要互相支持、协同配合、及时查处 2. 检察机关要依法办案，不枉不纵。对于构成犯罪的，要坚决依法查处 3. 对重大刑讯逼供案件，不仅要查处直接责任人，而且对那些失职或纵容包庇刑讯逼供行为的领导人，也要视情节、后果，依法追究责任 4. 对因刑讯逼供罪被免予起诉、被判处缓刑或免予刑事处分的被告人，其主管部门应当做出相应的党纪、政纪处理，不能不了了之 5. 对刑讯逼供案件的查处，一般不要公开报道，可在内部通报，有些典型案件还要在内部较大的范围通报，以起到教育作用
3	1995.10.9	《公安部关于四川省新都县公安局连续发生两起刑讯逼供和伤害致死人命案件的情况通报》	通报四川省成都市新都县公安机关连续发生的两起公安民警刑讯逼供、要特权致死人命的案件，对全体公安干警进行教育

续表 10.1

	发布时间	文件名称	遏制刑讯逼供的基本态度
4	1995.12.15	《公安部关于集中开展制止刑讯逼供专项教育整顿的通知》	1. 开展制止刑讯逼供的思想教育 2. 进行制止刑讯逼供的整顿活动,对一般性打人骂人问题,只要主动检查的,一律不予追究;对问题严重的,只要自己主动交代,也要从宽处理;对那些问题比较严重,自己又不主动检查的,必须严肃处理 3. 严肃查处刑讯逼供案件 4. 查处重大案件中纵容、包庇、失职的领导人 5. 将查处刑讯逼供作为纪检、监察部门的一项经常性的任务与职责 6. 接受群众监督 7. 查处刑讯逼供案件要遵循及时、从严原则 8. 根据情节、后果给有关人员以党纪、政纪、法纪处分,决不能包庇护短 9. 将明知故犯、屡教不改之人调出公安机关 10. 加强教育培训 11. 将不搞刑讯逼供作为考察领导的一项重要标准 12. 凡搞刑讯逼供的,不管破案成果多大,不仅不予评功授奖,还要严肃追究责任 13. 领导带头或授意搞刑讯逼供,发现刑讯逼供行为不予制止的,要从严处理 14. 要把制止刑讯逼供纳入各级领导实绩考核和民警岗位考核的重要内容,纳入科所队"达标"和目标管理的范围,并逐级签订预防刑讯逼供问题的责任状,建立健全防范刑讯逼供案件发生的责任机制 15. 公安纪检监察部门要充分发挥职能作用,通过经常性的监督检查,把有关制止刑讯逼供的规章制度落在实处

续表 10.1

	发布时间	文件名称	遏制刑讯逼供的基本态度
5	1996.11.12	《公安部关于公安机关开展制止刑讯逼供专项教育整顿的情况通报》	1. 切实把制止刑讯逼供案件作为纪律作风整顿和反腐败的重要工作来抓 2. 加强领导,建立健全责任制 3. 突出重点,坚持常抓不懈 4. 努力提高民警政治业务素质和执法水平 5. 加强制度建设,建立健全监督机制 6. 严格执纪,赏罚分明。对于领导失职失察而没有受到追究的要重新追究,严肃处理;对顶风作案、新发生的刑讯逼供致死人命案件要从严从重惩处。经济赔偿要按照《国家赔偿法》的有关规定,单位赔偿后,要向个人追偿部分或全部赔偿费用。凡在破案中有严重刑讯逼供行为的,即使破了案,也不能立功受奖。不但个人不能立功受奖,还要取消单位参与评先进资格。已经立功受奖和评上先进单位的要予以撤销
6	1999.6.16	《关于进一步加强对刑讯逼供致人死亡案件追究领导责任和逐级汇报检讨等项工作的通知》	1. 发生刑讯逼供致人死亡案件,对有关民警和领导要严肃处理,绝不姑息 2. 严格实行逐级汇报检讨制度 3. 发生刑讯逼供致人死亡案件要立即逐级上报 4. 及时通报每一起刑讯逼供致人死亡案件

表 10.2　1979 年以来公安部非专门针对刑讯逼供发布的相关文件一览表(1)

	发布时间	文件名称	遏制刑讯逼供的基本态度
1	1985.7.31	公安部关于严格控制使用收容审查手段的通知	严禁
2	1989.3.24	公安部关于严格履行国际公约中与公安工作有关的规定的通知	严禁

续表 10.2

	发布时间	文件名称	遏制刑讯逼供的基本态度
3	1992.2.15	关于坚决纠正滥用收审手段的通知	宣告刑讯逼供是侵犯公民人身权利的严重违法行为
4	1992.4.6	关于依法处理非法入境、非法居留外国人的通知	严禁
5	1995.4.27	关于进一步学习宣传贯彻人民警察法的决定	严禁
6	1995.10.23	公安机关办理未成年人违法犯罪案件的规定	严禁
7	1996.3	“九五”公安工作纲要 3	严禁
8	1996.6.13	关于贯彻实施刑事诉讼法有关问题的通知	严禁
9	1998.1.23	公安部关于严格执行刑事诉讼法、刑法有关问题的通知	严禁
10	1998.5.14	公安机关办理刑事案件程序规定	严禁
11	1999.8.18	关于治安部门办理刑事案件有关问题的通知	严禁
12	2000.3.17	关于打击拐卖妇女儿童犯罪适用法律和政策有关问题的意见	严禁
13	2004.7.12	公安机关适用继续盘问规定	严禁
14	2006.1.10	公安部关于印发《〈中华人民共和国治安管理处罚法〉宣传提纲》的通知	严禁
15	2006.1.12	公安部关于加强基层所队正规化建设的意见	严禁

表 10.3 1979 年以来公安部非专门针对刑讯逼供发布的相关文件一览表(2)

	发布时间	文件名称	遏制刑讯逼供的基本态度
1	1991.6.11	关于进一步控制使用收容审查手段的通知	1. 及时查处刑讯逼供 2. 望各地公安机关遵照执行

续表 10.3

	发布时间	文件名称	遏制刑讯逼供的基本态度
2	1994.7.6	关于认真做好实施《中华人民共和国国家赔偿法》准备工作的通知	清理刑讯逼供
3	1995.7.15	关于公安机关执行《人民警察法》有关问题的解释	1. 严禁 2. 对于经批评教育无效的有刑讯逼供行为的人民警察,可以停止执行职务
4	1995.9.18	关于解除刑事强制措施后是否可以提起行政诉讼的请示的答复	对取保候审措施中的刑讯逼供行为,受害人可以申请进行国家赔偿
5	1996.5.28	公安部关于当前反腐败工作着重解决几个问题的意见	1. 使刑讯逼供案件明显减少,特别是要杜绝刑讯逼供致人死亡案件的发生 2. 今后发生刑讯逼供问题,尤其是造成致伤、致残等后果的,除追究当事人责任外,对单位领导也要做出相应的纪律处分 3. 凡发生刑讯逼供致死人命案件的,对当事人从严从重从速惩处,对单位主要领导给予撤职处分
6	1996.10.31	“九五”期间公安机关法制宣传教育规划	1. 使刑讯逼供案件逐年减少 2. 深入学习公安部关于集中开展制止刑讯逼供专项教育整顿的通知等有关规定
7	1997.4.3	公安机关追究领导责任暂行规定	人民警察刑讯逼供致人死亡的,应当追究直接领导者和分管领导者的责任
8	1998.3.6	关于在全国公安机关开展执法大检查和进行集中教育整顿的通知	对民警利用职务进行刑讯逼供的违法违纪和犯罪问题进行重点严肃查处
9	1998.8.29	公安机关实施停止执行职务和禁闭措施的规定	人民警察刑讯逼供情节比较严重的,停止职务和禁闭

续表 10.3

	发布时间	文件名称	遏制刑讯逼供的基本态度
10	1999.6.21	关于实施《公安机关内部执法监督工作规定》和《公安机关人民警察执法过错责任追究规定》有关问题的通知	重点解决执法办案中的刑讯逼供问题
11	2000.6.03	公安部关于加强公安法制建设的决定	用3年左右的时间,在解决刑讯逼供的突出执法问题上取得明显成效
12	2001.10.17	公安机关执法质量考核评议规定	公安机关所属执法部门或派出机构刑讯逼供致人重伤、死亡,本级公安机关年度考核评议结果应确定为不达标
13	2002.6.28	公安机关实施留置措施备案规定	有无刑讯逼供行为是督察部门对留置措施实施情况的一项现场督察内容
14	2010.4.21	公安机关人民警察纪律条令(公安部、监察部、人力资源社会保障部)	实施或者授意、唆使、强迫他人实施刑讯逼供的,给予撤职处分;造成严重后果的,给予开除处分
15	2010.7.9	公安部机关领导干部问责暂行办法	因工作失职,本单位或者其下属单位发生重大违纪违法案件或者对本单位或者其下属单位发生的重大违纪违法问题、事件隐瞒不报的,对领导干部实行问责,轻则道歉,重则免职

经过对具有实际可操作性的21个文件的分析(详见表10.1和表10.3的分析)可以看到,公安部对于遏制刑讯逼供,不仅态度比较积极,而且十分注重通过采取教育、整顿、奖惩、监督等多种手段来达到遏制目的。比如,公安部不同时期发布的文件中,有相当多的内容是关于对刑讯逼供的民警,尤其是领导人员的惩处措施。例如,对民警有下列规定:凡搞刑讯逼供的,不管破案成果多大,不仅不予评功授奖,还要严肃追究责任;将明知故犯、屡教不改之人调出公安机关;对于经批评教育无效的有刑讯逼供行为的人民警察,可以停止执行职务;实施或者授意、唆使、强迫他人实施刑讯逼供的,给予撤职处分,造成严重后果的,给予开除处分;对因刑讯

逼供罪被免予起诉、被判处缓刑或免予刑事处分的被告人,其主管部门应当做出相应的党纪、政纪处理,不能不了了之;发生刑讯逼供致人死亡案件,对有关民警和领导要严肃处理,绝不姑息。此外,对领导人有下列规定:对重大刑讯逼供案件,不仅要查处直接责任人,而且对那些失职或纵容包庇刑讯逼供行为的领导人,也要视情节、后果,依法追究责任;查处重大案件中纵容、包庇、失职的领导人;将不搞刑讯逼供作为考察领导的一项重要标准;领导带头或授意搞刑讯逼供,发现刑讯逼供行为不予制止的,要从严处理;凡发生刑讯逼供致死人命案件的,对当事人从严从重从速惩处,对单位主要领导给予撤职处分;人民警察刑讯逼供致人死亡的,应当追究直接领导者和分管领导者的责任。还有很多文件强调将查处刑讯逼供作为纪检、监察部门的一项职责,甚至有些文件还将刑讯逼供与单位的考评结果挂钩。例如,文件中有下列规定:公安机关所属执法部门或派出机构刑讯逼供致人重伤、死亡,本级公安机关年度考核评议结果应确定为不达标;凡在破案中有严重刑讯逼供行为的,即使破了案,也不能立功受奖,不但个人不能立功受奖,还要取消单位参与评先进资格,已经立功受奖和评上先进单位的要予以撤销。

二、惩罚:公安机关遏制刑讯逼供的有力保障

在刑法、刑事诉讼法明文禁止刑讯逼供的前提下,公安部又制定大量内部管理文件来遏制刑讯逼供,其遏制刑讯逼供的积极态度毋庸置疑。但是,为什么司法实践中的刑讯逼供还是难以遏制呢?为什么甚至在公安部部署制止刑讯逼供专项教育整顿之后,还会发生严重的刑讯逼供行为呢?比如,公安部于1995年12月15日发布了《关于集中开展制止刑讯逼供专项教育整顿的通知》,将近1年以后,公安部于1996年11月12日发布的《关于公安机关开展制止刑讯逼供专项教育整顿的情况通报》中就披露:1996年1至8月发生刑讯逼供致死人命案件31起、致死32人;上半年发案率虽比去年同期有所下降,但绝对数仍然有67起,涉及民警109人;31起刑讯逼供致死人命案件中,共涉及民警73人,合同警和联防人员等47人;这些案件情节恶劣,手段残忍、后果严重,影响极坏;尤其严重的是这些问题都发生在公安部部署制止刑讯逼供专项教育整顿之后;甘肃省庆阳地区1996年4月28日至4月30日三天内发生2起刑讯逼供致死人命案件;全国优秀县公安局河北省临城县公安局1995年以来连续发生2起刑讯逼供致死人命的案件。这不能不引起我们的忧虑和反思。

对表10.1和表10.3中笔者根据各个文件内容提炼出的公安部遏制刑讯逼供的基本态度进行分析和反思,可以探寻出一些公安部遏制刑讯逼供管理文件失灵

的原因：

首先，公安部遏制刑讯逼供的态度呈现出一个由最初的不明朗、不坚决到逐步明确和坚决的过程。比如，早在1991年6月11日公安部发布的《关于进一步控制使用收容审查手段的通知》中有“以上规定，望各地公安机关遵照执行”的说法，表明遏制刑讯逼供的态度不够明朗和坚决。再比如，1992年1月6日公安部发布的《公安部关于坚决制止公安干警刑讯逼供的决定》中提出“力争不发生因刑讯逼供致死致残的恶性事故”的要求，其中的“力争”，亦表明态度有欠坚决。

其次，公安部文件中有关刑讯逼供内容大多缺乏可操作性。如前所述，接近一半文件的内容不具可操作性，影响了遏制刑讯逼供的力度。

再次，公安部文件主要强调对“情节严重”“致死致残”“致人死亡”“造成恶劣影响”等具有严重后果、不得不惩处的刑讯逼供行为的遏制，而对大量后果“不严重”的刑讯逼供行为有查处不力和放纵之嫌。

最后，公安部文件的相关规定导致遏制刑讯逼供行为主要靠内部管理而缺乏社会监督，对刑讯逼供行为如何在内部惩处，也是由公安机关“自己做自己案件的法官”。比如，1993年1月6日的《最高人民检察院、公安部关于加强检察、公安机关在查办刑讯逼供案件中密切配合的通知》中规定：“对刑讯逼供案件的查处，一般不要公开报道，可在内部通报，有些典型案件还要在内部较大的范围通报，以起到教育作用。”所以，“真正可能成为行政纪律处分对象的则通常是那些涉及侵犯嫌疑人、被告人人身权利的程序性违法行为。当然，这些行为被追究行政纪律责任的前提条件则是造成了严重的后果，包括人身伤亡或者案件被办成错案的后果。”①

可见，规范和训诫是公安机关遏制刑讯逼供的基本方式，但是，对于刑讯逼供行为的坚决惩罚，是公安机关遏制刑讯逼供的有力保障措施。过去多年，刑讯逼供之所以屡禁不止，一个重要原因是执法不严。为什么对刑讯逼供的案件很难查处下去？根源就出在部门保护主义，“谁家的牛犊谁家护”。鉴于这样的教训，要遏制刑讯逼供，必须坚决向部门保护主义宣战。② 公安机关要真正遏制刑讯逼供，离不开惩罚这种保障措施。

三、规训与惩罚：公安机关遏制刑讯逼供的必由之路

如前所述，在刑法和刑事诉讼法明文禁止刑讯逼供的前提下，公安机关又制定

---

① 陈瑞华. 程序性制裁理论[M]. 北京：中国法制出版社，2010(4)：78.

② 崔敏. 再论遏制刑讯逼供[J]. 山东公安专科学校学报，2001(6)：68.

大量内部管理文件来遏制刑讯逼供,其遏制刑讯逼供的积极态度毋庸置疑。但是,事实证明,由于公安部有关文件采用的都是内部管理与监督方式,训诫有余而惩罚不足,其对违法行为惩处的公开度、透明度不够,且某些单位领导至今还存有怕因惩罚刑讯逼供实施者而打击其办案积极性的顾虑。比如,"一犯罪嫌疑人在琼中黎族苗族自治县偷盗协警的摩托车时被抓后,遭刑讯逼供致死。两级法院先后做出判决,判令琼中公安局赔偿死者父母 58.45 万元人民币。但判决书生效已经 5 个月,死者父母仍未拿到分文赔偿金。而琼中县公安局则称,如果支付了巨额行政赔偿后,该判决的效果必将极大挫伤和打击广大公安干警工作的积极性和主动性。"① 这是公安机关难以从根本上遏制刑讯逼供的深层原因。因此,公安机关试图单独通过公安部遏制刑讯逼供的内部管理文件进行规训来遏制刑讯逼供,是难以达到预期效果的。规训与惩罚的有机结合,是公安机关遏制刑讯逼供的必由之路。

总而言之,经过上面的初步分析,我们可以清晰地看到,在遏制刑讯逼供问题上,法律、政策、观念和科技的影响固然不可忽视,但公安机关自身作为力度之大小,直接关系到遏制刑讯逼供的最终成效。《孟子·离娄篇》有云:"徒善不足以为政,徒法不能以自行。""法律必须被信仰,否则它将形同虚设。"②

公安机关作为刑讯逼供行为的主要实施者,其各级主管部门能否对刑讯逼供行为施以坚决、彻底和有效的惩治,是我国能否真正遏制和最终消灭刑讯逼供行为的关键所在。

但需要指出的是,要想真正有效遏制刑讯逼供,除了要依靠公安机关的内部规训与惩罚措施,最根本、最重要的还是要靠不断完善、健全遏制刑讯逼供的相关立法,在公安机关外部建立有效遏制刑讯逼供的法律机制体系。令人欣喜的是,2012 年 3 月 14 日,第十一届全国人民代表大会第五次会议通过的《中华人民共和国刑事诉讼法修正案》,对不得强迫自证其罪、非法证据排除、讯问的时间地点、讯问时录音录像等制度都进行了明确规定,同时对遏制刑讯逼供的法律机制进行了诸多改进与完善,为真正有效遏制刑讯逼供又向前迈进了一大步。

---

① 宁远. 海南警方:赔偿会"打击干警积极性"[N]. 扬州时报,2010-11-17(13).

② [美]伯尔曼. 法律与宗教[M]. 梁治平,译. 北京:生活·读书·新知三联书店,1991:14.

第十一章　未成年人前科消除制度论

从未成年人最佳利益原则考量,我国目前法学理论与司法实践中出现的“未成年人前科消灭制度”或“未成年人前科封存制度”等提法均欠科学性与合理性,宜加以修正和改造,并建立相应的制度,以真正实现对特定未成年犯罪人利益的有效保护。在立法上确立未成年人前科消除制度已经成为一个世界性的趋势,我国也已经具备建立这一制度的政策、法律与实践的基础条件与现实可能性。我国应借鉴国际相关立法并及时总结少年司法改革中的有益经验,且至少应该从价值取向、功能定位、适用对象、适用条件、实施程序、法律效果、救济措施等方面入手,本着既有利于保护未成年犯罪人又有利于维护社会稳定的原则,合理构建适合我国国情的未成年人前科消除制度。

中央政法委2008年12月《关于深化司法体制和工作机制改革若干问题的意见》和最高人民法院2009年3月《人民法院第三个五年改革纲要(2009—2013)》,均明确提出要有条件地建立未成年人轻罪犯罪记录消灭制度,明确其条件、期限、程序和法律后果。对于未成年人轻罪犯罪记录消灭制度,近年来越来越多的地方法院都进行了积极的改革与探索,并取得了初步成效。[①]然而,在改革与探索的实践中,由于无法可依且受现行立法的限制,一些问题也逐步暴露出来:该制度的价值取向与功能定位是什么?该制度的适用对象与条件是什么?该制度的实施程序与法律效果是什么?在上述诸多问题未能有效解决的情况下,未成年人前科消灭制

① 2003年河北省石家庄市长安区人民法院率先提出了“未成年人前科消灭”的实施办法,拉开了未成年人轻罪犯罪记录消灭制度改革的序幕。此后,上海、河北、重庆、宁波、四川、山东、福建等地分别以封存犯罪记录、出具前科消灭证明书、做出消灭前科的裁定等形式,开展了丰富多样的实践探索。

度的改革与探索实践能走多远?[①]未成年人前科消灭制度应向何处去?为此,笔者提出未成年人前科消除这一特定概念,并拟对我国构建未成年人前科消除制度做出初步的制度设计,期望有助于上述问题的解决。

一、未成年人前科消除制度的含义界定

(一)未成年人前科消除制度的含义

对于前科的概念,无论是各国立法还是理论上都没有完全统一的说法。笔者无意探讨前科的精准概念,但为了讨论问题的方便,笔者在本文中对前科的概念做如下界定:前科是指曾经被宣告犯有罪行或被判处刑罚的事实,即只要行为人被定罪,无论是否被处刑、刑罚是否执行,均不影响前科的成立。前科是一个人犯罪的历史记录,前科一般通过犯罪记录的形式来体现和证明。一般来说,前科主要有两方面的法律后果:一是前科对犯罪人民事、行政权益的影响。根据我国《教师法》《法官法》《检察官法》《律师法》《兵役法》《会计法》《公司法》《执业医师法》等法律的规定,有前科的人不得从事某些特殊行业的工作。二是前科对累犯、再犯的构成及量刑的影响。前科一般是构成累犯、再犯的一个条件并且是确定从重处罚的事由。此外,前科还与政审制度、单位的人事档案制度相结合,导致犯罪人一朝是罪犯、终生是罪犯,将给罪犯今后的人生带来升迁乃至其他方面的歧视待遇,并且不仅影响到犯罪人本人的利益,而且至少影响到其第二代直系亲属的利益。

根据上述对前科概念的界定及对前科法律后果的分析,笔者认为,未成年人前科消除制度,是指当曾受过有罪宣告或者被判处刑罚的未成年人,具备法定条件时,注销其有罪宣告或者处刑记录。前科消除的法律后果也就是消除前述前科所引起的法律后果。

(二)"未成年人前科消除制度"之提法的科学性

我国2012年新修改的《刑事诉讼法》第275条采用了"犯罪记录封存",即"前

---

① 比如河北省石家庄市新华区人民法院曾在1994年就提出了"未成年人犯罪前科消灭"的想法,并出台了相关文件,但由于难于与社会各部门相协调、没有实施的法律依据、存在未成年人再犯风险等原因,后来没有实施。

科封存”的说法①。笔者认为,“前科封存”的提法,有使前科暂时处于保密状态之意,似乎只是一时地对犯罪记录予以“封存”,似乎意味着在特定情形下还可以随时根据需要对犯罪记录进行“提取”,实质上意味着前科永远也不会“消除”,更不会“消灭”。因此,对于犯罪记录要么消除,要么不消除,而“封存”则既显得对未成年犯罪人的保护、挽救不够彻底,又不具有真正的必要性与现实意义。只要未成年犯罪人真心改过,品行已经完全正常,就应该在形式上消除其犯罪记录,并且其曾经的罪行轻重不应作为是否消除其犯罪记录的决定性因素。“消除”的作用就是尽快在形式上消除对未成年人极其不利的犯罪记录,以使未成年犯罪人放下包袱,尽快顺利地融入社会。相较于“前科封存制度”“前科消除制度”是一种能够使未成年犯罪人更主动、更好地接受教育和改造的激励机制。

除了“前科封存制度”,还有“前科消灭制度”的说法。一般认为,前科消灭制度属于刑罚执行体系,是对有前科的人,经过法定程序,宣告注销犯罪记录,恢复正常法律地位的一种制度。②笔者之所以提出用“前科消除”而不用“前科消灭”的表述,是因为前科指的是一种已发生过的犯罪事实,人们永远也无法真正将这种犯罪事实“消灭”掉,而只能将因前科而导致的对未成年犯罪人不利的前科表现形式——犯罪记录予以“消除”掉,从而为未成年人扫除生活、入伍、上学、就业中的障碍。因为前科对未成年人来说,无论在心理上还是在生活中,都是其健康成长的巨大障碍,而这种障碍的外在表现形式主要是未成年人的犯罪记录。这种犯罪记录在形式上是能够被取消、消除的,但至少在未成年人心里却是永远无法真正“消除”的,就更谈不上“消灭”了。用“消灭”的说法还可能导致未成年人对这一制度产生错觉和误解,即认为未成年人即使犯了罪,其前科也会一笔勾销、彻底消灭,无条件享受法律规定的特权,从而不利于有效抑制未成年人犯罪。用“消除”的说法有利于让未成年人感觉到前科消除制度只是在外在形式上消除对其不利的犯罪记录,并不意味着将自己以前的犯罪事实一概“消灭”掉,从而使未成年犯罪人会从内心感谢

---

① 根据该条的规定,犯罪的时候不满十八岁,被判处五年有期徒刑以下刑罚的,司法机关和有关部门应当对相关犯罪记录予以封存;犯罪记录被封存的,不得向任何单位和个人提供,但司法机关为办案需要或者有关单位根据法律法规规定进行查询的除外;依法进行查询的单位,应当对被封存的犯罪记录的情况予以保密。

② 于志刚.刑罚消灭制度研究[M].北京:法律出版社,2002:695.

这一制度为自己创造的条件,珍惜更好地融入社会的机会,并且能够吸取教训、改过自新。

综上所述,根据制度的设立目的以及汉语语言特点,用“前科消除”比“前科消灭”更合理;而“前科封存”的说法,既没有现实意义又显得制度设计对未成年犯罪人的保护与救济不够彻底。至于“轻罪犯罪记录消灭”中“轻罪”的限定,会使制度设计的范围受到不应有或不必要的人为限制。因此,笔者主张在新《刑事诉讼法》中用“未成年人前科消除制度”取代“未成年人前科消灭制度”以及“未成年人前科封存制度”的提法。这一提法,不仅有助于当前我国未成年人前科消除制度的构建,还能为将来更深远的少年司法制度改革奠定基础。

二、我国构建未成年人前科消除制度的现实可能性

在我国新《刑事诉讼法》中确立未成年人前科消除制度,不仅符合国际社会立法潮流①,也因应了时代发展的要求和中国社会的现实需要,并且还具有充分的政策、法律和实践基础。

未成年人前科消除制度,符合国际少年司法制度的少年最佳利益原则,符合我国少年司法制度的对少年进行“教育、感化、挽救”的方针及“教育为主,惩罚为辅”的原则,也是我国宽严相济刑事政策的具体体现,同时,该制度还体现了构建和谐社会、和谐司法的要求,有利于预防犯罪和社会综合治理,有利于未成年人的健康发展和社会的和谐稳定。

我国《预防未成年人犯罪法》第48条规定:“依法免予刑事处罚、判处非监禁刑罚、判处刑罚宣告缓刑、假释或者刑罚执行完毕的未成年人,在复学、升学、就业等方面与其他未成年人享有同等权利,任何单位和个人不得歧视。”我国《未成年人保护法》第57条规定:“解除羁押、服刑期满的未成年人的复学、升学、就业不受歧视。”中央政法委2008年12月《关于深化司法体制和工作机制改革若干问题的意

---

①　我国签署的1984年《联合国未成年人司法最低限度》(简称《北京规则》)第21条第1款规定:“对未成年罪犯的档案应严格保密,不能让第三方利用。只有与案件直接有关的工作人员或其他经正式授权的人员才可能接触这些档案。”第2款规定:“未成年罪犯的档案不得在其后的成人诉讼案中加以引用”。这明确了只要犯罪时未成年,其后果不应对其成年以后的生活有任何影响,确立了前科消除的原则。

见》和最高人民法院2009年3月《人民法院第三个五年改革纲要(2009—2013)》,均明确提出要有条件地建立未成年人轻罪犯罪记录消灭制度,作为落实宽严相济刑事司法政策的重要内容。根据2011年2月25日第十一届全国人民代表大会常务委员会第十九次会议通过的《中华人民共和国刑法修正案八》第19条的规定,犯罪的时候不满十八周岁被判处五年有期徒刑以下刑罚的人,在入伍、就业的时候,免除如实向有关单位报告自己曾受过刑事处罚的义务。

我国河北、上海、重庆、宁波、四川、山东、福建等地早已先行在少年司法实践中开始了建立未成年人犯罪前科消除制度的试点改革,这些改革为我国建立未成年人犯罪前科消除制度提供了宝贵的实践经验。①

三、我国未成年人前科消除制度构建的基本要素

(一)未成年人前科消除制度的价值取向

建立未成年人前科消除制度势在必行。既然未成年人受过了刑罚,经过了教育、感化,经过了一定的时间,就应将其视为正常的普通人,而不应该有标签,因为其已经付出了代价,受到了惩罚,社会就不应再对其歧视,其也没有义务向社会报告自己的前科,这样才有利于未成年人的发展,也不会对社会造成损害。可以明确的是,如果不设立未成年人前科消除制度,我国现行的前科报告制度将会给未成年犯罪人的发展带来极其不利甚至是灾难性的结果,也使得未成年犯罪人的家庭和社会都要承受不利的后果。但是,对于未成年人前科消除制度,人们有很多担心,比如有人认为这种做法会增加社会的不安全感,还有人认为这种方式容易滋生腐败。因此,在设计相关程序时应尽可能避免这些隐患的产生。但是,前科消除制度的直接目的在于消除歧视以保护未成年人,帮助扫除其将来回归社会的障碍。因此,未成年人前科消除制度的构建应以有利于未成年人为根本价值取向,以实现未成年人的最佳利益为基本原则。

---

① 我国各地法院对未成年人前科消除制度的改革探索可谓大势所趋、风起云涌。以山东省青岛市李沧区、德州市乐陵市、日照市东港区等法院的实践情况为例,作为山东省最先试点地区,青岛市李沧区这项工作源于法院提出倡议,后由综治委牵头相关部门联合发文实行,最大的特点是对犯罪记录采用封存的方式。德州市乐陵市采用党委统一领导下、多部门联动、附条件的前科消灭模式。日照市东港区采用归零模式探索未成年人轻罪记录消灭制度。

（二）未成年人前科消除制度的功能定位

未成年人前科消除制度，主要应指对犯罪记录的消除，而不应强调对犯罪事实的绝对的消除。在知情的熟人之间未成年人曾经犯罪的事实永远无法消除，何况在网络信息时代，犯罪的情况很容易被传播、扩散，因而很难做到永远不被发现。而且，如果过于强调对前科绝对的“消灭”，甚至不允许提及，还会造成社会诚信的缺失，不利于社会的发展。比如，可能会导致简历造假、履历造假的行为。所以，对前科绝对的“说谎”、绝对的“消灭”是不可行的，对个人与社会也没有好处。因此，前科消除制度只应是帮助未成年犯罪人跨过一道门槛，即法律法规对有前科者设置的限制其资格与权益的门槛。未成年人跨过了这道门槛，并不是终点，其要想真正融入社会，真正被社会所接受，还需自己的努力。相对于使未成年人“骑上马”的矫正、教育工作，未成年人前科消除制度为未成年人解决的是“送一程”的问题，未来还有很长的路需要未成年人自己去走。

未成年人是否真正能够不被社会歧视，关键是看其真正所具有的品行与表现是否能够为人们所信任，所以，真正重要的是对未成年人进行彻底的教育、感化和挽救，使之真正转变为一个品行端正并能够真正适应社会需要的人。如果未成年犯罪人真正改造好了，其品行能够为社会所接受，其专业能力能够为社会所需要，那么，即使人们知道他有过犯罪记录，也不会成为他融入社会的真正障碍！只是由于有些法律、法规的强制性规定，对有前科的未成年人进行诸多歧视与限制，甚至剥夺其将来从事某种职业的资格，所以才需要通过未成年人前科消除制度来突破这些不合理的限制，最大限度地保护未成年人的权益。因此，不能将消除社会歧视完全寄托于前科消除制度上，前科消除制度的最大作用是在形式上使社会上的单位或个人没有对未成年犯罪人进行歧视和实行差别待遇的借口或依据，犯罪记录在个人档案、户籍、身份上不再存在和体现，为真正悔过的未成年犯罪人消除融入社会的障碍。

（三）未成年人前科消除制度的适用对象

关于未成年人前科消除制度的适用对象，考虑到《中华人民共和国刑法修正案八》第 19 条关于免除未成年人前科申报义务的规定，本着实体法与程序法相一致的原则，也宜将未成年人前科消除制度的适用对象限定在“犯罪的时候不满十八周岁被判处五年有期徒刑以下刑罚的人”。

(四)未成年人前科消除制度的适用条件

针对犯罪的时候不满十八周岁,被判处五年有期徒刑以下刑罚的未成年人,其前科的消除也不应是无条件的。前科消除必须是在有罪宣告或服刑完毕或被赦免,经过一定的时间才能进行。[①]我国2012年新《刑事诉讼法》第275条中对未成年人犯罪记录的封存问题,缺乏较严密的限制性条件内容。未成年人前科消除制度只应适用于那些已经受过刑罚或者教育、真心改过向善,并且在实质上已经具备正常品行与表现而不具有社会危害性的未成年人,这同形式与内容(实质)相统一的哲学原理相一致,而且这既符合少年司法保护少年的价值取向,也符合维护社会秩序与安全的客观需要。

消除前科的真正目的是还实质上真正改过的未成年犯罪人一个形式上的清白之身,使之能够像正常人一样融入社会,不因曾经的犯罪行为而背负不必要的心理压力和面临不应有的社会歧视。设计前科消除制度的具体内容必须把握好"度",即只应对在实质上已具备消除前科必要的未成年人适用,而不应将未成年人所犯罪行的轻重作为是否消除其前科的必要条件。因此,未成年人前科消除制度必须设定严格的限制条件,这是该制度的题中应有之义。比如,对犯危害国家安全罪的未成年人、不思悔改的未成年人,社会调查结果不佳的未成年人,无论所犯罪行轻重,坚决不能实行前科消除。[②]这样的有限度的前科消除制度,将会消除社会的疑虑,不会危及公民的安全感。

(五)未成年人前科消除制度的实施程序

关于前科消除制度的启动程序,可以借鉴德国《少年法院法》的规定,设立法官依职权消除前科和依申请消除前科两种模式。(1)法官依职权消除前科,如德国《少年法院法》第97条规定:"少年法官确信,被判刑少年行为无可挑剔,证实已具备正派品行时,少年法官可依其职权,……宣布消除前科记录。"(2)法官依申请消

① 马克昌.刑法通论[M].湖北:武汉大学出版社,1999:745.

② 德国《少年法院法》第97条规定:"少年法官确信,被判刑少年行为无可挑剔,证实已具备正派品行时,少年法官可依其职权,或经被判刑少年、其监护人或法定代理人的申请,宣布消除前科记录。亦可经检察官申请,或被判刑人在提出申请时尚未成年,经少年法院帮助机构的代表申请,宣布消除前科记录。如涉及依普通刑法典第174条至第180条或第182条所为之裁判,不得宣布之。"体现了适用少年前科消除制度的严格限制性条件。

除前科，即只有经过申请前科才可能得以消除。如德国《少年法院法》第 97 条规定："少年法官确信，被判刑少年行为无可挑剔，证实已具备正派品行时，少年法官可依其职权，或经被判刑少年、其监护人或法定代理人的申请，宣布消除前科记录。亦可经检察官申请，或被判刑人在提出申请时尚未成年，经少年法院帮助机构的代表申请，宣布消除前科记录。"

前科消除的申请主体应仅限于与前科消除有直接利害关系的人员，包括未成年犯罪者本人及其法定代理人、监护人。

前科消除的受理主体和裁决主体均应为做出原判决的人民法院。

申请人提出前科消除申请的应当在向原判决机关提出申请的同时提交刑罚已经执行完毕、前科消除考察期届满和在前科消除考察期内表现良好、没有再次故意犯罪或实施其他危害社会的行为的证据材料。

人民法院接受前科消除申请后，应当认真审查未成年犯罪人是否已经符合法律规定的条件。人民法院应在听取社会调查机关、未成年犯罪人本人、法定代理人或监护人、被害人、未成年犯罪人所在学校、单位、社区、基层派出所、司法所以及与未成年犯罪人有密切接触的人等的意见基础上，通过司法裁决的方式做出是否消除前科的裁决，以保证程序的公正。当申请人对于人民法院的裁决结果不服，应允许其进行上诉。

（六）未成年人前科消除制度的法律效果

关于未成年人前科消除的法律效果，有人认为，未成年人犯罪记录一旦依法被消灭，就意味着对犯罪记录实体和形式上的双重消灭，当事人即被视为未曾犯罪之人。而有人则认为这项制度消灭的是犯罪记录，而不是犯罪事实，改变的是法律上的规范性评价，而非客观事实。笔者同意后一种观点，认为未成年人前科消除的法律效果具体表现为以下几个方面：

第一，犯罪事实不得在对社会公开的户籍、学生、人事等各种档案中载明，不得在法律规定以外的场合公开披露；在复学、就业、升学以及从事法律没有明确限定的职业时，与其他人享有同等权利，任何单位和个人不得歧视。

第二，前科报告义务的免除，即未成年犯罪人在今后的入伍、就学、就业时将不再向有关单位报告自己曾受过刑事处罚,法律另有规定的除外。[①]

第三,未成年犯罪人即使重新犯罪,司法机关也不得引用其前科犯罪记录,其前科亦不能作为对其适用累犯或再犯而对其从重或加重处罚的原因。

第四,前科消除原则上应视为对未成年人犯罪记录的彻底消除,司法机关必须将其犯罪记录予以销毁或封存。而对于封存的犯罪记录,包括司法机关自身也不可随意查询和提取,必须有合理的法律依据并通过正当的法律程序才可进行。

(七)未成年人前科消除制度的救济机制

未成年人前科消除制度专门针对特定的未成年犯罪人而设计并产生上述相应的法律效果。但是,无救济则无权利,未成年人前科消除制度的救济机制亦必不可少。要想使未成年人前科消除制度在运行时能够避免形同虚设,立法上除了要明确规定该制度的法律效果,尤其是司法机关和有关部门、人员的义务,还必须明确规定违反法定义务的法律责任、制裁措施,明确规定未成年犯罪人的权利救济途径与救济措施。比如,可规定:“犯罪的时候不满十八岁被判处五年有期徒刑以下刑罚的,司法机关和有关部门应当对相关犯罪记录予以销毁或封存。被封存的犯罪记录,不得向任何单位和个人提供,但司法机关为办案需要或者有关单位根据法律法规规定进行查询的除外,但必须通过正当的法律程序进行。依法进行查询的单位,应当对被封存的犯罪记录的情况予以保密,否则,要承担相应的法律责任。权利被侵犯的未成年犯罪人有权利根据有关法律规定追究侵害人的法律责任。”

四、结语

从未成年人前科“消灭”制度,再到前科“封存”制度,最后到前科“消除”制度的语词变换和选择,实际上反映着制度设计背后,少年司法理念的不断升华。在未成年人前科消除制度下,未成年犯罪人的犯罪标签并非彻底撕去,只是不再从形式上造成对未成年犯罪人融入社会的障碍。在实际上、在未成年人心理上,犯罪标签

---

① 未成年人前科消除制度只是在形式上消除前科,未成年人对于其犯罪前科没有主动告知的义务,但社会和他人即使通过某种途径知晓了其前科,也不应视为侵权。否则,可能会导致未成年人前科消除制度在实施中的异化,即未成年犯罪人一味追求获得“消除证书”,追求一劳永逸,而且会造成说谎有理,诚信缺失。况且,前科是否消除需要法院来判决,也可能有判决不公的问题。所以,不应将前科消除制度绝对化,不应使之成为一个未成年犯罪人的护身符。

是永远撕不掉的，而这种隐形的标签会促使未成年犯罪人不断自我警醒、自我激励，从而真正悔过自新、融入社会。对未成年犯罪人来说，消除前科不是谎言、不是庇护、不是纵容；而是挽救、是保护、是激励！未成年人前科消除制度最直接的目的就是最大限度地保护和挽救失足未成年人，宽容地对待其犯下的罪错，使其可以重新做人、重返社会。从更宏观的意义上看，未成年人前科消除制度不仅有利于未成年犯罪人，最终受益的将是整个社会。我国已经具备建立这一制度的基础与条件，应借鉴国际相关立法并及时总结少年司法改革中的有益经验，争取尽快建立我国的未成年人前科消除制度。

第十二章　坚守公正底线:中国刑事和解制度的运作之道

刑事和解制度在中国的正式确立,对于提高诉讼效率、化解社会矛盾和促进社会和谐都将起到积极的进步作用。然而,理论上的分析和实践上的观察都说明:中国刑事和解制度在运作过程中有异化的巨大危险,如果运作不当,既会损害刑事司法的实体公正,又将背离刑事司法的程序公正。而要防止中国刑事和解制度在运作过程中发生异化,就必须在其运作过程中坚守刑事司法公正的底线,这是中国刑事和解制度运作的必由之路。

美国大法官霍姆斯说:"如果你想了解法律而不是其他什么东西,那么你就一定要从一个坏人的角度来看法律,而不能从一个好人的角度来看法律,因为坏人只关心他所关心的法律知识能使他预见的实质性结果,而好人则总是在比较不明确的良心许可状态中去寻找他行为的理由——而不论这种理由是在法律之中还是在法律之外。"①我国于2012年新修订的《中华人民共和国刑事诉讼法》(以下简称新刑事诉讼法)中的一项重要内容就是增设了当事人和解的公诉案件诉讼程序。由于新刑事诉讼法已于2013年1月1日生效和实施,因此,对于中国刑事和解制度来说,当务之急不是对其如何进行质疑,而应是如何对其加以完善以使其能够合理、有效地运作,从而真正发挥其应有的制度功能。据此,笔者拟对我国新刑事诉讼法中刑事和解制度的具体内容进行深入剖析,以期探寻该制度合理的运作逻辑,以防止其在实施过程中发生制度异化,从而为确保该制度不偏离正确的轨道有效地运作提供一定的理论指引。

---

① [美]奥利弗·温德尔·霍姆斯.法律之道[J].环球法律评论,2001(3).

一、对中国刑事和解制度的初步解读

通说认为,“刑事和解,是指在刑事诉讼程序运行过程中,被害人和加害人(即被告人或犯罪嫌疑人)以认罪、赔偿、道歉等方式达成谅解以后,国家专门机关不再追究加害人刑事责任或者对其从轻处罚的一种案件处理方式。即被害人和加害人达成一种协议和谅解,促使国家机关不再追究刑事责任或者从轻处罚的诉讼制度。”①可见,刑事和解的实质是加害人与被害人在对民事部分达成和解的同时表达其对刑事部分如何处理的意见,最后由办案机关根据具体情况对案件做出处理。刑事和解旨在通过被害人与加害人之间的协商与谈判,促使加害人悔过自新、赔礼道歉并积极赔偿被害人受到的物质损失和精神损害,以修复被犯罪破坏的社会关系、化解矛盾和促进社会和谐。刑事和解这种充分尊重双方当事人主体地位的案件处理方式不仅能补偿被害人的物质损害和心理创伤,增加被害人的满意感,还由于犯罪嫌疑人、被告人可能得到从宽处理,而有利于其回归社会,进而恢复因犯罪而受到损害的社会关系。②

新刑事诉讼法通过第 277 条、第 278 条以及 279 条三条明确规定了适用刑事和解程序的案件范围、条件、方式、法律效果和具体程序等内容。其一,可以适用当事人和解的案件范围包括因民间纠纷引起,涉嫌刑法分则第四章、第五章规定的侵犯公民人身权利、民主权利和侵犯财产的犯罪案件,可能判处三年有期徒刑以下刑罚的;除渎职犯罪以外的可能判处七年有期徒刑以下刑罚的过失犯罪案件。但犯罪嫌疑人、被告人在五年以内曾经故意犯罪的,不适用和解程序。其二,当事人和解的条件为犯罪嫌疑人、被告人真诚悔罪,得到被害人谅解,双方当事人自愿和解。其三,当事人和解的方式为犯罪嫌疑人、被告人向被害人赔偿损失、赔礼道歉等获得被害人谅解;公安机关、人民检察院、人民法院对和解协议的自愿性、合法性进行审查,并主持制作和解协议书。也就是说,刑事和解协议的达成不仅取决于被害人与加害人的态度,也离不开公安司法机关的确认:没有被害人与加害人意思表示的一致,不可能达成和解协议;而缺少公安司法机关的最终认可,和解协议则将变成一纸空文。其四,当事人和解的法律后果是:“对于达成和解协议的案件,公安机关

① 陈光中.刑事和解的理论基础与司法适用[J].人民检察,2006(5).

② 陈光中.传统和谐法律文化与当事人和解[J].人民检察,2011(23).

可以向人民检察院提出从宽处理的建议；人民检察院可以向人民法院提出从宽处罚的建议；对于犯罪情节轻微，不需要判处刑罚的，可以做出不起诉的决定。人民法院可以依法对被告人从宽处罚。”①这里的“达成和解协议”不仅包括在刑事诉讼程序之外双方当事人自行达成一致意见，也包括当事人在有关机构或人员的主持下自愿达成和解。而加害人与被害人之间的和解能否导致从轻、减轻、免除处罚乃至不追究刑事责任的效果，将取决于公安司法机关的自由裁量。

二、制度异化：中国刑事和解制度运作的潜在危险

由于刑事和解更多地注重加害方和被害方的主观因素，而人的真实意思表示很难判断，也很容易伪装，这就为拥有自由裁量权的公安司法机关的办案人员提供了进行权力寻租的一定空间。所以，“刑事和解在实际操作过程中有可能出现公权力机关滥用权力逼迫和解，一些犯罪人犯罪后毫无悔意却以钱买刑等情形，会在一定程度上放纵犯罪，造成不良的社会影响。”②因此，笔者在此拟对刑事和解制度在运行过程中异化的潜在危险进行深入分析，以探寻刑事和解制度在运作过程中可能存在的误区与偏差，为防御刑事和解制度的异化提供理论依据。

(一)刑事和解制度运作不当可能损害实体公正

毋庸讳言，我国新刑事诉讼法中的公诉案件刑事和解程序制度若运行不当则可能会异化为“钱刑交易”“花钱减刑”的合法通道，将损害刑事司法的实体公正，使这一为人们寄予厚望的美好制度徒然变成“花钱买刑”“赔钱减刑”的有效工具和合法平台，从而使司法的公正性和公信力都受到不良的消极影响，产生的效果势必与创设刑事和解制度的初衷大相径庭。

虽然从理论上说，刑事和解与“花钱买刑”“花钱减刑”是完全不同的两个问题。不是说被告人有钱就可以与被害人进行和解，也不是说被告人没钱就不能与被害人进行和解。刑事和解程序的关键环节在于犯罪嫌疑人、被告人能够自愿地真诚悔罪，并通过赔礼道歉、赔偿损失的方式来获得被害方的谅解，双方当事人自愿、合法地达成和解协议。这种当事人之间的和解，不在于通过赔付金钱的方式来换取对被告人的从宽处罚，它强调的是一种建立在平等对话和自愿协商基础之上的内心沟通过程，其最大的意义在于化解矛盾、解决纠纷和修复关系，促进社会的和谐

---

① 2012 年最新修订的《中华人民共和国刑事诉讼法》第 279 条。

② 陈光中，葛琳. 刑事和解初探[J]. 中国法学，2006(5).

安定。然而,在中国刑事司法实践中经常发生的那些通过高额赔偿换取轻缓刑罚的案例使得上述理论上的说辞显得苍白无力。就目前的情况看,在我国的刑事审判实践中,刑事和解程序中当事人达成和解的主要方式是通过用金钱“赔偿损失”,是否“赔偿损失”往往是当事人能否达成和解的决定性因素,而“真诚悔罪”、“赔礼道歉”等方式在实践中尚难以起到促成当事人和解的有效作用。而法官在量刑时也通常主要不是看被告人是否已经“真诚认罪”,而是更加关心被告人是否愿意“赔偿损失”、能够赔偿多少以及被害人是否有要求法院对被告人从宽处罚的意见,刑事和解在一定程度上已演变成“赔偿—从宽”的单一程序。比如,根据山东省日照市两级法院2006年至2010年5年来全市法院适用刑事和解情况的调研报告,2006年至2010年,全市法院采取和解方式结案2 396件2 965人,其中99.5%的案件是通过经济赔偿的方式达成和解协议,赔礼道歉仅为经济赔偿的附属内容。[①]

根据新刑事诉讼法的规定,公安机关、人民检察院、人民法院有权对和解协议的自愿性、合法性进行审查,并主持制作和解协议书;对于达成和解协议的案件,公安机关可以向人民检察院提出从宽处理的建议;对于达成和解协议的案件,人民检察院可以向人民法院提出从宽处罚的建议,并且对于犯罪情节轻微、不需要判处刑罚的,人民检察院还可以做出不起诉的决定;对于达成和解协议的案件,人民法院可以依法对被告人从宽处罚。可见,刑事和解制度赋予了公安机关、人民检察院和人民法院较大的自由裁量权。但是,在司法缺乏独立性、司法人员整体素质不高、司法环境相对较差的现实环境中,无疑会加大权力寻租和权力滥用的可能性。因此,如何确保公安司法机关的上述自由裁量权能够不恣意、不妄为地规范运作,是刑事和解制度运行中不能回避的重要问题。

(二)刑事和解制度运作不当可能背离程序公正

新刑事诉讼法第278条规定:“对于双方当事人自行和解的,公安机关、人民检察院、人民法院应当听取当事人和其他有关人员的意见,对和解协议的自愿性、合法性进行审查,并主持制作和解协议书。”由此,法律赋予了公安机关、人民检察院、人民法院在当事人和解的公诉案件中新的职责,即审查和解协议,主持制作和解协

① 参见王冉,等.规范刑事和解促进社会和谐——山东日照两级法院关于适用刑事和解情况的调研报告[N].人民法院报,2011-9-22.

议书。审查和解协议,目的就是要确保当事人的和解的自愿与合法,[①]而主持制作和解协议书,则是要将当事人和解的结果予以法制化,赋予国家公权力保护的形式。从第278条的规定来看,公安司法机关对当事人之间刑事和解的参与是一种末端的参与,其所起到的作用仅仅是一种把关与确认。那么,除了这种末端参与之外,公安司法机关可否参与到当事人的整个刑事和解过程中,进而干预甚至主导当事人的和解呢?从现行的法律规定来看,似乎我们难以做出清晰的判断。不过,可以肯定的是,如果公安司法机关过于积极主动地介入到刑事和解程序中,会增加权力异化的危险。在缺失对权力进行有效的监督和制约机制的情况下,公安司法机关的办案人员完全有可能利用刑事和解程序来进行权力寻租,使公权力被异化。比如,刑事和解程序可能会被办案人员利用,以逃避和摆脱其本应履行的各种刑事诉讼职责,疏于进行认真、严格的刑事侦查、起诉和审判活动。又如,办案人员可能因收受一方当事人的好处而向对方当事人施压,以强迫对方当事人接受和解。可见,对于公安司法机关在刑事和解程序中的角色定位问题必须予以足够的重视,因为其不仅关涉到公安司法机关在刑事和解程序中的权责范围以及作用空间,还关涉到刑事和解制度的运行是否合乎程序公正的理念和原则。

三、坚守公正底线:中国刑事和解制度运作的必由之路

要防止刑事和解制度在运行过程中出现异化,就必须在其运作过程中坚守司法公正的底线。正如全国人大常委会法制工作委员会副主任郎胜所言,“为了防止可能有一些轻微的案件出现新的不公平,比如有的人可能以钱买刑,虽然犯了罪,但是赶快赔偿。因此,司法机关必须从严把握,一是被告人和嫌疑人必须是真诚悔过的;二是被害人对他确实是谅解了;三是社会上的反映,破坏的社会关系得到了及时的修复。只有在这种情况下,司法机关才可以考虑从宽处理,并且从宽处理并不是不追究,也无非就是从轻减刑这样来处理。”[②]

---

① 公安司法机关的这种审查很有必要,在实践中,有的当事人就试图通过伪造证据、制造刑事和解假象以获得减轻处罚或其他不法利益。例如,2012年6月以来,河南省新密市检察院就连续处理了两名伪造和解协议书欺骗检察机关的案件当事人。参见秦刚等.警惕!有人伪造和解协议“诈和”[N].检察日报,2012-7-8.

② 郎胜:《公诉案件和解必须从严把握避免以钱买刑》,http://legal.people.com.cn/GB/17332752.html,访问日期:2012年8月28日。

(一)在刑事和解制度运作过程中坚守实体公正底线

刑事和解程序的运作在任何时候都不应损害刑事司法的实体公正。在刑事诉讼程序中，不能因为当事人适用了刑事和解程序就一定会对加害人进行宽缓的处罚；反之，也不能因为当事人未适用刑事和解程序就一定不会对加害人进行宽缓的处罚。更进一步讲，对于适用刑事和解程序的案件，不能单纯因为加害方用金钱赔偿了被害人就一定会对加害方进行宽缓的刑事处罚；反之，也不能因为加害方没有用金钱赔偿被害人就一定不会对加害方进行宽缓的刑事处罚。刑事和解制度不应被看成是一种支持和鼓励"花钱买刑""赔钱减刑"的制度，而应被看作是一种化解社会矛盾、恢复社会关系、促进社会和谐的制度。

如前所述，刑事和解制度赋予公安司法机关以较大的自由裁量权。司法自由裁量权是一把双刃剑，既不能将它等同于一种恣意的权力，也不能把它视为一种天然的特权；既要看到它的优越性，又要看到它的危害性。[①] 由于法律本身具有一定的局限性，赋予公安司法机关的办案人员一定幅度的自由裁量权是必要的，但如果办案人员的自由裁量权过大，又容易带来权力的滥用，产生司法腐败。因此，为了确保司法公正，必须对刑事和解程序中公安司法机关的自由裁量权进行有效的监督。比较理想的做法是建立司法审查机制，由人民法院对公安机关和人民检察院的处理结果做最后的审查，以更好地发挥刑事和解机制本身的价值和功能。[②]

在刑事诉讼中，加害方就其罪行给被害方造成的各种损害对被害方予以赔偿，实际上是其本应履行的刑事损害赔偿责任。如果加害方能够通过真诚悔罪、赔礼道歉、赔偿损失而获得被害方的宽恕与谅解，充其量只能作为人民法院对被告方进行量刑时可以酌定从轻处罚的情节之一，而绝对不应该成为决定被告方是否应被宽缓处刑的决定性因素甚至唯一因素。因此，从刑法和刑事诉讼法的规定出发，不

---

① 参见江必新. 论司法自由裁量权[J]. 法律适用，2006(11).

② 最高人民检察院于2011年出台的《关于办理当事人达成和解的轻微刑事案件的若干意见》的第7条第3款规定："根据本意见，拟对当事人达成和解的轻微刑事案件做出不批准逮捕或者不起诉决定的，应当由检察委员会讨论决定。"陈光中教授认为，可以参考日本的检察审查会制度，加强对检察院的监督。参见陈光中. 传统和谐法律文化与当事人和解[J]. 人民检察，2011(23)：14. 而笔者认为，为了真正切实地保障权力不被滥用，最有效的方式应该是建立司法审查机制，通过法院来对检察院的处理决定进行监督。汪建成教授亦认为，设立司法审查机制是杜绝一切司法腐败问题的唯一途径。参见陈卫东，汪建成等. 专家访谈：刑事和解的理论探讨[J]. 中国检察官，2009(1)：7.

能因为有些犯罪分子有钱可以多赔偿就赦免其罪或减轻其刑。[①] 如果允许公安司法机关单纯地直接根据加害方与被害方是否达成金钱赔偿的和解协议而决定是否对被告人处以宽缓的刑罚,不仅涉嫌将国家的刑罚权拱手让渡给了作为国民的加害方或者被害方,而且可能导致庄严神圣的刑事审判活动异化为加害方与被害方就具体赔偿数额的讨价还价过程,而法官也可能从司法裁判者沦为加害方与被害方之间钱刑交易结果的消极确认者。这种做法势必危及司法公正,对其必须坚决予以批判。至于对被害人的赔偿问题,从长远来看,还应通过由国家建立刑事被害人的国家补偿制度来解决。[②]

(二)在刑事和解制度运作过程中坚守程序公正底线

刑事和解程序的运作在任何时候都不应违背刑事司法的程序公正。对于新刑事诉讼法第278条的规定,全国人大常委会法制工作委员会刑法室做了如下解读:"公安机关、人民检察院、人民法院可以向犯罪嫌疑人、被告人或者被害人告知对方的和解意向、和解的相关规定以及双方当事人各自的权利、义务,由双方当事人自行协商,公安机关、人民检察院、人民法院也可以在各自的诉讼阶段作为中立的第三方积极促成双方当事人之间的沟通、会面、交谈,组织和主持双方当事人协商以达成和解。"[③]有的最高人民法院法官认为,"对于符合条件的公诉案件,不仅双方当事人可以自行和解,审判人员还应当在坚持自愿、合法原则的前提下,积极、主动、有效地促成双方当事人和解。受理案件后,对于符合条件的公诉案件,双方当事人没有达成和解的,应当主动告知双方当事人可以自行和解,也可以申请人民法院主持和解。这是践行能动司法理念、促进社会矛盾化解、充分发挥刑事和解程序功能的重要体现。"[④]有的基层检察官认为,"刑事和解在检察环节开展具有很强的探索和发展空间,但源于刑事案件的复杂性,公、检、法机关需要在每个执法环节发挥各自的职能作用,形成侦查、检察、审判在促进刑事和解方面的合力,才能更好地实现

---

① 参见易延友."花钱买刑"说源于法律界限不清[N].法制日报,2009-11-2.

② 参见梁根林.死刑案件被刑事和解的十大证伪[J].法学,2010(4).

③ 全国人大常委会法制工作委员会刑法室.中华人民共和国刑事诉讼法解读[M].北京:中国法制出版社,2012:614-615.

④ 周加海,黄应生.准确适用刑事和解程序积极促进社会矛盾化解[N].人民法院报,2012-5-23.

最大限度减少不和谐因素,促进社会和谐的目的。"[①]按照这些理解,公安司法机关在刑事和解程序中将有十分广阔的作为空间,其除了具有对当事人的和解进行事后的审查以及主持制作和解协议书的职权,还可扮演刑事和解之前促进双方充分沟通与交流的中介角色以及刑事和解之初的组织角色,在当事人进行和解的磋商过程中还可以担当主持者的角色。但是,笔者赞同公安司法机关不应当成为刑事和解的促进者的观点。[②] 笔者认为,刑事和解制度只是赋予了刑事诉讼当事人一种程序选择权,使被害方与加害方自主、自愿地选择是否进行和解,是否要化解矛盾、修复关系和恢复和谐。因此,包括公安司法机关在内的任何机关和个人都无权干预当事人是否选择刑事和解、如何进行和解,是否和解只应取决于当事人的意思自治。作为公安司法机关,在刑事和解程序中的角色定位只能是当事人进行和解的审查者、确认者,而不应成为当事人和解的促成者、主导者。公安司法机关在刑事和解程序中应做到"主持不主导""介入不干预"的合理定位。

而反观当前的司法实践,公安司法机关在刑事和解程序中的角色定位大有"错位"和"越位"之嫌。值得注意的是,近年来,在上海、天津、湖南、成都等地的一些基层检察机关不仅成立了"刑事和解工作室",而且还建立了"检调对接"的刑事和解工作机制。[③] 虽然设立"刑事和解工作室"和建立"检调对接"的工作机制的初衷是将检察环节的刑事和解工作与人民调解衔接起来,依托社会力量化解矛盾纠纷,在当事人双方中间建立起一块没有利害关系的"缓冲带",既保证了程序的公正,也有效促进了矛盾纠纷的化解,及时修复被轻微刑事犯罪行为损害的社会关系,维护了

① 卢杰,王斗斗.天津西青区检察院成立刑事和解中心专司和解多起轻微刑案当事人握手言和[N].法制日报,2011-10-12.

② 参见王志祥.公安司法机关能否成为刑事和解的促进者?——浅谈公安司法机关在刑事和解制度运行中的角色定位[N].人民政协报,2012-6-25.

③ 具体情况参见徐慧.7年刑期表明后果严重刑事和解会否"花钱买刑"[N].上海法治报,2012-7-25;高锴."阳光化解"纠纷,促进社会和谐——河北区人民检察院"刑事和解工作室"工作纪实[N].天津政法报,2011-11-22;韩雯,赵荣君.本市首家刑事和解工作室落户河北区[N].天津日报,2011-8-14;卢杰,王斗斗.天津西青区检察院成立刑事和解中心专司和解多起轻微刑案当事人握手言和[N].法制日报,2011-10-12;阮占江,赵文明.依托人民调解借力人民监督辅以跟踪帮教"三位一体"刑事和解透明高效[N].法制日报,2011-10-15;胡碟."检调对接"引导当事人和解郫县检察院规范刑事和解工作采取"三种模式"[N].成都日报,2011-7-11.

社会和谐稳定。[①] 但是,这些“促成”刑事和解的方式,无论是检察机关自身去做,还是通过“检调对接”机制由人民调解员等主体去做,调解的主体可能只是在当事人双方讨价还价的过程中发挥其调解作用,至于当事人双方是否真正自愿地进行和解,调解人员往往难以起到真正的实质性作用。而且,这种检调对接机制,虽然检察机关在形式上没有进行调解,但是,由于调解人员与检察机关的微妙关系,也会对当事人产生一定的压力,加之这些被认可的调解人员为了能够表现出自己的胜任调解工作,其对当事人的和解成功往往有过高的期待,甚至会不遗余力地促成和解。可以预见,这种工作机制如果运用不当,无形中将会成为“以钱买刑”的推手,得不偿失。

毋庸讳言,在刑事和解制度运作的过程中,严格坚守刑事司法公正的底线,可能会降低刑事和解的成功率,减少被害人获得赔偿的数额,甚至可能降低其获得赔偿的可能性。但是,在一个真正追求法治和正义的国度,司法的公正是正义的最后一道防线,而对被害人的赔偿问题也应当主要由国家来解决,不能为了一味地追求所谓的“和解”而牺牲了法律的权威和司法的公正。

---

① 参见高锴.“阳光化解”纠纷促进社会和谐——河北区人民检察院“刑事和解工作室”工作纪实[N].天津政法报,2011-11-22.

第十三章　量刑程序的信息机制

量刑信息是参加量刑程序各主体量刑利益的外在体现和应有表达。缺乏关于量刑信息的传递与共享的有效机制，是造成法官量刑失范和量刑裁判公信力低的重要根源。为了有效规制法官量刑自由裁量权和提高量刑裁判公信力，需要在法官、控辩双方、被害方以及社会方之间建立有效的信息传递与共享机制，即在独立的量刑程序框架下建立一套包括量刑调查、量刑听证和量刑说理等制度在内的信息机制体系。量刑程序的信息机制是量刑程序制度功能的内在蕴涵，它以刑罚个别化原则为理论基础，以协同合作思想为运作理念，以独立的量刑程序模式为功效保障。

一、问题的提出

为了实现量刑公正的价值目标，我国正在进行以规范法官量刑自由载量权为核心的量刑规范化改革运动。这项声势浩大的改革围绕着实体和程序两个方面展开，并且都取得了较大的进展。但是，量刑规范化改革在实践中也暴露出一些深层次问题。就量刑程序改革来说，虽然在改革中确立了“相对独立”的量刑程序，但由于缺乏相应的程序运行机制与保障措施，实际运行效果不尽如人意，甚至有学者对于量刑程序改革的必要性产生质疑。[①]另一方面，虽然量刑程序改革如火如荼地进行，但2012年通过的《中华人民共和国刑事诉讼法修正案》对实践中的诸多改革成

---

① 比如，左卫民教授认为：“中国现行量刑制度的根本问题不是程序法问题，而是实体法问题；对抗化的量刑程序理论与实践，不仅在中国缺乏针对性，还存在对英美法系量刑程序的误读。中国量刑制度的改革，应从程序性改革为重心转向以实体性改革为主，量刑程序的改革应当适当展开，真正回应科学、公正量刑的需要。”参见左卫民. 中国量刑程序改革：误区与正道[J]. 法学研究，2010(4)：149.

果却没有给予正式确认。中国量刑程序改革似乎正徘徊在一个十字路口,正在寻找前进的方向与路径。

因此,作为理论研究者有义务冷静地对中国量刑程序改革既有的目标、路径、方法和措施等方面进行全面而深刻的反思,从而进一步明确量刑程序改革的方向,引领中国量刑程序改革的伟大实践沿着合理的路径稳步前行。

而当我们对中国量刑程序改革进行反思时,我们首先应当回答一些最具根本性的问题:量刑程序改革的根本目标是什么?欲达到这一改革目标,在改革中我们必须解决的最根本而又最为关键问题是什么?这一问题在改革中是否已经得到了应有的注意和有效的解决?倘若改革对这一问题的解决还没能达到预期效果,为了更好地解决这一问题,我们是否还有进一步深化改革的可能性和继续对改革加以完善的广阔空间?

本章中,笔者以独立的量刑程序为分析框架,将提出量刑程序最基本的制度功能在于为量刑裁判过程提供各种信息机制的理论假设。笔者的基本观点是:为了真正达到规制法官量刑自由裁量权和提高法官量刑裁判公信力的目的,需要在法官、控辩双方、被害方以及社会方之间建立有效的信息传递与共享的机制,即在独立的量刑程序框架下建立一套包括量刑调查、量刑听证和量刑说理等制度在内的信息机制体系。在对上述理论假设和观点进行论证的同时,笔者也尝试以量刑程序的信息机制为视角,对中国量刑程序改革的既往路径和发展方向加以反思和展望,以期能够为科学、合理地构建量刑程序的中国模式做出一定的理论贡献,并且能够对中国量刑程序改革的进一步发展与深化有所助益。

二、理论基础:量刑统一化与量刑个别化的统一

刑事社会学派的创始人李斯特认为,应被处罚的不是行为而是行为人,因此,刑罚的轻重不能仅仅根据犯罪的客观危害事实,而应该以犯罪人的性格、恶性及反社会性的强弱为标准对犯罪人进行分类,并据此实行刑罚的个别化,从而达到社会防卫的目的。[①]刑罚个别化作为刑罚适用的一项原则,由龙勃罗梭、菲利、李斯特等提出,经过德国沃尔伯格和法国塞米尔斯等刑法学者进一步发展,于19世纪末形成较为完备的体系,在世界范围内得到多数刑法学者的支持,逐渐成为各国刑罚裁量

---

① 参见张文,刘艳红,甘怡群.人格刑法导论[M].北京:法律出版社,2005:283.

的一项重要原则。[1]

刑罚个别化反映在量刑上，即是量刑个别化。在量刑过程中遵循量刑统一化和量刑个别化的有机统一，是科学、合理和公正量刑的基本规律。量刑同时体现量刑统一化和量刑个别化，既是哲学上一般与个别等辩证关系原理的要求和体现，也是罪刑法定、罪责刑相适应、刑法面前人人平等的刑法基本原则内在关系的要求和体现。只有这样，量刑才能贯彻刑法乃至刑事法律科学的整体精神和目标要求，量刑的公信力才能真正提高，量刑试图达到的目的效果才能真正实现。[2]由于定罪活动面对的是过去的已然领域，而量刑活动面对的是未来的未然领域，这就决定了在量刑过程中，在考虑犯罪行为已然社会危害性的基础上，还必须将犯罪人未然的人身危险性纳入考量范围，尤其应当注意考虑行为人的年龄、性格、生活经历和环境等因素。[3]也就是说，合理、公正的量刑不仅要追求“同罪同罚”的目标，而且还要考量具体个案的特殊情况以尽量做到“刑罚个别化”。

正如控诉方、辩护方、被害方以及社会方都希望清楚知悉法官据以对犯罪人做出量刑裁判的理由和根据一样，法官为实现量刑裁判的公正与合理，也渴求从参加量刑程序的各方当事人那里获得尽可能充分、可靠的量刑信息。法官只有在充分掌握了关于犯罪人的充分、可靠的量刑信息的前提下，才可能根据刑罚个别化原则的要求，对犯罪行为的社会危害性和人身危险性进行综合考量，从而做出尽量公正的量刑裁判。而具体的犯罪人和社会公众只有真正了解了关于法官对犯罪人据以做出某种量刑裁判的理由和根据的量刑信息时，才不会动辄质疑法院量刑裁判的可靠性、合法性和合理性，从而真正从内心信服和接受法院的裁判结果。因此，量刑统一化与量刑个别化相统一的量刑原则，不仅使量刑信息的重要性得以凸显，而且使量刑信息的有效传递与共享成为必要，成为构建量刑程序的信息机制的理论基础。

三、量刑信息：量刑利益之外在体现和应有表达

从程序的视角看，规制法官的量刑自由裁量权既包括在量刑过程中对法官恣

---

① 参见汪明亮. 多维视野中的定罪量刑问题[M]. 北京：法律出版社，2006：239.

② 参见石经海. 量刑个别化的基本原理[M]. 北京：法律出版社，2010：2－3.

③ 参见冯军. 刑事责任论[M]. 北京：法律出版社，1996：283.

意量刑的防范和避免，也包括在量刑结束后对法官说明量刑裁判理由的约束和要求。前者是追求量刑之程序公正的基础，而后者是实现量刑之程序公正的保障。相应地，量刑信息也至少应包括两方面的内容，即在量刑裁判过程中出现的量刑信息和在量刑裁判结束后出现的量刑信息，前者是指法官在量刑裁判过程中所能得到的有关量刑的一切信息，后者是指体现法官做出最终量刑裁判结论之根据和理由的一切信息。无论是法官、还是控辩双方、被害方以及社会方，其在量刑审理程序中都有不同的诉讼立场、诉讼目标和诉讼利益，而上述量刑信息即是其量刑利益的外在体现和应有表达。

法官作为裁判方的量刑利益是做出尽可能公正、合理的量刑裁判，并且其做出的量刑裁判结论能够真正为人们所信服和接受。在量刑程序中，法官量刑利益的实现与量刑信息之间有着极为密切的关系。其一，“巧妇难为无米之炊”，掌握全面、丰富、充分的量刑信息对于法官的量刑活动尤为重要。为了使量刑裁判达到最大限度的公正，法官在量刑过程中就不仅需要主动依职权去进行量刑信息的调查，而且还需要从控诉方、辩护方、被害方以及社会方那里获得尽量全面、充分和真实、可靠的量刑信息，以使量刑裁判建立在对上述量刑信息审慎考量的基础上。其二，为了使其做出的量刑裁判结论能够为人们所信服和接受。法官不仅在量刑过程中要认真倾听量刑程序各主体的量刑意见和理由，更重要的是要在做出最终的量刑裁判后，要对其做出裁判的根据和理由进行必要、充分的说明和解释。这类量刑信息对于提升量刑裁判的公信力，树立司法权威具有极其重要的作用。

无论是公诉案件还是自诉案件，控诉方在量刑过程中的量刑利益都集中表现在要使犯罪人受到应有的刑罚制裁。这样，在量刑过程中，控诉方就需要有机会向法官提供自己掌握的能够证明应该对被告人依法从重处罚的量刑信息。尤其是中国的检察官，由于其特殊的地位与职责，其还有义务向法官提供其所掌握的能够证明应该对被告人从轻、减轻或免除刑事处罚的量刑信息。同时，控诉方还需要有机会向法官表达自己对犯罪人的量刑意见及其理由方面的量刑信息，并且有权利和机会同辩护方等就某些量刑争议问题进行质证和辩论。而且，控诉方也需要了解法官对己方量刑主张的采纳情况以及法官据以做出最终量刑裁判的根据和理由等方面的信息。

被害方参加量刑程序的主要目的是向法庭陈述被告方的犯罪行为对自己造成的人身、财产或者精神等方面的伤害及其不良影响，并进而向法庭提出自己的量刑意见与主张。从被害方在刑事诉讼中的地位来看，与控诉方相似，其最大的量刑利益也是要使犯罪人受到应有的刑罚制裁。唯一的不同是，由于被害方没有公诉方的客观义务和特定职责，其更多地是希望犯罪人最终受到更重而不是更轻的刑事处罚。因此，被害方需要有机会向法官表达自己的量刑意见及其理由，并有权利和机会同控诉方、辩护方等就某些量刑争议问题进行质证和辩论。相应地，被害方对关于法官对己方量刑主张的采纳情况以及法官据以做出最终量刑裁判的根据和理由等方面的信息也有高度的渴求。

从辩护方来讲，其最大的量刑利益就是能够有机会向法官表达应该对被告人从轻、减轻或免除刑事处罚的意见及其理由等方面的量刑信息。同时，当发现控诉方、被害方等的量刑意见及其理由不合理的时候，能够有权利和机会进行辩护和予以反驳。而且，辩护方也需要了解法官对己方量刑主张的采纳情况以及法官据以做出最终量刑裁判的根据和理由等方面的信息。

"要准确反映犯罪对社会造成的危害以及社会对个案被告人的量刑态度，还应当注意听取来自社会的反映。"①社会方的量刑利益在于能够有机会向法官表达其对犯罪人的量刑意见及其根据和理由等方面的量刑信息，并且有权利和机会与其他方就量刑争议问题进行辩论。同时，社会方也格外关注关于法官对己方量刑意见的采纳情况以及法官据以做出最终量刑裁判的根据和理由等方面的量刑信息。

可见，量刑程序的各方主体既有各自特有的量刑利益，又有共同的量刑利益。比如，无论是控诉方、辩护方、被害方还是社会方，都希望能够有向法官提供各自的量刑意见及其根据和理由的权利与机会，同时，都希望能够有权利和机会与其他方就量刑争议问题进行质证和辩论。而且，他们都希望能够获得关于法官对己方量刑主张及其理由的采纳情况以及法官据以做出最终量刑裁判的根据和理由等方面的量刑信息。所以说，量刑信息在量刑活动中对于诉讼各方都至关重要，量刑信息是量刑程序各主体量刑利益的外在体现和应有表达。

四、信息机制：量刑程序之制度功能的内在蕴涵

经过上文的分析，我们得出初步的结论：在量刑程序中，量刑信息关系到诉讼各方的切身利益，关系到量刑公正的目标能否真正实现。据此，量刑程序必须完成

① 李玉萍. 我国相对独立量刑程序的设计与构建[J]. 法律适用，2008(4)：12.

一个重要的使命,即确保量刑信息能够有效地在量刑程序各主体之间进行传递和共享。那么,量刑信息的有效传递与共享又该通过何种机制得以保障呢?要回答这个问题,我们就需要对量刑程序的制度功能进行深层次的分析。

实际上,正是基于量刑信息的重要价值与作用,才使量刑程序从定罪程序中分离出来具有理论上的必要性。在英美法系国家的刑事审判中,法官宣判前,判刑者需要了解有关犯罪和犯罪人本身的信息。犯罪人有罪答辩或被判决有罪与法官或预审法官宣告法庭量刑之间的程序,即为判刑者获得该信息而设置的。[①] 也就是说,独立的量刑程序承载着为量刑信息的有效传递与共享提供各种保障机制的制度功能。笔者认为,在独立的量刑程序框架下,正是由于量刑调查机制、量刑听证机制和量刑说理机制的存在,才使量刑程序得以有效地发挥其保障量刑信息传递与共享的制度功能。

(一)量刑调查机制

量刑调查机制是指在量刑前由法官委托法院内部或其他官方机构进行量刑信息的社会调查,并根据调查结果制作量刑前调查报告;控辩双方和被害方也可以在量刑前委托专门的机构进行量刑信息的调查。其中,允许控辩双方和被害方进行量刑调查是授权性的规定,而要求法官委托法定的官方机构进行量刑调查并向法庭提供量刑前调查报告则是义务性的规定。

"量刑问题的社会调查报告是弥补量刑信息欠缺的重要工具,科学的社会调查报告能够为控辩审三方提供大量客观的量刑情节信息,可以作为公正、科学量刑的重要参考。"[②]在美国的刑事审判中,在量刑前,由隶属于法院的调查官员(通称"缓刑官",Probation Officer)就被告人的前科劣迹、平常表现、家庭状况、学校教育情况、再犯罪的可能性等有关犯罪人的人格和人身危险性等情况进行社会调查,全面、系统地收集各种有利于和不利于犯罪人的量刑信息,并制作和向法庭提交一份"量刑前报告"(Pre-sentence Report)。"无论有罪判决是陪审团做出还是在辩诉交易过程中做出,也不管因法官接受辩诉交易请求并且诉讼双方已经就包括量刑在内的所有问题达成一致意见而放弃进行量刑前调查程序的情况是否发生,缓刑办公室都

---

① 参见 Christopher J. Emmins:A practical approach to sentencing. Blackstone Press Limited,1985:51.

② 陈卫东.量刑程序改革理论研究[M].北京:中国法制出版社,2011:12.

必须进行量刑前调查。”[①]量刑前调查在许多法院已成为标准程序，目的是为法官提供有关罪行和罪犯更详细的信息资料。量刑前调查涉及大量的各种信息材料。一些资料比较客观，然而另一些资料只是调查官员或被调查会见的一些人的主观印象。大多数量刑前调查有对现行罪行的描述，其中包括对罪犯的有罪和悔恨的评估以及罪犯对被害人产生的经济和情感影响。量刑前调查一般包括罪犯记录，其中包括先前罪行的处理结果。一些法院也要求调查员做出风险评估，衡量罪犯若被释放回社区犯新罪的可能性。量刑前调查报告的另一部分描写罪犯的目前情况，包括受教育程度、目前的职业和就业条件、家庭状况和其他资料。进行调查的缓刑执行官员在决定该调查哪些情况、运用哪些资源收集资料和报告哪些信息材料方面具有大量的自由裁量权。最后，一些量刑前调查报告可能包括有关可适用的刑罚的信息资料。尽管在过去这种信息资料被限制，但现在对实施中级制裁和运用非监禁刑罚的强调使得量刑前调查先考虑这种信息。对量刑前调查报告如何影响实际科处的刑罚进行研究，表明法官倾向于遵从量刑前调查报告提出的量刑建议。[②]尽管被告人很少享有审查整份量刑前报告的权利，但在一些管辖区，常规的做法是向被告方提供报告的复印件，这个做法符合加强披露和共同分享信息资料的趋势。在不允许辩护方查阅整份量刑前报告的管辖区，如若发生错误是不能够被发现并提出反对或者被纠正的。因为存在这种可能性，所以一些辩护律师建议由私人聘用调查员制作一份独立的量刑前报告。但由辩护方制作量刑前调查报告并不常见，可能只有富裕的委托人能够进行。与法院指令的量刑前报告一样，辩护方的量刑前调查报告被用以提供对法官量刑有用的信息资料。辩护方调查报告更可能提出运用大批社区资源、富有创造性的处理方法。例如，辩护报告可能包括缓刑计划，明确提出了该被科处的特殊条件和对罪犯适用的特殊项目。辩护方量刑前调查报告可能强调非监禁的最宽恕刑罚的可行性。辩护方量刑前调查通过量刑阶段使抗辩形式得以继续，并向法官提供判处更宽恕刑罚的具体建议和正当理由。[③]可见，由于作为法院司法行政官员的缓刑官在进行社会调查的时候要接受法

---

① 转引自陈卫东. 量刑程序改革理论研究[M]. 北京：中国法制出版社，2011：215. 原出处 Dean J. Champion, Sentencing 26 – 27(ABC-CLIO 2008)。

② [美]爱伦·豪切斯泰勒·斯黛丽，南希·弗兰克. 美国刑事法院诉讼程序[M]. 陈卫东，徐美君，译. 北京：中国人民大学出版社，2002：517 – 519.

③ [美]爱伦·豪切斯泰勒·斯黛丽，南希·弗兰克. 美国刑事法院诉讼程序[M]. 陈卫东，徐美君，译. 北京：中国人民大学出版社，2002：520 – 521.

官的具体指导,其又一般具有丰富的法律从业经验和良好的职业道德操守,因此,其制作的调查报告通常具有较高的权威性与可信性,法官一般会对该报告予以高度的重视,甚至有时将其直接作为做出量刑裁判的信息来源。虽然辩护方和被害方有时也会向法官提交量刑的社会调查报告,但较之于缓刑官提出的内容充实、丰富的"量刑前报告"而言,这些量刑调查报告通常只具有"查缺补漏"的补充意义。

在量刑调查机制中,强调由法官委托法院内部或其他官方机构对量刑信息的绝对调查义务极具必要性。控辩双方、被害方和社会方等基于各自的诉讼立场和实现各自诉讼目的的需要,自然会去尽量获取关于犯罪人的量刑信息,他们调查量刑信息的权利应该得到应有的保障。但是,他们通常只会乐于去收集那些有利于支持各自诉讼请求的量刑信息,而往往对那些与自己的诉讼请求"关系不大"或毫无关联的量刑信息缺乏足够的调查动力,即使他们已经知晓这些量刑信息的存在具有很大的可能性。而且,在具体的案件中,诉讼各方获取量刑信息的条件又具有较大的差异与不平衡,各方所能占有的量刑信息在全面性与可靠性上亦不可同日而语,从而在法庭上既可能会出现诉讼各方各执一词的状况,也可能会出现某一方成为主导的情形。当出现诉讼各方各执一端的情形,法官如果没能积极主动地开展量刑信息的调查,就可能出现"公说公有理,婆说婆有理"而无所适从的局面。而当某一方的量刑信息在法庭上成为主导的时候,法官如果没能开展量刑信息的调查,即使其怀疑或明知该方的量刑信息可能不可靠,也会因掌握的信息不充分而对该方的量刑信息被动地无可奈何地予以接受,甚至将其作为量刑裁判的直接依据。比如,在通常情况下,就大多数案件来讲,公诉方和辩护方在获取量刑信息的条件与诉讼能力上天然地具有不平衡性,公诉方相对于辩护方在提出量刑信息方面具有先天的、绝对的优势。假若辩护方的量刑辩护效果尚未能达到有效辩护的要求,不能提出相当的量刑信息,公诉方提出的量刑信息就会成为法庭论辩的主要对象,进而也自然会成为影响法官量刑裁判的主要因素。但问题是公诉方提出的量刑信息在全面性和可靠性上往往都具有局限性。基于实现成功追诉犯罪的目的,公诉方一般有强大的动力去向法庭提供能够证明对被告人应该从重处罚的量刑信息,而对于能够证明应该对被告人从轻、减轻或者免除刑事处罚的量刑信息则关注较少。而且,在量刑信息的获取上,公诉方亦通常奉行"拿来主义",其向法庭提供的量刑信息通常直接取自于侦查机关向其提交的侦查案卷的记载,在可靠性上一般也未经过其严格的审查与检验。在这种情形下,法官如果仅仅据此做出量刑裁判显然难以做到量刑的合理与公正。而如果法官能够从一个真正中立、权威的机构获得可靠的量刑信息,上述问题就可迎刃而解。因此,不仅在美国是由作为司法机关雇员的缓刑官进行量刑前调查,在英国,量刑前报告也是由“适当的官员为帮助法院确定处理罪犯的最适当方法而制作或者提交的”,并且“包含有以内政大臣制定的规则所规定的方式提交的关于规定事项的信息”。此处“适当的官员”是指:“(1)在罪犯年满18周岁或者超过18周岁时,地方缓刑委员会的官员;(2)在罪犯未满18周岁时,地方缓刑委员会的官员、地方当局社会服务部门的社会工作者或者青少年违法犯罪工作组的一名成员。”[①]

科学的量刑调查机制不仅有利于法官获得充分、可靠的量刑信息,而且能够促进量刑信息在诉讼各方之间的有效传递与共享,有助于提高诉讼效率。比如,在美国的量刑调查机制中,“缓刑官必须把量刑前调查报告初稿提交被告人、辩护律师以及检察官,除非被告人自愿放弃法定提交时限,否则最晚的提交时间是距离量刑程序开始还有35天之时。控辩双方都有14天的时间以书面形式将异议意见提交缓刑官。对此,缓刑官必须进一步进行调查,之后把异议问题按照解决与否分类,据此起草一个附录对所有异议问题做出解释说明。缓刑官至少要在距量刑程序开始还有7天之时将量刑前调查报告终稿提交法院和控辩双方,报告终稿的一个附录中会载明所有没有解决的异议问题、提出这些异议问题的依据以及缓刑官对这些问题的看法。”[②]这样,通过在庭审前的信息传递与共享,就使得在正式庭审过程中,诉讼各方的诉讼活动更具针对性与有效性,省却了诸多无谓的论争过程,大大促进了诉讼的进程。

总之,由法官委托法院内部或其他官方机构进行量刑信息的调查,有利于避免量刑程序中公诉方或辩护方提出的量刑信息对法官的量刑裁判产生单方面的绝对影响力。由于法院委托的官方调查机构的中立、超然地位,其调查的结果更具有权威性与可信性。而赋予控诉方、辩护方、被害方和社会方对量刑信息进行庭外调查的选择权,既可以有效地保障诉讼各方的诉权,又可以适当弥补法院内部等官方机构调查的缺漏与不足,从而最大限度地保障法官获取量刑信息的全面性,以实现量刑的公正与合理。而且,量刑调查机制的科学设计,不仅有助于保障量刑信息的有效传递与共享,还有利于提高诉讼效率。

---

① 孙长永.英国2003年《刑事审判法》及其释义[M].北京:法律出版社,2005:131.

② 陈卫东.量刑程序改革理论研究[M].北京:中国法制出版社,2011:217.

(二)量刑听证机制

“人们至少有理由期望,在做出关系他们的判决之前,法院听取其意见,即他们拥有发言权。”[①]量刑听证机制是指为了避免由法官单独进行刑罚裁量,在法官量刑裁判的过程中,不仅要有控辩双方的参与,而且还要为被害方和社会方提供平等的参与机会,使控诉方、辩护方、被害方以及社会方都有机会参与到量刑程序中,充分表达各自的量刑主张及其相应的根据与理由。而且不仅控辩双方之间,公诉方、辩护方、被害方以及社会方等各方之间都可以针对某些有争议的量刑信息进行质证和辩论。法官提交的量刑前调查报告也要接受程序各方的质证与辩论。相对于法官单方面发现和获取量刑信息的传统做法来说,量刑听证机制可以最大限度地确保量刑信息的全面性和真实性,从而为法官的量刑裁判提供更为充分、可靠的裁判依据。

在量刑程序中,虽然公诉方和被告方都会提出关于犯罪人的各种不利和有利的量刑信息,但对于被害方因犯罪行为所遭受到的身体上和精神上的伤害、犯罪行为对其正常生活造成的不利影响、犯罪行为对被害人家庭带来的不利影响等问题,无论是公诉方还是被告方都不可能给予客观、全面、充分的反映。“从保障量刑信息全面性的角度来看,被害人对量刑程序的参与不仅具有必要性,而且具有可行性。而司法实践的经验则表明,被害人通过适度的方式参与量刑裁决过程,可以提供一系列为公诉方和辩护方所无法提出的量刑信息,从而对法院量刑裁决的公正性具有保障作用。”[②]只有让被害方亲自参与到量刑活动中,赋予其向法庭陈述犯罪人的犯罪行为给其带来的具体伤害和影响的权利与机会,法官才有可能获得这方面的量刑信息,并把它们纳入做出量刑裁判的参考范围。而社会方参与量刑程序有助于法官倾听社会的声音,了解社会对量刑问题的态度与意见。实际上,英美法系国家在量刑程序中实行的“量刑前调查报告”制度,就是社会方参与量刑程序的一个重要渠道与方式。

“事实上,无论是公诉方还是辩护方,都是为了实现本方的诉讼目标而提出量刑信息的,这些量刑信息的真实性是不可能得到保证的。为防止那些错误的量刑信息误导法院的量刑裁判,法院有必要构建对抗式的量刑程序,使得这些量刑证

---

① [美]迈克尔 D 贝斯勒.法律的原则——一个规范的分析[M].张文显,等译.北京:中国政法大学出版社,1996:35.

② 参见陈瑞华.量刑程序中的理论问题[M].北京:北京大学出版社,2011:156－157.

据的真实性在控辩双方的质证和辩论中得到验证。”[①]量刑听证机制使法官有机会听取控辩双方、被害方以及社会方发表的各自的量刑主张及其理由，而且通过各方主体对量刑信息的相互质证与辩论，有助于法官对各种量刑信息的真实性与可靠性做出合理的判断与审慎的评价，既可以兼顾诉讼各方合理的诉讼主张，又可以弥补法官自身在认识上的局限性。毋庸置疑，法官在这种量刑听证基础上做出的量刑裁判结论，势必会顾及到诉讼各方合法、合理的利益与诉求，因而也可以在一定程度上避免诉讼各方对裁判结论的抵触心理，使量刑结论更容易被认可和接受。

美国在定罪与量刑相分离的程序模式下，设计了一个独立的量刑听证过程和典型的量刑听证机制。“在量刑听证时，检察官可以向法庭提出量刑建议，并提出支持他量刑建议的理由。辩护律师可以请求法庭对罪犯从轻处罚，并向法庭提出从轻处罚的理由。在许多州，犯罪受害人有权在量刑听证时发言。他们可以向法庭讲述罪犯的罪行给他们带来的痛苦和损失。他们在大多数情况下会要求法官对罪犯从重处罚。量刑听证开始前，法官一般已审阅过量刑前调查报告。在量刑听证时，法官会听取检察官、辩护律师以及犯罪受害人的意见和陈述。在审阅完量刑前调查报告和听取各方意见后，法官才会决定并宣布对罪犯的刑罚。”[②]其典型流程是：(1)法官宣布听证会开始。多数重罪案件的听证会都会选在判决下达几周后的某个日期举行。对于非重罪的案件来说，无论是经过陪审团审理还是被告人放弃由陪审团审理的权利而由法官审理，量刑听证会多数会在判决下达的当天进行。(2)法官阅读（或已经阅读过）被告的监视期记录，如果监视部门准备了量刑前报告，也将一并阅读。书面形式的量刑前报告是最为理想的，但是在许多司法管辖区域内，书面报告仅作为特例，而非规定。如果量刑听证会计划在判决下达日之后举行，有些司法管辖区域的公诉人和辩护律师会在举行听证之前提交量刑备忘录，供法官考虑。(3)通常情况下，法官会征求公诉人的建议，并且听取公诉人愿意提出的任何论点或信息。在美国许多司法管辖区域内，受害者有权出具一份受害影响声明。公诉人一般都会提请法官注意受害者发言的意愿或出具的书面声明。(4)法官接着会征求辩护律师的建议，并且听取律师提出的任何论点或信息。有些时候，律师手里会掌握一些她/他希望法官能够考虑的信件或文件。有些时候，律师会希望法官能够当面听取与被告相关的一些个人的声音，包括被告的家庭成员、

---

① 陈瑞华. 量刑程序中的理论问题[M]. 北京：北京大学出版社，2011：170.

② 马跃. 美国刑事司法制度[M]. 北京：中国政法大学出版社，2004：331.

雇主或社会福利工作者。在有些司法管辖区域内,被告有权直接向法官进行陈述。一般情况下,律师都会提请法官注意被告发言的意愿。有些法官直接向辩护律师了解情况。(5)然后,法官会向监视官了解其掌握的所有与被告有关的情况,特别是被告之前所有的监视期记录。如果事先没有准备书面形式的量刑前报告,监视官可以直接口述。法官也会询问监视官对量刑有何建议。(6)法官将宣布量刑结果,或在进一步考虑之后公布决定。无论出现何种情况,法官均可在决定做出后出具书面意见。①

在独立的量刑听证程序中,由于被告人的定罪问题业已解决,因此,建立在无罪推定基础上的传统证据规则所赖以存在的基础和空间不复存在。在这种情况下,就需要适用不同于定罪程序的证据规则,以确保量刑程序中量刑信息的全面性和充分性。就科刑功能而言,美国布莱克法官强调了在审判中的事实探究者与科刑法官的角色定位的不同。审判"只关注被告人是否犯下特定的罪行"因此在运用证据规则时,将之设计成对事实探究者的"精密限制",以保证证据材料能够与争议事实具有"实质性的""严格的相关性",而科刑法官不必受此限制,与科刑法官职责最相关的应该是"尽可能地获得与被告人有关的生活或者性格特征材料"。基于"现代的刑罚哲学要求惩罚应该与罪犯的个体相契合而不仅仅是被告人所犯下的罪行"的原则而言,此点尤其是正确的。②独立的量刑程序存在的一个最重要的意义其实就在于能够为法官的量刑裁判尽可能地提供全面、充分和真实、可靠的量刑信息。因此,对于量刑程序中的证据在证据能力、证明责任、证明标准上的限制就有必要与定罪程序中的做法有所区别,量刑程序中的证据规则较之于定罪程序显得较为宽松。如果说在定罪程序中适用的是"严格"的证据与证明规则,那么,在量刑程序中则应适用相对"自由"的证据和证明规则。比如,那些适用于定罪程序中的被告人口供自愿规则、沉默权规则、传闻证据规则、意见证据规则、品格证据规则以及非法证据排除规则,在量刑程序中一般都不再适用。一般来讲,在定罪程序中被严格禁止出现在法庭上的证据,如品格证据、意见证据、传闻证据等,都允许出现在量刑程序中,并可以作为量刑裁判的依据。非法证据排除规则在量刑程序中也通常不发生作用,只有那些通过刑讯逼供以及其他严重侵犯公民宪法权利的方式所

① 胡云腾.中美量刑改革国际研讨会文集[M].北京:中国法制出版社,2009:135-136.

② 参见[美] 伟恩 R 拉费弗,杰罗德 H 伊斯雷尔,南西 J 金.刑事诉讼法(下册)[M].卞建林,沙丽金,等译.北京:中国政法大学出版社,2003:1343.

获取的非法证据,才会在量刑程序中被法官排除在法庭之外。又如,定罪程序中的证明责任分配规则在量刑程序中也不再适用,量刑程序中通常适用“谁主张,谁举证”的证明责任分配规则,无论是控诉方还是被告方对于各自提出的量刑信息都要承担证明责任。“这种证明责任分配的机制主要是考虑到举证的便利以及量刑过程中所获信息的最大化,而不再是定罪阶段证明责任分配时所主要考虑的无罪推定原则与反对强迫自证其罪原则。”[①]而且,在量刑程序中各方对量刑信息予以证明的证明标准并不需要达到“事实清楚,证据确凿充分”或者“排除合理怀疑”的程度,对于有利于被告人从轻、减轻或免除处罚的量刑信息,一般只需达到民事诉讼上的“优势证据”证明标准即可,即存在的可能性大于不存在的可能性。

(三)量刑说理机制

量刑说理机制是指法官根据理论、规范与经验针对不同的犯罪事实和犯罪人做出相应的量刑裁判后,要阐明据以做出该量刑裁判结论的根据与理由,要对控辩双方、被害方以及社会方在量刑程序中提出的量刑主张的采纳情况及其理由进行必要的回应与适当的说明。

“程序正义的一个重要原则是,决定人的事实、结论和理由都必须在做出决定之时予以说明或者公开。”[②]事实上,当事人尤其是被告人,几乎都迫切希望知晓法官的量刑理由。量刑过程不公开,量刑理由不明确,即使裁判结论本身合法、合理,其公信力也自然会受到削弱和影响,难免会引起人们的种种猜测或怀疑,得出的结论难以让人真正信服。

在庭审中,主要是法官需要从其他诉讼各方那里获取量刑信息,而庭审之后,非裁判方从法官那里获得量刑信息就显得十分重要与迫切了。因此,无论是在实行定罪与量刑相分离的程序模式的英美法系国家,还是在实行定罪与量刑一体化的程序模式的大陆法系国家,都十分重视量刑说理问题。在英国的量刑实践中,“越来越多的情况下,在刑事法庭和治安法庭上做出量刑决定的法官或者治安法官会对法庭所选择的某一特定的刑罚的原因做出解释。例如,法官将会指出他对犯罪事实看法和他所考虑从宽处理的情形。他通常将指出,因为犯罪分子做出有罪答辩所以对其进行从宽处理,以及其他的相关问题。另外,现在法官在做出量刑判

① 陈卫东. 量刑程序改革理论研究[M]. 北京:中国法制出版社,2011:14.

② [美]迈克尔 D 贝斯勒. 程序正义:向个人的分配[M]. 邓海平,译. 北京:高等教育出版社,2005:104.

决时,必须对与量刑有关的法律规定做出陈述。例如,如果法官给出一个关押判决,那么他必须对做出关押判决的相关法律标准进行陈述(在实践中,该标准总是一样的,即犯罪行为非常严重,因此只有对其做出关押判决才是合理的)。如果法庭有权做出赔偿命令,但是没有那样做,那么法庭必须解释为什么没有那样做(通常,理由是被告人没有经济能力来缴纳赔偿金)。"① 在德国,公开宣布法庭判决是审判的最终阶段。法庭必须将定罪和量刑写成书面判决;由审判长在公开的法庭上宣读。宣布量刑后,审判长进行口头解释。在公开的法庭上宣布判决后5个星期之内,法庭必须将定罪和量刑的理由做一书面解释。②根据《德国刑事诉讼》第267条第2款和第3款的规定,在审理中如果有程序参加人主张刑法特别规定的排除、减轻或者提高可罚性的情节的,对这些情节是否已经确定或者是没有确定,判决理由必须对此说明;判决理由必须写明所适用的刑法和对量刑起了决定性作用的情节;刑法将是否减刑依附于是否是减轻情节案件的时侯,判决理由必须写明为何认定了这些情节,或者为何对在审理中提出的这方面申请相反地却予以了拒绝;判决理由还必须写明为何缓刑,或者为何与审判中提出的这方面申请相反地没有缓刑。③

量刑说理机制使裁判者和非裁判者之间的信息不对称问题得以解决,使量刑程序中量刑信息的传递与共享过程有始有终。量刑说理机制有利于督促法官认真地对待量刑问题和量刑程序,公正、合理地进行量刑裁判,以确保最终的量刑裁判结论能够获得人们的信服,从而树立刑事司法权威和提高刑事司法的公信力。

综上所述,笔者认为,在独立的量刑程序框架下,量刑调查、量刑听证和量刑说理机制有机地结合在一起,相辅相成、互相配合、相得益彰、共同作用,一起构成了量刑程序的信息机制体系。正是这个以量刑听证机制为核心,以量刑调查机制和量刑说理机制为辅助的信息机制体系,确保了量刑程序的制度功能与价值得以彰显和实现。

---

① 麦高伟,杰弗里·威尔逊.英国刑事司法程序[M].姚永吉,等译.北京:法律出版社,2003:431.

② 参见[德]托马斯·魏根特.德国刑事诉讼程序[M].岳礼玲,温小洁,译.北京:中国政法大学出版社,2004:146-148.

③ 参见[德]约阿希姆·赫尔曼.德国刑事诉讼法典[M].李昌珂,译.北京:中国政法大学出版社,1995:108-109.

五、协同合作：量刑程序之信息机制的运作理念

程序的协同性理念，是在后现代哲学背景下提出来的一种社会关系模式，其基本含义就在于参与程序的各方主体都应该调动出最大化的积极性和能动性，并在诚实和善意的基础上竭诚合作，取得共赢的程序效果。[①]两大法系不约而同地走向了协同主义，加强当事人和法院之间的协作，促进法官在事实发现方面的能动性。而协同主义主要是从当事人、法官相互之间的作用而言的，并不是要完全抛弃传统辩论主义，它主要是改变传统辩论主义之下法官的消极地位、克服其弊端而出现的，是在法官和当事人之间产生的一种崭新的诉讼结构。[②]协同主义与辩论主义之间的区别，主要在于协同主义重新分配了法院和当事人在证据材料提出上的作用分担，强调了法院在促进真实发现上的积极义务。

实际上，在量刑程序中引入协同主义既具有必要性也具有可行性。其一，在量刑程序中由法官委托法院内部等官方机构进行量刑前调查的机制，特别彰显了量刑程序中法官与诉讼当事人在量刑信息的收集、获取与共享上的协同合作关系，亦是量刑程序中贯彻协同合作理念的鲜明写照。其二，控辩双方在量刑程序中对于量刑信息的提供与共享有进行协同合作的可能性。因为在量刑活动中，很多情形下并不存在严格意义上的控辩双方。这主要是由于现代国家要求作为控诉方的检察机关在诉讼中履行客观义务，所以检察机关在量刑活动中既可能提出不利于被告人的量刑信息和主张，也可能提出有利于被告人的量刑信息和主张。如果检察机关提出的量刑信息和主张有利于被告人，那么在量刑程序中就不存在严格意义上的控辩双方。再者，辩护方在量刑活动中并非像在定罪活动中那样总是处于防御性的地位，因为辩护方除了对控诉方提出的量刑信息或主张进行反驳或辩解外，还经常会积极主动地提出对自己有利的量刑信息和主张。其三，被害方和社会方积极参与量刑程序，更增添了量刑程序中各方协同合作的色彩。被害方和社会方参与量刑程序，都具有完全独立的诉讼地位，都可以不依附于任何一方地向法庭传递各自的量刑信息，独立地提出自己的量刑意见及其理由。这就使法官的量刑裁判获得了最大范围的信息支撑，使法官的量刑裁判建立在较为全面和充分的量刑信息的基础上。因此，在量刑活动中，将被害方和社会方引入量刑程序，就是一种

---

① 参见汤维建. 民事诉讼法全面修改专题研究[M]. 北京：北京大学出版社，2008：14.

② 参见肖建华. 构建协同主义的民事诉讼模式[J]. 政法论坛，2006(5)：32.

法官与诉讼当事人协同合作地去发现、获取和共享量刑信息的重要体现。

可见，在量刑程序中，摆在法官面前的最大问题是如何确保量刑信息的充分性和可靠性以做出公正的量刑裁判，而控辩双方实际上也已经由先前在定罪程序中的对抗分立走向了在量刑程序中的合作共赢。在量刑程序各方主体之间贯彻协同合作的思想，有利于充分调动法官、控辩双方、被害方和社会方的积极性和能动性，最大限度地促进真实、可靠量刑信息的充分提出与共享。在协同合作的理念之下，在控辩双方、被害方和社会方都积极主动参与的量刑程序中，不仅法官委托法院内部等官方机构进行量刑调查并形成量刑前调查报告，而且控辩双方、被害方和社会方也都有权进行量刑前调查，并且都有权在庭审中充分地提出各自的量刑意见及其根据和理由，还可以针对某些有争议的事项进行相互的质证和论辩。最终的结果就是能够使法官获得既全面、充分又真实、可靠的量刑信息，从而使量刑公正的实现得到最基本的保障。因此，协同合作的理念是量刑程序的信息机制有效运作的指导理念，欲使量刑程序的信息机制有效运作，量刑程序的各方主体就必须树立协同合作的理念。

六、程序模式：量刑程序之信息机制的功效保障

据本章前面的论述，在独立的量刑程序框架下，量刑调查、量刑听证和量刑说理机制能够形成一套信息机制体系，能够充分保障量刑信息的有效传递与共享。这也意味着，离开了科学、合理的量刑程序模式，量刑程序的信息机制的实际功效将难以获得应有的保障，各种信息机制应有的预期功能将难以真正发挥，也势必无法真正达到各种信息机制应有的预期效果。

综观大陆法系国家的定罪与量刑一体化的量刑程序模式和英美法系国家的独立的量刑程序模式，①只有完全独立的量刑程序模式才能为上述量刑信息的传递与共享机制提供有效的程序保障，而定罪与量刑一体化的量刑程序模式则无法为上

---

① 关于这两种模式的具体情况，参见[美]弗洛伊德·菲尼，[德]约阿希姆·赫尔曼，岳礼玲. 一个案例，两种制度：美德刑事司法比较[M]. 北京：中国法制出版社，2006：351 - 352；麦高伟，杰弗里·威尔逊. 英国刑事司法程序[M]. 姚永吉，等译. 北京：法律出版社，2003：423；[美]爱伦·豪切斯泰勒·斯黛丽，南希·弗兰克. 美国刑事法院诉讼程序[M]. 陈卫东，徐美君，译. 北京：中国人民大学出版社，2002：567；[德]克劳思·罗科信. 刑事诉讼法(第 24 版)[M]. 吴丽琪，译. 北京：法律出版社，2003：412；[德]托马斯·魏根特. 德国刑事诉讼程序[M]. 岳礼玲，温小洁，译. 北京：中国政法大学出版社，2004：145.

述量刑信息的传递与共享机制提供有效的程序保障。虽然人们十分重视定罪程序与量刑程序两段式审判制度所带来的便利性与终局性，但是促使两段式审判制度存续的更加深刻的理由是现代刑罚理论所倡导的在定罪与量刑问题上做出不同的考量。[①]在量刑的时候，法院应当合法地、综合地判断他所能知道的全部信息，努力做出妥当的刑罚。”[②]但是，欲使法官能够有机会获得全面、充分和真实、可靠的量刑信息，那种定罪与量刑一体化的量刑程序模式就显得弊端重重、力不能及了。因为，在定罪与量刑一体化的量刑程序模式下，无论裁判者如何专业或者敬业，人类都很难将法庭上所举出的信息加以分类以便将与量刑相关的信息搁置起来，直到定罪判决做出之后才加以考虑。[③]而且，“因为审判处理罪与罚的问题，辩护方在做总结陈述时，经常面临两难境地：辩护人如果（现实中他应当这么做）请求法院在对被告人定罪时从轻量刑，则无疑削弱了他对当事人所做的无罪答辩的可信度。”[④]在这种模式下，即使建立了上述的量刑调查机制、量刑听证机制和量刑说理机制，由于该程序模式本身所固有的弊端，这些信息机制的预期功效也无法得到科学、合理的程序保障。

而本章前面对独立的量刑程序的信息机制体系的论述，清楚地表明，在独立的量刑程序框架下，正是由于量刑调查、量刑听证和量刑说理机制都能够充分地发挥其功效，才使得量刑程序的制度功能得以彰显，制度价值得以实现。只有在独立的量刑程序模式下，法官才可能真正做到“认认真真地量刑”，才可能为了获得充分、可靠的量刑信息而主动进行积极的量刑调查活动，才可能真正认真地组织和开展法庭上的量刑听证活动，才可能在听证过程中真正注意倾听和认真对待各方主体的量刑意见与主张，才可能真正做到量刑有理和量刑说理，从而让人们能够对量刑裁判结论真正信服。而只有在独立的量刑程序模式下，公诉方才可能有足够的动力和积极性去在庭审前最大限度地调查、收集和获取可靠的量刑信息，其也才可能积极主动地对侦查机关的侦查活动进行“监督”与“指示”，以督促侦查机关在侦查

---

① 参见陈卫东．量刑程序改革理论研究［M］．北京：中国法制出版社，2011：212．

② 参见［日］松尾浩也．日本刑事诉讼法（下卷）［M］．张凌，译．北京：中国人民大学出版社，2005：140．

③ 参见［美］弗洛伊德·菲尼，［德］约阿希姆·赫尔曼，岳礼玲．一个案例，两种制度：美德刑事司法比较［M］．北京：中国法制出版社，2006：385．

④ ［德］托马斯·魏根特．德国刑事诉讼程序［M］．岳礼玲，温小洁，译．北京：中国政法大学出版社，2004：145．

活动中最大限度地去调查和获取关于量刑方面的可靠信息。同样地,只有在独立的量刑程序模式下,辩护方、被害方和社会方也才会更积极、更主动地去调查、收集和获取充分、可靠的量刑信息,从而对法官的量刑施加影响,使法官最终做出公正、合理的量刑裁判。

总之,定罪与量刑一体化的程序模式下,量刑程序既不能独立,又缺乏对抗式诉讼的特点,无法有效发挥其信息机制的内在功能,不利于公正量刑。而在定罪与量刑完全分离的独立的量刑程序模式下,量刑程序能够真正地以对抗式、诉讼化的方式展开,量刑程序的信息机制才能够真正充分地发挥其功效。因此,独立的量刑程序模式是量刑程序的信息机制切实发挥其功效的有力保障。

七、对中国量刑程序改革的反思与展望

诸多学者已经对中国目前的量刑程序改革进行了全面而深刻的分析与思考,重温这些思考也许能够为我们进一步深入反思中国量刑程序改革提供有益的启示。有学者通过对改革试点的实证研究得出如下结论:“在量刑情节和量刑证据的提出方面,量刑程序改革试点中并未发生明显变化。……与传统庭审程序相比,在适用官方的改革模式的庭审中,控辩双方提出的量刑情节和量刑证据虽然有所增加,但并不明显,而且增加的这些量刑事实和证据基本上都属于前科、犯罪后的态度、被告人的一贯表现、目前的家庭情况等酌定情节。比如有被告人提交待审羁押期间被看守所评为文明个人的证据表明自己犯罪后的态度,有辩护律师出示社区居民的签名请求书以证明被告人一贯行为良好,有被告人述说家境困难的事实。而这些证据,在量刑程序改革之前的庭审程序中,控辩双方一般也会根据需要提出。”①该学者继而对中国量刑程序的诉讼化和对抗化改革提出了质疑和批判,认为当下中国量刑程序改革的试点效果有限,与参与改革方案设计的学者们对中国量刑实践中存在的问题把握偏误和对西方法治国家量刑程序的误读,有着密切的关系。②也有学者通过进行试点和调研,发现了量刑程序改革的一些局限性:庭审中有时检察官进行冗长的量刑举证, 控辩双方的争议焦点不突出, 影响了庭审效率;被告人无力进行自我辩护, 其对诉讼的参与流于形式;被告人不认罪的案件, 在定罪程序与量刑程序相对分离的模式下, 律师在从无罪辩护到量刑辩护的转化中存在

① 左卫民.中国量刑程序改革:误区与正道[J].法学研究,2010(4):151.

② 左卫民.中国量刑程序改革:误区与正道[J].法学研究,2010(4):152.

明显的尴尬;如果法庭最终认定被告人无罪,律师对于量刑证据的收集以及量刑辩论将失去意义;检察官的起诉书中包含对被告人前科或者曾受行政处罚等信息,可能使法官形成有罪预断;证人、被害人不出庭,使庭审中的争议难以得到澄清,这不仅体现在定罪事实之中,也体现在量刑事实之中;定罪事实与量刑事实有时难以分离,容易形成重复评价;对于控辩双方提供的量刑事实和证据的客观性、全面性,法官难以查明和评判;对被告人是否适用缓刑的考量因素不明确,有待细化;庭审中控辩双方往往对量刑情节进行抽象的分析,对于每个量刑情节带来的对量刑幅度的影响未展开充分的辩论;法官对于量刑起点和基准刑的确定,往往难以提供充分的理由。[①]也有学者从保障量刑信息的全面性与可靠性的角度,指出了改革所确立的"相对独立"的量刑程序的弊端:"在量刑裁决过程中,中国法官主要通过听取控辩各方的举证、质证和辩论来获取量刑信息,并对量刑事实做出最终的认定。但是,检察机关过于关注量刑建议的提出,强调对法院量刑裁决结果的积极影响,忽略了量刑信息的全面调查;检察机关在提出量刑信息方面,受到侦查机关案卷笔录的限制,所提供的量刑情节主要限于那些与犯罪行为有关的法定量刑情节。辩护方尽管有机会就量刑的结果发表意见,但他们没有机会就量刑事实展开专门的庭前调查,获取独立量刑信息的能力是不强的。而在那些辩护方有机会搜集量刑信息的案件中,基于其诉讼利益的考虑,辩护方也会提出一些真伪难辨甚至似是而非的证据材料。而对于这些证据材料,现行的量刑程序显然无法保证其真实性和可靠性。"[②]由于没有新的量刑事实,法院所组织的量刑听证经常流于形式,为建立独立量刑程序所进行的改革努力也经常形同虚设。[③]

从上述学者对中国量刑程序改革的思考中,我们不难发现:从为整个量刑活动过程提供保障量刑信息有效传递与共享的机制的视角考量,中国量刑程序改革所确立的"相对独立"的量刑程序,并不能够真正有效地解决量刑信息的传递与共享的问题,仍有进一步改革的广阔空间。

一个公正、合理的量刑程序不一定是复杂、漫长的程序,但是必须有一个比较独立(哪怕是不十分正式)的程序,以保障法官获得足够的量刑信息。[④]"量刑程序改

① 参见熊秋红.中国量刑改革:理论、规范与经验[J].法学家,2011(5):46.

② 陈瑞华.论量刑信息的调查[J].法学家,2010(2):23－24.

③ 参见陈瑞华.量刑程序中的理论问题[M].北京:北京大学出版社,2011:130.

④ 参见[美]彼得·安德森.量刑证据问题与量刑程序问题[C]//胡云腾.中美量刑改革国际研讨会文集.北京:中国法制出版社,2009:37.

革成败的关键之一,在于法院能否通过控辩双方的有效参与获取更为丰富、更加充分的量刑信息。”①通过本章的研究,笔者认为,在量刑程序改革中若试图单纯通过建立诉权制约裁判权的机制来实现对法官量刑自由裁量权的程序规制的目标是一种不切实际和注定难以实现的幻想。因为,真正公正的量刑裁判必然要建立在量刑法官能够接触到充分、可靠的量刑信息的基础上。只有在控辩双方向法庭提供的量刑信息是全面、充分、真实和可靠的情况下,诉权对法官裁判权的制约机制才具有真正的意义与价值,否则就只能徒具形式意义,终究摆脱不掉形同虚设的命运。据此,量刑程序改革的最根本、最关键的问题是如何保障法官能够获得量刑裁判所需要的充分、可靠的量刑信息和如何保障控辩双方、被害方以及社会方能够获得关于法官据以形成量刑裁判结论的根据与理由的量刑信息。暂且不论英美法系国家的量刑程序是否是对抗化的量刑模式,如果从为量刑活动提供量刑信息的传递与共享的有效机制的面向上考量,那么,中国建立对抗式的独立的量刑听证程序就具有理论上的正当性和实际上的可行性。

在笔者看来,科学、合理、公正的量刑裁判应该建立在全面、充分、真实和可靠的量刑信息的基础上,而不应该仅仅以犯罪事实和情节等定罪信息为基础。法官进行量刑裁判所需要的量刑信息与定罪裁判时所需要的定罪信息具有高度的差异性。传统的定罪与量刑一体化的诉讼程序模式无法满足法官在量刑裁判时对量刑信息的客观渴望,也无法满足控辩双方、被害方以及社会方对法官量刑裁判公开性、透明性与说理性的现实渴求。只有将量刑程序从定罪程序中完全分离出来,将整个刑事审判程序划分为定罪裁判与量刑听证两个独立的程序,才能真正为量刑信息在法官、控辩双方、被害方以及社会方之间的传递和共享提供理想的平台与足够的空间。而且,“即使建立起独立的量刑程序,如果没有充分的量刑信息作为支撑,量刑程序至多是一座徒具华丽外观的大厦。”②量刑信息是量刑程序各方主体量刑利益的外在体现和应有表达,量刑信息之于量刑程序,就如同血肉之于骨骼一样,如果量刑信息不足甚至缺失,量刑程序也就成了无源之水和无本之木了。因此,在量刑程序从定罪程序中独立出来以后,要使独立的量刑程序发挥其内在的制度功能,还必须构建科学、合理的量刑信息机制体系,以确保独立的量刑程序能够真正实现量刑信息的有效传递与共享。独立的量刑程序的信息机制体系由量刑调

① 陈瑞华. 量刑程序中的理论问题[M]. 北京:北京大学出版社,2011:144.

② 陈卫东. 论隔离式量刑程序改革——基于芜湖模式的分析[J]. 法学家,2010(2):7.

查机制、量刑听证机制和量刑说理机制构成,这些机制互相配合、相辅相成、相得益彰、共同作用,都是独立的量刑程序中不可或缺的信息机制。

中国量刑程序改革的终极目标应该是摒弃"相对独立"的量刑程序模式,而确立中国式的完全独立的量刑听证程序模式,并在独立的量刑听证程序模式下,构建能够保障量刑信息的有效传递与共享的信息机制体系。而只有这样,量刑的程序公正才有望真正得以实现,"所有人的正义"也有望最大限度地得以实现和满足。

最后应该明确的是:如果说中国走向法治的道路必须要经历一个循序渐进的过程,那么中国量刑程序改革的最终完成也要经历一个不断探索、不断纠错、不断改进和不断完善的渐进过程。因为"量刑程序的规范化与定罪程序的正当化息息相关, 如果定罪程序的空洞化得不到有效解决,那么量刑程序改革也难以取得明显的进展。由于各种因素的制约, 当前难以对量刑程序改革的功效寄予过高的期待。"①但是,对于改革试点中出现的各种理论问题,我们应当给予认真的对待,并通过进一步的改革试验,来尝试寻找适当的答案。而通过一步步地解决这些层出不穷的理论问题,量刑程序的改革也会得到灵活的调整,这种改革的思路和方向也会渐渐明晰起来。最终,适合中国国情的量刑程序会在这种渐进式的改革探索中得到显露。②

---

① 熊秋红. 中国量刑改革:理论、规范与经验[J]. 法学家,2011(5):52.

② 参见陈瑞华. 量刑程序改革的困境与出路[J]. 当代法学,2010(1):38.

第十四章　量刑程序独立化的国际潮流与中国选择

在刑事审判中实行定罪与量刑一体化程序模式的大陆法系国家，对该模式的弊端日益达成共识，都在探寻量刑程序改革的正道。量刑个别化原则是量刑程序走向独立化，即从定罪程序中完全分离出来的根本动因，它在相当大的程度上推动了量刑程序独立化的国际潮流。实践表明，中国量刑程序改革确立的“相对独立”的量刑程序模式仍然具有相当大的局限性。完全独立的量刑程序模式是中国量刑程序模式的应然选择，它既有利于实现量刑个别化原则，也顺应了量刑程序独立化的国际潮流。

诚如加拿大蒙特利尔大学法学院杜蒙教授所言“量刑是刑事司法制度中的重要部分，是刑事正义的一半工程。”但是，由于中国刑事司法中“重定罪，轻量刑”的传统，量刑公正的问题一直未得到应有的重视。量刑公正包括两个方面的内容，即量刑实体公正和量刑程序公正。量刑的实体公正不仅应当实现，而且要以看得见的方式实现。相比一个罪犯被法官采取秘密、封闭、独断的方式“直接”做出量刑裁判，人们更渴望看到一个罪犯，经过一个真正具有公开性、透明性、说理性和广泛参与性的量刑过程之后，再得到法官的量刑裁判。也就是说，倘若法官的量刑自由裁量权不能得到程序上应有的规范与限制，势必会使刑事司法的权威性和公信力受到严重影响。因此，为了实现量刑公正的价值目标，我国司法实践中正在进行以规范法官量刑自由裁量权为核心的量刑规范化改革运动。这项声势浩大的改革围绕着实体和程序两个方面展开，并且都取得了较大的进展。而就量刑程序改革来说，虽然在改革中确立了“相对独立”的量刑程序，但实际运行效果并不令人满意，甚至引起人们对于量刑程序改革必要性的质疑。[①] 另一方面,虽然量刑程序改革如火如荼地进行,但2012年通过的《中华人民共和国刑事诉讼法修正案》对诸多改革成果却没有给予正式确认。中国量刑程序改革应该何去何从?似乎不无疑问。

而放眼国际,那些跟中国一样在传统上一直奉行定罪与量刑一体化程序模式的大陆法系国家,也都面临着量刑程序改革的问题。如果将中国的量刑程序改革放在国际社会的视野下观察,我们就不会因为改革中暂时出现一些困难与问题就对改革失去信心,因为我们知道,这是任何国家在改革过程中都会出现的正常现象,而改革本身是大势所趋,任何力量都无法阻挡;我们也不会因为在改革过程中一时取得的某些成效而沾沾自喜,因为我们知道,距离我们的终极改革目标,我们还有很长的路要走。

一、量刑程序模式的两种形态

纵观大陆法系和英美法系国家的量刑制度,在量刑程序的程序模式上主要有两种形态,即大陆法系国家的定罪与量刑一体化的程序模式和英美法系国家的定罪与量刑相分离的程序模式。

在大陆法系国家的刑事审判中,实行定罪与量刑相混合的一体化的程序模式,一般没有独立的量刑程序。比如,"在德国的审判中,是否有罪与量刑的问题是一起解决的;因此,定罪与量刑阶段并没有明确的区分。只与量刑有关的证据,例如被告人的前科,甚至在定罪前也可以出示。"[②]法庭审理通过一个连续的程序,既裁判被告人的定罪问题,也解决被定罪人的量刑问题。无论是有关定罪的事实、证据、法律问题或有关量刑的事实、证据、法律问题,皆可在法庭调查或法庭辩论中一并提出,一起辩论。当然也有例外,比如在葡萄牙,刑事审判程序分为定罪和量刑两个阶段,一是定罪阶段,二是量刑阶段。两个阶段各有自己独立的判决,先是针

① "中国现行量刑制度的根本问题不是程序法问题,而是实体法问题;对抗化的量刑程序理论与实践,不仅在中国缺乏针对性,还存在对英美法系量刑程序的误读。中国量刑制度的改革,应从程序性改革为重心转向以实体性改革为主,量刑程序的改革应当适当展开,真正回应科学、公正量刑的需要。"参见左卫民.中国量刑程序改革:误区与正道[J].法学研究,2010(4):149.

② [德]托马斯·魏根特.德国刑事诉讼程序[M].岳礼玲,温小洁,译.北京:中国政法大学出版社,2004:134.

对被告人罪责问题做出有关罪的判决;然后针对刑罚问题做出另一个判决。[①] 在法国,审判法庭在对被告人(是否)有罪进行评议之后,紧接着就是对刑罚进行评议,两者结合为一个整体。所有的审判法庭对这两个问题先后进行的都是同一次评议,也是唯一的评议:先就被告人(是否)有罪然后就适用的刑罚进行评议;但是,如果法庭仅就被告人(是否)有罪做出评议(运用 1975 年 7 月 11 日法律以来为法官设置的可能,《刑事诉讼法典》第 469 - 1 条)而推迟就刑罚做出裁判,不在此限。[②]

而在英美法系国家的刑事审判中,实行的是定罪程序与量刑程序完全分离的程序模式。“英国刑事法律将量刑过程与决定被告人是否有罪的过程清楚地划分开来。在刑事法庭,陪审团负责审理决定被告人是否有罪,但量刑则完全属于法官的职权。在治安法庭,决定量刑的法官也是决定被告人是否有罪的法官,但是这两个过程却属于两个不同的审判阶段。”[③] 美国大多数州及联邦通常将认罪、科刑分两个阶段处理:第一个阶段只论究被告是否有罪,而完全不考虑被告应如何量刑。待判定被告有罪之后,法院另再举行一个科刑的听审,由检察官、被告、被害人出庭,渠等得传唤证人,提出证据,以证明一切与量刑有关之事项。在渠等辩论之后,由法院综合全部证据及辩论意旨,科处最适合被告之刑期。被告的刑期通常由法官决定,但有的州规定,被告应否判处死刑必须由陪审团决定。[④] 判决在量刑听证会期间被宣布,听证会可能在裁决或接受有罪答辩后立即举行。但是,律师经常要要求时间准备量刑听证会,或者法官为完成判决前的调查而可能希望推迟量刑。一般而言,量刑发生在宣告有罪后的一个月内。量刑听证会通常在公开法院正式举行,然而,证据规则没有审判时那么严格,被排除的信息资料(传闻或歧视的证据)可能因为量刑而被采纳。被告人享有律师代理的权利,包括在被告人不能支付私人律师费用时为其提供指定的律师。法院可能听审证据,但法官通常基于律师的

---

① 王以真.外国刑事诉讼法学[M].北京:北京大学出版社,2004:332.

② [法]贝尔纳·布洛克.法国刑事诉讼法[M].罗结珍,译.北京:中国政法大学出版社,2009:505.

③ 麦高伟,杰弗里·威尔逊.英国刑事司法程序[M].姚永吉,等译.北京:法律出版社,2003:428.

④ 王兆鹏.美国刑事诉讼法[M].北京:北京大学出版,2005:18.

陈述、判决前报告和罪犯的陈述做出判决。[①]"在量刑听证时,检察官可以向法庭提出量刑建议,并提出支持他量刑建议的理由。辩护律师可以请求法庭对罪犯从轻处罚,并向法庭提出从轻处罚的理由。在许多州,犯罪受害人有权在量刑听证时发言。他们可以向法庭讲述罪犯的罪行给他们带来的痛苦和损失。他们在大多数情况下会要求法官对罪犯从重处罚。量刑听证开始前,法官一般已审阅过量刑前调查报告。在量刑听证时,法官会听取检察官、辩护律师以及犯罪受害人的意见和陈述。在审阅完量刑前调查报告和听取各方意见后,法官才会决定并宣布对罪犯的刑罚。"[②]

二、量刑程序走向独立化的根本动因

定罪和量刑是两种不同性质的活动,现代的刑罚哲学要求惩罚应该与罪犯的个体相契合而不仅仅是被告人所犯下的罪行。[③] 在进行量刑裁判时,法院考虑的对象除了犯罪事实本身以及与犯罪事实有密切关系的事项外,还应该考虑涉及被告人方面的因素和涉及被害人以及社会方面的因素。前者包括被告人的年龄、前科劣迹、生活经历、健康状态、家庭环境、生活状况等;后者包括对损害的赔偿、道歉的努力、和解的成败、被害人感情的强弱、社会情况的变化、有关法规的变动,等等。这些情节有些是对被告人有利的,有些是对被告人不利的。但是,法院应当合法地、综合地判断他所能知道的全部信息,努力做出妥当的刑罚。[④] 刑事社会学派的创始人李斯特也认为:应被处罚的不是行为, 而是行为人。刑罚的轻重不能仅仅根据犯罪的客观危害事实,而应该以犯罪人的性格、恶性及反社会性的强弱为标准对犯罪人进行分类并据此实行刑罚个别化。[⑤] 刑罚个别化是现代刑事司法所追求的重要刑罚目标。刑罚个别化既是一种理念,也是原则,还可以是一种刑罚执行方

---

① [美]爱伦·豪切斯泰勒·斯黛丽,南希·弗兰克. 美国刑事法院诉讼程序[M]. 陈卫东,徐美君,译. 北京:中国人民大学出版社,2002:522.

② 马跃. 美国刑事司法制度[M]. 北京:中国政法大学出版社,2004:331.

③ [美]伟恩 R 拉费弗,杰罗德 H 伊斯雷尔,南西 J 金. 刑事诉讼法(下册)[M]. 卞建林,沙丽金,等译. 北京:中国政法大学出版社,2003:1343.

④ [日]松尾浩也. 日本刑事诉讼法(下卷)[M]. 张凌,译. 北京:中国人民大学出版社,2005:139.

⑤ 张文等. 人格刑法导论[M]. 北京:法律出版社,2005:283.

法。[①] 刑罚个别化的理论渊源,最早可以追溯到罗马教会法庭理案处刑时代。作为刑罚适用的一项原则,则由龙勃罗梭、菲利、李斯特等新派创始人提出,经过德国沃尔伯格和法国塞米尔斯等刑法学者进一步发展,于19世纪末形成较为完备的体系,在世界范围内得到多数刑法学者的支持,逐渐成为各国刑罚裁量的一项重要原则。[②] 刑罚个别化原则体现在量刑上,即是量刑个别化原则。

由于定罪活动面对的是过去的已然领域,而量刑活动面对的是未来的未然领域,这就决定了在量刑过程中,在考虑犯罪行为已然社会危害性的基础上,还必须将犯罪人未然的人身危险性纳入考量范围,要考虑所有有关犯罪人人身危险性的各种情况,特别是影响犯罪人刑事责任的年龄、性格、生活经历和环境等有关其品格的事实。[③] 据此,"量刑应当遵循量刑个别化原则,即将犯罪人的个体情况作为量刑时必须考虑的重要因素,以使所决定的刑罚轻重与犯罪人的人身危险性大小相互适应的原则"。[④]

量刑个别化强调量刑要考虑犯罪人的人身危险性,这样,有关犯罪人个人情况的信息是否充分和准确,对公正量刑就显得特别重要。法官只有在充分掌握了关于犯罪人的准确量刑信息的前提下,才可能根据刑罚个别化原则的要求,对犯罪行为的社会危害性和人身危险性进行综合考量,从而做出尽量公正的量刑裁判。而具体的犯罪人和社会公众只有真正了解了法官对犯罪人据以做出某种量刑裁判的理由时,人们才不会动辄质疑法院判决的可靠性、合法性和合理性,从而树立司法权威和提升司法公信力,使社会公众真正从内心接受法院的判决结果。[⑤]

---

① 马克昌.刑罚通论[M].武汉:武汉大学出版社,1995:291.

② 汪明亮.多维视野中的定罪量刑问题[M].北京:法律出版社,2006:239.

③ 冯军.刑事责任论[M].北京:法律出版社,1996:283.

④ 樊凤林.刑罚通论[M].北京:中国政法大学出版社,1994:390.

⑤ 笔者认为,量刑过程中天然地存在着信息的不对称,这种信息不对称不仅体现在控辩双方之间,还体现在量刑裁判者和其他量刑程序主体之间。缺乏关于量刑信息传递与共享的有效机制,是造成法官量刑不公或者量刑裁判公信力低的重要根源。从程序的视角看,规制法官的量刑自由裁量权既包括在量刑过程中对法官恣意量刑的防范和避免,也包括在量刑结束后对法官说明量刑裁判理由的约束和要求。前者是追求量刑之程序公正的基础,而后者是实现量刑之程序公正的保障。相应地,量刑信息也至少应包括两方面的内容,即在量刑裁判过程中出现的量刑信息和在量刑裁判结束后出现的量刑信息,前者是指法官在量刑裁判过程中所能获得的有关量刑的一切信息,后者是指体现法官最终的量刑结论的根据和理由的一切信息。

在大陆法系国家实行的定罪与量刑一体化的程序模式下，"因为审判处理罪与罚的问题，辩护方在做总结陈述时，经常面临两难境地：辩护人如果（现实中他应当这么做）请求法院在对被告人定罪时从轻量刑，则无疑削弱了他对当事人所做的无罪答辩的可信度。"[①] 而且，无论裁判者如何专业或者敬业，人类都很难将法庭上所举出的信息加以分类以便将与量刑相关的信息搁置起来，直到定罪判决做出之后才加以考虑。[②] 在这种定罪与量刑一体化的模式下，量刑活动通常依附于定罪活动进行，量刑问题被看成是解决了定罪问题之后的附带问题。法官做出最终判决（包括定罪与量刑）的依据中，主要是被告人的犯罪事实和情节，而对于被告人犯罪的原因、被告人的成长经历、被告人的家庭和社会生活环境、被告人的教育情况、再犯的可能性、被害人的过错、犯罪行为给被害人带来的身体和精神上的伤害、犯罪给被害人家庭所带来影响、犯罪给社区所带来的负面影响等等问题，法庭都不可能予以真正的关注。一些法庭甚至连获取这些信息的途径和措施都不存在[③]，还怎么能寄望其能够在量刑裁判时对这些信息予以核实和审查，并作为其做出最终量刑裁判的信息资源呢？因此，尽管控辩双方在法庭上有机会表达各自的量刑意见和理由，但量刑裁判基本上由法官在"评议室"内单独完成，量刑所依据的信息也完全是法官自己自由裁量的事项。当然，人们对于法官据以做出最终量刑结论的理由往往也无从知晓，量刑似乎成了一种在"黑箱"内操作的事项。

审判程序应当关注量刑问题，应当在其中充分展示量刑信息，应当容纳控辩双方对于量刑活动的参与，应当在判决书中说明量刑理由，是各国在解决量刑问题上的共同追求，也是刑罚裁判具有公正性和可接受性的重要基础。[④] 可是，在定罪与量刑一体化的程序模式下，整个量刑裁判过程完全由量刑法官独自完成，无法组织控辩双方等针对量刑问题进行质证和辩论，因此，量刑法官既不能获得比较全面和

---

① 王以真. 外国刑事诉讼法学[M]. 北京：北京大学出版社，2004：146.

② [美]弗洛伊德·菲尼，[德]约阿希姆·赫尔曼，岳礼玲. 一个案例，两种制度：美德刑事司法比较[M]. 北京：中国法制出版社，2006：385.

③ 在英美法系国家，由缓刑监督机构在量刑前进行社会调查，并向法庭提交"量刑前报告"，确保了法官能够获得全面、充分的量刑信息。而大陆法系国家在量刑活动中，一般没有类似英美缓刑监督机构那样的专业机构为法庭提供"量刑前报告"，再加之量刑过程中缺乏被害方与社会方的参与，导致法官获得量刑信息的途径和方式极为有限。

④ 熊秋红. 中国量刑改革：理论、规范与经验[J]. 法学家，2011(5)：41.

充分的量刑信息,对于其已经获得的量刑信息,量刑法官也不能保证这些信息的真实性和可靠性,从而无法真正实现量刑的个别化。其实,量刑公信力的提高和量刑效果的实现,最关键的不是“同案同判”“同罪同罚”“量刑统一”,而是量刑个别化以公开、透明的方式显现出来。解决量刑公信力低和量刑效果差的主要路径,应当是使量刑公开透明及其相应程序制度的完善。① 由于大陆法系国家实行的定罪与量刑一体化的程序模式存在的固有缺陷,无法适应量刑个别化原则的现实要求,因此,顺应量刑个别化原则的要求,将量刑程序与定罪程序加以分离,使量刑程序走向独立化,是一种必然的趋势。可以说,量刑个别化原则是量刑程序走向独立化的根本动因,量刑个别化原则的盛行在相当大的程度上助推了国际上量刑程序的独立化潮流。

三、量刑程序独立化的国际潮流

如前所述,为了实现现代刑事司法的量刑个别化目标,法官在进行量刑裁判时需要最大限度地获取和吸纳那些与犯罪无关但关涉犯罪人、被害人以及社会的大量的量刑信息。但是,欲使法官能够有机会获得全面、充分、真实和可靠的量刑信息,那种定罪与量刑一体化的程序模式就显得弊端重重,问题重生了。定罪与量刑一体化的程序自身存在着诸多固有的弊端与缺陷。正如美国弗洛伊德·菲尼教授所认为,无论如何,该程序“看起来都更像一种过去时代的残留物,而不像是一种经过周密考虑的现代刑事诉讼程序”。② 再加之这种“一体化”的程序模式无法适应当今刑事审判领域中日益盛行的量刑个别化原则的要求,也无法满足人们不断增加的对量刑公正的现实渴求。因此,实行定罪与量刑一体化程序模式的大陆法系国家都已经开始认识到这种程序模式的不足之处,并开始寻求各自的量刑程序革新之道。在这种背景之下,形成了一股量刑程序独立化的国际潮流。

在德国,罗科信教授认为,“依现行法,就犯罪行为及对决定法律结果有重大影响之事务应在同一的审判程序中提出证据。而未来法中将相对于此,经常会以英美法作为借镜,将审判程序一分为二,要求分别就罪责(责任)问题及(如已对罪责

---

① 石经海.量刑个别化的基本原理[M].北京:法律出版社,2010:2.

② [美]弗洛伊德·菲尼,[德]约阿希姆·赫尔曼,岳礼玲.一个案例,两种制度:美德刑事司法比较[M].北京:中国法制出版社,2006:386.

问题肯定了,再为一罪责问题的中间裁判)刑罚问题提出证据。此种分法原则上应尽速被采行。因为在被告的罪责未证明前,对为揭露被告之人别身份所做之调查常属多余,此对其结果亦为不利,并且会造成法官在罪责问题中受到拘束。此外,对于希望能变革为一有持续坚定性的再社会化的刑罚之执行及社会治疗的措施,实有必要为了要能依详尽的人格性向研究以作成适当的法律结果之裁判,而另设一特别的诉讼段落(视情形,亦得为排除审判之公开)。1969 年于罗马举行的第十届国际刑法会议也曾对将审判程序分为两部分的主张——至少在重大的犯罪的案件中,表示赞成。而主要的反对意见,即怕将迫使诉讼迟延,以及遇到犯罪行为和犯罪行为人的不可分性之难题,但此均无法站住脚。”①

在法国,对定罪与量刑一体化的庭审程序也有变革的趋势。可能适用的所谓“顿挫”(停顿)制度令现行的制度受到某些学者的批评。这些学者认为,在确定刑罚时,犯罪人的性格(人格)应当起主导性作用,但犯罪人的性格(人格)又不应影响法官对被告人(是否)有罪做出决定。因此,这些学者主张在刑事诉讼中实行所谓的“顿挫”制度:有关犯罪人性格(人格)的案卷仅在诉讼的第二阶段送交法官,也就是说,仅在选择(如何)制裁的阶段才传达给法官。在这一可以不公开的“第二阶段”内,当事人的性格(人格)是法庭讨论的主要内容。但是,法国制定法并没有采纳这种制度,尽管《刑事审理法典》当初也曾规定过陪审团就被告人(是否)有罪做出裁决之后,应当在法庭上就刑罚重新开始辩论。1975 年 7 月 11 日法律在《刑事诉讼法典》中加进了有关免除刑罚的第 469 - 1 条的规定,使情况发生了改变。这一法律允许法院实行所谓诉讼“顿挫”(停顿),但是仅仅是为了在一定的期限之后免除个人的刑罚,也就是说,经过一定期间,当某些条件具备时,对特定个人可以免除刑罚。这些条件是:犯罪造成的损害已经得到赔偿(弥补),犯罪造成的侵害已经停止,特别是个人已经回归社会。如这些条件正在实现之中,法庭可以在对犯罪人有罪以及可能对民事诉讼做出裁判的同时,确定在随后的某一日期就刑罚做出决定(但条件是被告人应当到场)。案件在这时送回庭审时,法庭可以宣告:或者免除刑罚,或者确定刑事制裁,或者再一次推迟刑罚宣告(但是,有关刑罚的裁判决定最

---

① [德]克劳思·罗科信.刑事诉讼法[M].24 版.吴丽琪,译.北京:法律出版社,2003:412.

迟应当在第一次推迟刑罚宣告后 1 年内做出），不过，法庭不得做出无罪判决。[①]

"1993 年 1 月，法国提出把定罪与量刑严格分开。有些证据只能作为量刑证据，而另一些证据只能作为定罪证据。不能将证据重复使用，也不能将证据在不合适的地方使用。定罪权赋予陪审员，量刑权赋予法官。"[②]

在日本，也有量刑程序走向独立化的动向。日本刑事审判最初的过程是认定被告人罪责的过程，即被告人是有罪还是无罪，接下来是选择刑罚过程，即在有罪的前提下进行量刑。这种过程在理论上分为罪责认定程序和刑罚认定程序。但是现行法的审判程序并没有在程序上做出明确的区分，仅停留在理论上，但至少在认定事实时，必须在罪责认定程序结束后才能量刑。日本刑事诉讼中关于二分论的探讨主要基于两点考虑："第一，排除量刑资料，纯化事实认定程序；特别是对有争论的案件应当在认定犯罪证据之后才提出情节证据，这就像情节证据不影响定罪一样。第二，为了实现刑罚个别化就要重视量刑程序"。[③] 日本的审判二分论比较重视定罪的证据部分，而在量刑程序中不仅积累大量量刑资料，"而且注重被告人的理解，强调保护被告人"。[④]

并且在日本，法官量刑享有较大的自由裁量权，由于量刑的标准没有独立的明文规定，法官量刑的基准、判断的资料、量刑程序的正当性为人们所关注。如何通过量刑程序制约法官的自由裁量权，实现量刑的正当性也成为日本学者争论的话题。有的学者认为应当实行彻底的诉讼程序二分论，即将量刑程序与认定是否有罪的罪责认定程序分离，实现两个阶段的审判程序，这样一方面可以防止罪责认定中出现预断，促进辩护方在否认有罪时提出量刑资料，另一方面也有助于量刑程序更加正规化，防止出现对当事人隐私的侵害。同时，实行诉讼程序二分制，有利于引进司法交易，陪审制度和判决前调查制度，符合当事人主义诉讼理念的要求。[⑤]

长期以来，中国采取大陆法系国家传统上的定罪与量刑一体化的量刑程序模

---

① 麦高伟，杰弗里·威尔逊. 英国刑事司法程序[M]. 姚永吉，等译. 北京：法律出版社，2003：505.

② 卢永红. 国外刑事诉讼法通论[M]. 北京：中国人民公安大学出版社，2004：120.

③ [日]田口守一. 刑事诉讼法[M]. 刘迪，等译. 北京：法律出版社，2000：210.

④ 彭勃. 日本刑事诉讼法通论[M]. 北京：中国政法大学出版社，2002：164.

⑤ 彭勃. 日本刑事诉讼法通论[M]. 北京：中国政法大学出版社，2002：345.

式。但是,在这种模式下,量刑的实体公正和程序公正都难以得到应有的保证。为了改变刑事司法中“重定罪,轻量刑”的痼疾,中国量刑程序改革应运而生。2010年10月1日,由最高人民法院、最高人民检察院、公安部、国家安全部、司法部联合签发的《关于规范量刑程序若干问题的意见(试行)》正式在全国开始试行。这标志着一种相对独立的量刑程序在中国正式确立。对于这种“相对独立”的量刑程序,有学者指出,“基于对我国诉讼制度、诉讼结构、犯罪构成理论、司法资源等多种因素的考虑,我们认为在我国现阶段应当建立相对独立的量刑程序。相对独立的量刑程序包含以下两层含义:首先,由于量刑活动与定罪活动在性质、目的和任务,遵循的刑罚基本原则等方面存在诸多差别,量刑程序与定罪程序无论在诉讼构造、参与主体、证明要求等方面都具有不同的特点,因此不能将两者混同,不能将适用于定罪活动的诉讼原则或规则简单照搬或者套用于量刑程序。另一方面,由于定罪活动与量刑活动具有千丝万缕的联系,且我国的诉讼制度和司法体制具有自己的特色,因此,在庭审过程中,量刑程序与定罪程序的分离只能是相对的,而不应也不可能是绝对的。”①

在我国台湾地区,有学者认为台湾应该仿效美国而使量刑程序与定罪程序完全分离。认为我国台湾地区目前的审判制度,法院及诉讼当事人花费大部分的时间在认定被告有罪与否,对被告科刑部分多未投注太多的注意。然依《刑法》第57条规定:“科刑时应审酌一切情状,尤应注意左列事项为科刑轻重之标准:一、犯罪之动机。二、犯罪之目的。三、犯罪时所受之刺激。四、犯罪之手段。五、犯人之生活状况。六、犯人之品行。七、犯人之智识程度。八、犯人与被害人平日之关系。九、犯罪所生之危险或损害。十、犯罪后之态度。”所列举的10项科刑参考因素,有几项于调查有罪无罪的过程中,自然即已显露为法官所知悉(如第一至第四项)。有些则未必于审判中会被调查,如犯人之生活状况、品行、智识程度、及与被害人平日关系,法官未必知悉。对于后者法官若于审判中予以调查,会给诉讼当事人一个法院已认定被告有罪的印象,否则法院不会调查科刑事项。若法官于审判中不予调查,则在认定被告有罪之后,审判已告终结,法院却必须根据有限的科刑证据,科处被告之刑,不能说有善尽《刑法》第57条所要求的调查义务,甚至可说对被告的量刑流之于草率,失之于精确。故应仿效美国制度,将认罪与科刑分两个不同程序

① 熊选国.关于量刑程序改革的几个问题[N].人民法院报,2010-10-13(5).

处理,如此在科刑的程序中,法院才能全心全意调查《刑法》第 57 条所列举的各个事项,考虑被告、被害人及社会正义,对被告科处最适当的刑罚。[①]

上述情况表明,量刑程序的独立化,即从定罪程序中完全分离出来已经成为很多实行定罪与量刑一体化程序模式的国家改进刑事审判程序的共同趋势。可以预见,在这种国际潮流之下,量刑程序的独立化必将成为越来越多的国家进行量刑程序改革的一种国际共识。

四、量刑程序模式的中国选择

(一)"相对独立"量刑程序模式的局限性

中国量刑程序改革中确立的"相对独立"的量刑程序模式，对于量刑裁判过程的公开化、透明化和适度对抗化固然有着积极的保障作用，但仍然有一系列的问题需要解决。[②] 因为,"相对独立"的量刑程序并没有从根本上改变量刑程序依附于定罪程序、定罪程序与量刑程序一体化的量刑程序模式,从程序公正的角度,其仍然有很多弊端,没能够彻底地为人们实现量刑的程序公正目标搭建合理的制度平台,因而在运作过程中,难以充分、有效地调动量刑程序各主体参与量刑程序的积极性与主动性,从而难以发挥该程序的预设功能。[③]

"从根本上说,量刑程序所要解决的核心问题是如何调查、核实那些与犯罪事实无关的量刑信息问题,法官应将最大限度地获取有价值的量刑信息作为这一程序的主要目标。"[④] 然而,在"相对独立"量刑程序的改革试点中,在量刑情节和量刑

---

① [美]爱伦·豪切斯泰勒·斯黛丽,南希·弗兰克.美国刑事法院诉讼程序[M].陈卫东,徐美君,译.北京:中国人民大学出版社,2002:18.

② 陈瑞华.论相对独立的量刑程序——中国量刑程序的理论解读[J].中国刑事法杂志,2011(2):3.

③ 对相对独立的量刑程序的弊端,很多学者都做了深刻的分析。参见陈卫东.量刑程序改革的一个瓶颈问题[J].法制资讯,2009(5):13-14;陈瑞华.论相对独立的量刑程序——中国量刑程序的理论解读[J].中国刑事法杂志,2011(2):3-13;陈卫东.论隔离式量刑程序改革——基于芜湖模式的分析[J].法学家,2010(2):1-5.

④ 陈瑞华.论量刑程序的独立性——一种以量刑控制为中心的程序理论[J].中国法学,2009(1):178.

证据的提出方面,并未发生明显变化[①]。"在量刑裁决过程中,中国法官主要通过听取控辩各方的举证、质证和辩论来获取量刑信息,并对量刑事实做出最终的认定。但是,检察机关过于关注量刑建议的提出,强调对法院量刑裁决结果的积极影响,忽略了量刑信息的全面调查;检察机关在提出量刑信息方面,受到侦查机关案卷笔录的限制,所提供的量刑情节主要限于那些与犯罪行为有关的法定量刑情节。辩护方尽管有机会就量刑的结果发表意见,但他们没有机会就量刑事实展开专门的庭前调查,获取独立量刑信息的能力是不强的。而在那些辩护方有机会搜集量刑信息的案件中,基于其诉讼利益的考虑,辩护方也会提出一些真伪难辨甚至似是而非的证据材料。而对于这些证据材料,现行的量刑程序显然无法保证其真实性和可靠性。"[②]庭审中有时检察官进行冗长的量刑举证,控辩双方的争议焦点不突出,影响了庭审效率;被告人无力进行自我辩护,其对诉讼的参与流于形式;被告人不认罪的案件,在定罪程序与量刑程序相对分离的模式下,律师在从无罪辩护到量刑辩护的转化中存在明显的尴尬;而且如果法庭最终认定被告人无罪,律师对于量刑证据的收集以及量刑辩论将失去意义;检察官的起诉书中包含对被告人前科或者曾受行政处罚等信息,可能使法官形成有罪预断;证人、被害人不出庭,使庭审中的争议难以得到澄清,这不仅体现在定罪事实之中,也体现在量刑事实之中;定罪事实与量刑事实有时难以分离,容易形成重复评价;对于控辩双方提供的量刑事实和证据的客观性、全面性,法官难以查明和评判;对被告人是否适用缓刑的考量因素不明确,有待细化;庭审中控辩双方往往对量刑情节进行抽象的分析,对于每个量刑情节带来的对量刑幅度的影响未展开充分的辩论;法官对于量刑起点和基准刑的确定,往往难以提供充分的理由。[③]

显而易见,中国量刑程序改革确立的"相对独立"的量刑程序模式依然具有局限性,并未能真正有效解决为法官提供关于犯罪人和被害人以及社会方面的充分、可靠的量刑信息的问题,也没能有效地促使法官真正做到量刑的充分说理,还远远未能满足量刑个别化原则的要求,其仍有进一步改革的广阔空间。

---

① 左卫民. 中国量刑程序改革:误区与正道[J]. 法学研究,2010(4):151.

② 陈瑞华. 量刑程序中的理论问题[M]. 北京:北京大学出版社,2011:156.

③ 石经海. 量刑个别化的基本原理[M]. 北京:法律出版社,2010:46.

(二)中国量刑程序模式的应然选择

程序,决定了法治与恣意的人治之间的基本区别。[①] 所以,一个公正、合理的量刑程序不一定是复杂、漫长的程序,但是必须有一个比较独立(哪怕是不十分正式)的程序,以保障法官获得足够的量刑信息。[②] 可以说,基于量刑个别化原则的要求,"量刑程序改革成败的关键之一,在于法院能否通过控辩双方的有效参与获取更为丰富、更加充分的量刑信息。"[③]如前所述,"相对独立"的量刑程序模式存在较大的局限性,还未能成为确保量刑公正的理想程序模式,所以,其并不应成为中国量刑程序模式改革的终点。

正义是社会制度的首要价值,某些法律或制度,不管它们如何有效率和有条理,只要它们不正义,就必须加以改造或废除。[④] 中国量刑程序改革的终极目标应该是摒弃"相对独立"的量刑程序模式,而确立中国式的完全独立的量刑听证程序模式,并在独立的量刑听证程序模式下,使量刑信息的传递与共享得到有效的机制保障。正像陈卫东教授所言,量刑程序乃正当程序的重要内容,针对被告人不认罪案件设置隔离的量刑程序对实现刑事法治具有深远意义。[⑤] 中国确立完全独立的量刑程序模式对于实现量刑公正和刑事法治具有多重积极意义:

其一,有利于从根本上改变包括中国法官在内的人们"重定罪、轻量刑"和"重实体、轻程序"的根深蒂固的错误观念。由于量刑程序事关量刑程序各主体的切实利益,所以,控诉方、辩护方、被害方、社会方以及量刑法官才会有参加量刑程序的动力与愿望,才会真正对通过积极参加量刑程序实现各自的量刑利益寄予期望,才会重视并认真对待和行使自己在量刑方面的每一项程序性权利(力),才会真正积极、主动地提出各自的量刑信息、量刑主张和量刑理由,才会就量刑争议问题进行相互质证和辩论。而只有这样,量刑的程序公正才有望真正得以实现。

其二,当量刑程序真正成为一个独立的诉讼阶段,被害人以及社会方就可以获

---

① 季卫东. 法治秩序的建构[M]. 北京:中国政法大学出版社,1999:3.

② [美]彼得·安德森. 量刑证据问题与量刑程序问题[C]//胡云腾. 中美量刑改革国际研讨会文集. 北京:中国法制出版社,2009:37.

③ 陈瑞华. 论量刑信息的调查[J]. 法学家,2010(2):18.

④ [美]罗尔斯. 正义论[M]. 北京:中国社会科学出版社,1988:1.

⑤ 陈卫东. 量刑程序改革的一个瓶颈问题[J]. 法制资讯,2009(5):13.

得表达各自量刑信息的平台和空间，其程序参与权将获得切实的保障，从而使“所有人的正义”有望最大限度地得以实现和满足。

其三，量刑程序真正独立于定罪程序以后，辩护律师在进行无罪辩护的时候就不会再处于进退两难的尴尬境地，其不必再担心自己的无罪辩护效果会受到量刑辩护的削弱，使其在量刑程序中可以专心地进行量刑辩护。

其四，法官可以在定罪程序中只专心考虑定罪问题，可以避免同时考虑定罪与量刑问题对判断被告人是否有罪所产生的不当干扰，形成不利于被告人的预断。

其五，通过专门的量刑听证程序，法官既可以从控辩双方、被害方和社会方那里获得关于犯罪人犯罪的情况、犯罪人的个人情况、犯罪对被害方的伤害情况以及犯罪对社区的影响等等方面的全面、充分的量刑信息，还可以通过组织参加量刑程序的各方主体对量刑信息的质证和辩论活动对量刑信息的真实性和可靠性进行审查、判断，有利于法官在综合权衡、考量和评价这些量刑信息的基础上，根据刑罚个别化的量刑原则做出公正、合理的量刑裁判。

其六，量刑程序作为独立的程序从定罪程序中分离出来，使对法官进行量刑说理的要求更具正当性和现实上的可行性。因为量刑环节作为一个单独的程序存在，法官要专门对量刑问题做出裁判，其就再也没有理由和可能仅仅将检察机关提供的量刑信息作为量刑裁判的依据，就再也没有理由和借口对各方主体的量刑建议和意见不加回应和不置可否，就再也没有理由和借口不阐明其据以做出量刑裁判结论的根据和理由。相反，独立的量刑程序的存在，会督促法官慎重对待量刑，不再对量刑问题掉以轻心，不再走“认认真真定罪，轻轻松松量刑”的老路，而要尽力使自己的量刑裁判结论经得起各种检验，这无疑对于真正实现量刑的公正与合理大有裨益。

总之，确立完全独立的量刑程序模式是中国量刑程序模式的应然选择。量刑程序成为一种完全独立的诉讼程序，有利于实现量刑过程中的量刑个别化原则，有利于实现公正量刑，也符合量刑程序独立化的国际潮流。

参 考 文 献

一、中文文献

(一)专著类

[1] 汤维建.破产程序与破产立法研究[M].北京:人民法院出版社,2001.

[2] 李永军.破产重整制度研究[M].北京:中国人民公安大学出版社,1996.

[3] 邹海林.破产程序和破产法实体制度比较研究[M].北京:法律出版社,1995.

[4] [美]理查德 A 波斯纳.法律的经济分析[M].蒋兆康,译.北京:中国大百科全书出版社,1997.

[5] 付翠英.破产法比较研究[M].北京:中国人民公安大学出版社,2004.

[6] 马胜.企业破产制度重构[M].成都:西南财经大学出版社,2006.

[7] 常怡.比较民事诉讼法[M].北京:中国政法大学出版社,2002.

[8] [美]博登海默.法理学——法律哲学与法律方法[M].北京:中国政法大学出版社,1999.

[9] [美]庞德.通过法律的社会控制——法律的任务[M].北京:商务印书馆,1984.

[10] 刘作翔.法理学[M].北京:社会科学文献出版社,2005.

[11] [美]波斯纳.法理学问题[M].苏力,译.北京:中国政法大学出版社,2002.

[12] 熊秉元.会移动的城堡[M].北京:社会科学文献出版社,2002.

[13] 简资修.经济推理与法律[M].北京:北京大学出版社,2005.

[14] 钱弘道.经济析法学[M].北京:法律出版社,2005.

[15] 乌戈·马太.比较法律经济学[M].沈宗灵,译.北京:北京大学出版社,2005.

[16] [美]保罗·萨缪尔森,威廉·诺德豪斯.经济学[M].北京:华夏出版社,1999.

[17] 苏永钦.民事立法与公私法的接轨[M].北京:北京大学出版社,2005.

[18] 罗伯特 C 埃里克森.无需法律的秩序[M].苏力,译.北京:中国政法大学出版社,2003.

[19] 艾里克·拉斯缪森.博弈与信息[M].姚洋,译.北京:北京大学出版社,2003.

[20] 张维迎.产权、激励与公司治理[M].北京:经济科学出版社,2005.

[21] [美]约瑟夫 E 斯蒂格利茨,卡尔 E 沃尔什.经济学[M].黄险峰,张帆,译.北京:中国人民大学出版社,2005.

[22] [美]大卫 D 弗里德曼.经济学语境下的法律规则[M].杨欣欣,译.北京:法律出版社,2004.

[23] [美]詹姆斯 D 格瓦特尼,理查德 L 斯特鲁普,卢瑟尔 S 索贝尔.经济学——私人与公共选择:第九版[M].梁小民,梁砾,译.北京:中信出版社,2004.

[24] 王文宇.民商法理论与经济分析[M].北京:中国政法大学出版社,2002.

[25] [美]乔迪 S 克劳斯,史蒂文 D 沃特.公司法和商法的法理基础[M].金海军,译.北京:北京大学出版社,2005.

[26] [美]弗兰克·伊斯布鲁克,丹尼尔·费希尔.公司法的经济结构[M].张建伟,罗培新,译.北京:北京大学出版社,2005.

[27] 张世君.公司重整的法律构造——基于利益平衡的解析[M].北京:人民法院出版社,2006.

[28] [美]道格拉斯 G 拜尔,罗伯特 H 格特纳,兰德尔 C 皮克.法律的博弈分析[M].严旭阳,译.北京:法律出版社,2004.

[29] [日]伊藤真.破产法[M].刘荣军,鲍荣振,译.北京:中国社会科学出版社,1995.

[30] 齐树洁.破产法研究[M].厦门:厦门大学出版社,2004.

[31] 柯芳枝.公司法论[M].北京:中国政法大学出版社,2004.

[32] 张维迎.博弈论与信息经济学[M].上海:上海人民出版社,2004.

[33] 张维迎.产权、政府与信誉[M].上海:生活·读书·新知三联书店,2001.

[34] 王卫国.破产法精义[M].北京:法律出版社,2007.

[35] 王欣新.破产法专题研究[M].北京:法律出版社,2002.

[36] 王文宇.公司法论[M].北京:中国政法大学出版社,2004.

[37] 潘琪.美国破产法[M].北京:法律出版社,1999.

[38] 王文宇.新公司法与企业法[M].北京:中国政法大学出版社,2003.

[39] 冀宗儒.美国联邦破产法案例选评[M].北京:对外经济贸易大学出版

社,2006.
[40] 丁文联. 破产程序中的政策目标与利益平衡[M]. 北京:法律出版社,2008.
[41] 李飞. 当代外国破产法[M]. 北京:中国法制出版社,2006.
[42] [加拿大]布莱恩 R 柴芬斯. 公司法:理论、结构和运作[M]. 北京:法律出版社,2001.
[43] 王欣新. 破产法学[M]. 北京:中国人民大学出版社,2007.
[44] [日]石川明. 日本破产法[M]. 何勤华,周桂秋,译. 北京:中国法制出版社,2000.
[45] 李曙光. 转型法律学[M]. 北京:中国政法大学出版社,2004.
[46] 李永军. 破产法律制度[M]. 北京:中国法制出版社,2000.
[47] 汪世虎. 公司重整中的债权人利益保护[M]. 北京:中国检察出版社,2006.
[48] 沈达明,郑淑君. 比较破产法初论[M]. 北京:对外贸易教育出版社,1993.
[49] 张乃根. 法经济学:经济学视野里的法律现象[M]. 北京:中国政法大学出版社,2003.
[50] [美]罗尔斯. 正义论[M]. 何怀宏,廖申白,译. 北京:中国社会科学出版社,1988.
[51] 郑远民. 破产法律制度比较研究[M]. 长沙:湖南大学出版社,2002.
[52] 费国平,万磊,徐家力. 公司重整[M]. 北京:中国时代经济出版社,2005.
[53] 顾培东. 破产法教程[M]. 北京:法律出版社,1995.
[54] 柴发邦. 破产法教程[M]. 北京:法律出版社,1990.
[55] [美]曼昆. 经济学原理[M]. 梁小民,译. 北京:机械工业出版社,2003.
[56] 曹思源. 谈谈企业破产法[M] 北京:中国经济出版社,1986.
[57] 曹思源. 企业破产法指南[M]. 北京:经济管理出版社,1988.
[58] 常怡. 比较民事诉讼法[M]. 北京:中国政法大学出版社,2002.
[59] 谢俊林. 中国破产法律制度专论[M]. 北京:人民法院出版社,2005.
[60] 程春华. 破产救济研究[M]. 北京:法律出版社 2006.
[61] 陈瑞华. 量刑程序中的理论问题[M]. 北京:北京大学出版社,2011:68.
[62] [美] 爱伦·豪切斯泰勒·斯黛丽,南希·弗兰克. 美国刑事法院诉讼程序[M]. 陈卫东,徐美君,译. 北京:中国人民大学出版社,2002.
[63] [德]克劳思·罗科信. 刑事诉讼法[M]. 吴丽琪,译. 北京:法律出版社,2003.
[64] [德]托马斯·魏根特. 德国刑事诉讼程序[M]. 岳礼玲,温小洁,译. 北京:中

国政法大学出版社,2004.
[65] [法]贝尔纳·布洛克. 法国刑事诉讼法[M]. 罗结珍,译. 北京:中国政法大学出版社,2009.
[66] 王以真. 外国刑事诉讼法学[M]. 北京:北京大学出版社,2004.
[67] 王兆鹏. 美国刑事诉讼法[M]. 北京:北京大学出版社,2005.
[68] [德]罗尔斯. 正义论[M]. 北京:中国社会科学出版社,1988.
[69] [美]劳伦斯 M 弗里德曼. 法律制度[M]. 李琼英,林欣,译. 北京:中国政法大学出版社,2004.
[70] 汪明亮. 多维视野中的定罪量刑问题[M]. 北京:法律出版社,2006.
[71] 陈光中. 刑事诉讼法[M]. 北京:北京大学出版社,2012.
[72] 全国人大常委会法制工作委员会刑法室. 关于修改《中华人民共和国刑事诉讼法》的决定[M]. 北京:北京大学出版社,2012.
[73] 卞建林. 证据法学[M]. 北京:中国政法大学出版社,2000.
[74] 刘善春,毕玉谦,郑旭. 诉讼证据规则研究[M]. 北京:中国法制出版社,2000.
[75] 江伟. 证据法学[M]. 北京:法律出版社,1999.
[76] 陈瑞华. 问题与主义之间——刑事诉讼基本问题研究[M]. 北京:中国人民大学出版社,2008.
[77] 陈卫东. 量刑程序改革理论研究[M]. 北京:中国法制出版社,2011.
[78] [美]约书亚·德雷斯勒,[美]艾伦 C 迈克尔斯. 美国刑事诉讼法精解(刑事审判)[M]. 魏晓娜,译. 北京:北京大学出版社,2009.
[79] 卢永红. 国外刑事诉讼法通论[M]. 北京:中国人民公安大学出版社,2004.
[80] 彭勃. 日本刑事诉讼法通论[M]. 北京:中国政法大学出版社,2002.
[81] 易延友. 证据法的体系与精神——以英美法为特别参照[M]. 北京:北京大学出版社,2010.
[82] 马跃. 美国刑事司法制度[M]. 北京:中国政法大学出版社,2004.
[83] 陈瑞华. 刑事证据法学[M]. 北京:北京大学出版社,2012.
[84] 林钰雄. 严格证明与刑事证据[M]. 北京:法律出版社,2008.
[85] [意]贝卡里亚. 论犯罪与刑罚[M]. 黄风,译. 北京:中国大百科全书出版社,1996.
[86] 张建伟. 证据法要义[M]. 北京:北京大学出版社,2009.
[87] 王敏远. 刑事诉讼法[M]. 北京:社会科学文献出版社,2005.

[88] 李玉萍.程序正义视野中的量刑活动研究[M].北京:中国法制出版社,2010.

(二)论文类

[1] 张春霖.破产程序的经济学分析——哈特等关于破产程序的改革建议评介[J].经济社会体制比较,1997(1):8-14.

[2] 蒋祥林,王书林.破产机制与破产程序的经济学分析[J].中国软科学,1999(5):24-27.

[3] 徐光东.银行破产程序的经济分析[J].国际金融研究,2007(3):74-80.

[4] 张艳丽,李蒙娜.企业重整的价值目标及其实现——从重整制度构成的角度[J].北京理工大学学报:社会科学版,2008(6):3-8.

[5] 张晨颖.破产制度价值研究[J].北京大学学报:哲学社会科学版,2003(6):72-83.

[6] 耿红建.对破产制度的价值取向的探讨[J].法制与社会,2007(3):65.

[7] 杨忠孝.破产制度价值的新思考[J].东方法学,2008(3):86-95.

[8] 田胜.论破产清算中普通债权的保护——兼论我国新破产法价值目标的重构[D].重庆:西南政法大学硕士学位论文,2004.

[9] 陈丽华,杨罗根.论破产法的价值定位及相关制度完善[J].湖南大学学报:社会科学版,2004(1):90-94.

[10] 李曙光,王佐发.中国破产法实施的法律经济分析[J].政法论坛:中国政法大学学报,2007(1):3-16.

[11] 高伟.破产法中的经济原理[J].改革与战略,2007(9):24-27.

[12] 王远明,等.论公司重整制度的价值取向和适用范围[J].南方金融,2002(10):19-21.

[13] 王利明.破产立法中的若干疑难问题探讨[J].法学,2005(3):3-15.

[14] 冯玉军.法律的交易成本分析[J].法制与社会发展,2001(6):10-16.

[15] 钱弘道.法律经济学的理论基础[J].法学研究,2002(4):3-17.

[16] 胡利玲.防止重整程序滥用的新举措——美国2005年破产法修正案述要[J].人民司法,2007(19):103-105.

[17] 汪世虎.法院批准公司重整计划的条件探析[J].商业经济与管理,2007(1):57-63.

[18] 王卫国.论重整企业的营业授权制度[J].比较法研究,1998(1):75-84.

[19] 王卫国.法国治理企业困境的立法和实践[J].外国法译评,1996(4):51-59.

[20] 王新欣. 新破产立法纵横谈[J]. 首都师范大学学报:社会科学版,2005(4):34-41.
[21] 王玉梅. 法国困境企业重整制度的改革及其启示[J]. 法商研究,2004(5):125-134.
[22] 付翠英. 从破产到破产预防:一个必然的逻辑演绎[J]. 法学杂志,2003(1):53-54.
[23] 付翠英. 关于建构中国企业破产重整制度的思考[J]. 北京航空航天大学学报:社会科学版,2003(2):14-18.
[24] 冯果. 公司重整制度与债权人的法律保护[J]. 武汉大学学报:人文科学版,1997(5):57-62.
[25] 汤维建. 修订我国破产法律制度的若干问题思考[J]. 政法论坛:中国政法大学学报,2002(3):21-26.
[26] 汤维健. 我国破产法草案在重整程序设计上的若干争议问题之我见[J]. 法学家,2005(2):33-37.
[27] 汪世虎. 论重整程序中的自动冻结制度[J]. 西南民族大学学报:社科版,200(3)197-200.
[28] 朱焕强. 企业重整制度的理论透视[J]. 现代法学,1996(1):80-82.
[29] 李曙光. 关于新《破产法》起草中的几个重要问题[J]. 政法论坛:中国政法大学学报,2002(3):7-13.
[30] 李曙光,贺丹. 破产法立法若干重大问题的国际比较[J]. 政法论坛:中国政法大学学报,2004(5):59-71
[31] 李永军. 重申破产法的私法精神[J]. 政法论坛:中国政法大学学报,2002(3):27-33.
[32] [韩]金星钧. 韩国再建型企业倒闭制度中的重整[J]. 比较法研究,2005(4):78-87.
[33] 邹海林. 关于新破产法适用范围的思考[J]. 政法论坛,2002(3):17-20.
[34] 韩长印. 中国破产法的发展状况及法学论题[J]. 法学杂志,2004(5):38-41.
[35] 韩长印. 破产理念的立法演变与破产程序的驱动机制[J]. 法律科学:西北政法学院学报,2002(4):49-59.
[36] 韩长印. 我国企业破产预防制度的多样化构建[J]. 河南社会科学,2004(1):100-105.

[37] 李玉萍. 中国法院的量刑程序改革[J]. 法学家,2010(2):51 - 53.
[38] 黄应生. 我国需要什么样的量刑程序[J]. 法制资讯,2008(6):38 - 39.
[39] 左卫民. 中国量刑程序改革:误区与正道[J]. 法学研究,2010(4):149 - 152.
[40] 熊秋红. 中国量刑改革:理论、规范与经验[J]. 法学家,2011(5):44,46.
[41] 陈瑞华. 论量刑信息的调查[J]. 法学家,2010(2):18,23 - 24,136 - 137.
[42] 陈瑞华. 论量刑建议[J]. 政法论坛:中国政法大学学报,2011(2):17.
[43] 陈卫东,程雷. 隔离式量刑程序实验研究报告——以芜湖模式为样本[J]. 中国社会科学,2012(9):121 - 122,139,140.
[44] 陈卫东. 量刑程序改革的一个瓶颈问题[J]. 法制资讯,2009(5):13.
[45] 房保国. 论辩护方的证明责任[J]. 政法论坛:中国政法大学学报,2012(6):35.

二、英文文献

[1] JAGDEEP S. BHANDARI, LAWRENCE A. Corporate bankruptcy :economic and legal perspectives[M]. New York:Cambridge University Press,1996.
[2] MARTIN N .The Glannon guide to bankruptcy[M]. New York:Aspen Publishers,2005.
[3] WARREN E, WESTBROOK J L. Contracting out of bankruptcy: an empirical intervention [J]. Harvard Law Review, 2005(118): 1197 - 1254.
[4] EPSTEIN D G. Bankruptcy and related law[M]. 北京:法律出版社,2005.
[5] MANKIW N G. Principles of economics[M]. 3rd Edition. 北京:机械工业出版社,2004.
[6] BLUM B A. Bankruptcy and debtor/creditor [M]. New York: Aspen Law & Business,1993.
[7] MURPHY P. Murphy on evidence[M]. 7th Edition . New York:Blackstone Press Limited,2000:107.
[8] LEONARD D P, GOLD V J. Evidence: a structured approach[M]. New York: Aspen Publishers,2004:603.